Günther Hölbl

Altägypten im Römischen Reich

Der römische Pharao und seine Tempel

II
Die Tempel des römischen Nubien

SONDERBÄNDE DER ANTIKEN WELT

Zaberns Bildbände zur Archäologie

VERLAG PHILIPP VON ZABERN · MAINZ AM RHEIN

GÜNTHER HÖLBL

Altägypten im Römischen Reich

DER RÖMISCHE PHARAO UND SEINE TEMPEL

II

DIE TEMPEL DES RÖMISCHEN NUBIEN

VERLAG PHILIPP VON ZABERN · MAINZ AM RHEIN

IV, 160 Seiten mit 110 Farb-, 3 Schwarzweiß- und 15 Strichabbildungen

Umschlag vorne: Philae, Trajanskiosk von Westen. Vor dem Kiosk ist die Plattform am Nilufer sichtbar, rechts hinter dem Kiosk der erste Pylon des Isistempels.

Umschlag hinten: Tempel von Dakke, römische Seitenkapelle, Südwand. Thot von Pnubs, als Affe verehrt die Löwin Tefnut (vgl. S. 144, Abb. 210).

Vorsatz vorne: Die Insel Philae mit dem Komplex des Isistempels und dem Trajanskiosk gesehen von Bigge; im Vordergrund die Reste des Stationstempels unserer Abb. 133. Nach einer Lithographie von David Roberts, der die Zeichnung dazu am 18. November 1838 angefertigt hatte.

Vorsatz hinten: Vorderansicht des Tempels von Dendur aus augusteischer Zeit. Nach einer Lithographie von David Roberts, der die Zeichnung dazu am 4. November 1838 angefertigt hatte.

Bibliographische Information der Deutschen Bibliothek

Die Deutsche Bibliothek verzeichnet diese Publikation in der Deutschen Nationalbibliographie; detaillierte bibliographische Daten sind im Internet über <*http://dnb.ddb.de*> abrufbar.

ISBN 3-8053-3376-5
Gestaltung: Rüdiger Kern, Berlin
Redaktion: Katharina Angermeyer, Gerhild Klose, Annette Nünnerich-Asmus, Verlag Philipp von Zabern, Mainz
Lithos: Scan Comp GmbH, Wiesbaden

Printed in Germany by Aumüller Druck KG, Regensburg
Printed on fade resistant and archival quality paper (PH 7 neutral) · tcf

INHALT

Vorwort 3

Einleitung 5

Das nördliche Unternubien unter ptolemäischer und römischer Herrschaft 9

Die Entwicklung in ptolemäischer Zeit 9

Die Errichtung der römischen Herrschaft in Unternubien 15

Das Zwölfmeilenland vom Ende der julisch-claudischen Zeit bis zum Sieg des Christentums 21

Religiöse Zentren im Grenzgebiet von Ägypten und Nubien 28

Elephantine und Syene 28

Philae, «die herrliche Grenze Ägyptens und das weitest vorgerückte Landstück der Aithiopen» 40

Die Rettung der Tempel 40

Die Baugeschichte bis zum Ende der Ptolemäerzeit 41

Ein Rundgang durch das römische Philae 43

Der Vorhallenbereich 43

Der große Pylon 51

Die Bauten zwischen den beiden Pylonen 54

Der Hauptbau des Isistempels 69

Der Hathortempel 81

Der Trajanskiosk 86

Der Harendotestempel und das Hadrianstor 87

Der Anlegeplatz auf Bigge 98

Ägyptische Tempel und römisches Militär im Zwölfmeilenland südlich von Philae 99

Debod 100

Qertassi 101

Taffe 102

Der Mandulistempel von Kalabscha – ein pharaonisches Großunternehmen im römischen Nubien 104

Ajuala 133

Dendur 135

Dakke 138

Maḥarraqa 147

Das ägyptische Königtum in den römerzeitlichen Tempeln Nubiens 151

Meroitische Könige während der römischen Kaiserzeit 154

Glossar 155

Anhang 156

Abkürzungen 156

Anmerkungen 156

Bildnachweis 160

Adresse des Autors 160

VORWORT

Der erste Band des vorliegenden Werkes behandelte die «römische Politik und altägyptische Ideologie von Augustus bis Diocletian» sowie den «Tempelbau in Oberägypten». Inhalt, Aufbau und Art der Ausführungen orientierten sich damals an Vorgaben des seinerzeitigen Leiters des Verlages Herrn Franz Rutzen, der das Werk als Teil der Serie *Orbis Provinciarum* innerhalb der Serie *Zaberns Bildbände zur Archäologie* vorgesehen hatte. Als sich zeigte, daß die überwiegend ägyptologische Thematik des altägyptischen Tempelbaues in der römischen Provinz *Aegyptus* nicht in das Konzept von *Orbis Provinciarum* paßte, ergaben sich völlig neue Möglichkeiten der Darbietung von Stoff und Abbildungen. Das Werk wurde geteilt und der erste Band auf die allgemeine historische Einführung sowie auf die großen Tempel Oberägyptens beschränkt. Die neue Planung gewährte den Randlandschaften der Provinz, die im alten Konzept den Charakter eines Annexes erhalten hätten, ungleich größeren Raum. Die wissenschaftlichen Fragestellungen rund um den römischen Pharao und das altägyptische Königtum in den Tempeln des römischen Ägypten konnten nun bei weitem umfassender behandelt werden. Die Befreiung vom Zeitdruck hatte nicht nur den vielleicht negativ zu bewertenden Aspekt des großen Zeitabstandes zwischen dem Erscheinen des ersten und zweiten Bandes zur Folge, sondern bot insbesondere die Möglichkeit, neue Reisen nach Nubien, in die östliche Wüste und die Oasen der westlichen Wüste (Band III) einzuschieben und dabei umfangreiches Bildmaterial zu beschaffen. Der Autor betrachtet dies als umso größeren Gewinn, als es sich hierbei z. T. um sehr wenig bekannte Denkmäler handelt. Gerade die Ausführungen über den in weiten Teilen unpublizierten Tempelkomplex von Philae sowie über die im dritten Band behandelten Denkmäler beruhen weitgehend auf Primärstudien vor Ort und auf der Auswertung des neu angefertigten Bildmateriales. Nicht alles konnte abgebildet werden, da dies den allgemeinen Rahmen der «Bildbände» bei weitem gesprengt hätte. Dafür daß das von mir vorgelegte Material in zwei zusätzlichen Bänden überhaupt angenommen wurde, möchte ich dem Verlag Philipp von Zabern und insbesondere Frau Dr. Nünnerich-Asmus wärmstens danken.

Des weiteren fühle ich mich allen denjenigen verbunden, die die teilweise sehr schwierigen Reisen in die abgelegenen Gebiete der einstigen römischen Provinz am Nil ermöglichten. Stets erhielt ich finanzielle Unterstützung vom Generaldirektor des Kunsthistorischen Museums in Wien, Herrn HR Dr. Wilfried Seipel, der die Arbeit unter den wissenschaftlichen Projekten des Museums akzeptierte und durch Gewährung aller dafür nötigen Freiheiten förderte. Ferner möchte ich meinem ehemaligen Schüler, Freund und Kollegen Univ.-Prof. Dr. M. Salah El Kholi ganz besonders dafür danken, daß er mir bei den Reisen die bürokratischen Wege in Ägypten abnahm, die nötigen Genehmigungen von der Altertümerverwaltung und Militärbehörde einholte. Auch von den für die Altertümer zuständigen Kollegen habe ich immer größtmögliche Hilfe erfahren: Hier ist zuallererst den Generalsekretären des Supreme Council of Antiquities, Dr. Gaballa Ali Gaballa und Dr. Zahi Hawass für großzügige Besuchs- und Photographiererlaubnis zu danken. Im Hinblick auf den vorliegenden Band sei besonders hervorgehoben, daß mir Herr Ossama A. W. Abdel Meguid, Direktor des nubischen Museums in Aswân, und Herr Mohie El Din M. Ahmed, Oberinspektor der Altertümer von Aswân, die schwierig durchzuführenden Studien auf dem Dach des Isistempels von Philae sowie in den neu aufgestellten Tempeln von Dakke und Maḥarraqa (in Neu-Sebuᶜa) ermöglichten. Der gute Geist der Reisen für die Bände «Altägypten im Römischen Reich» war wie üblich meine Frau Mag. Ingrid Hölbl, der die Photonotizen zu verdanken sind.

Photos für diesen Band haben Elfriede Fraß, Wien, das Rijksmuseum van Oudheden in Leiden und das Metropolitan Museum of Art, New York, beigesteuert. Ihnen sei aufrichtig dafür gedankt. Herrn Bernard Reichenpfader danke ich für die Ausführung der Pläne von Philae (Abb. 49 a.b) und für die unermüdliche Bereitschaft, mir bei Bildkorrekturen vor Abgabe an den Verlag zu helfen.

An die im ersten Band ausgedrückte Widmung des Werkes an meine Söhne Alexander und Georg sei hier nochmals erinnert.

Günther Hölbl
Wien, Weihnachten 2003

Philae, Westkolonnade, drei Säulen im mittleren Abschnitt, von denen die mittlere (= 16. Säule von Süden) ein Palmettenkapitell und die beiden äußeren ein komposites Lilienkapitell tragen. In den Szenen auf den Säulenschäften erscheint Tiberius als opfernder Pharao. Die Wand dahinter ist von Fenstern durchbrochen und nur teilweise mit Reliefs dekoriert. Die Fenster gewährten einst den Blick zum Ostufer der Insel Bigge in Richtung auf das Abaton, die allerheiligste Osiriskultstätte.

EINLEITUNG

Eine im ersten Band unseres Werkes «Altägypten im Römischen Reich» gewonnene Erkenntnis besteht darin, daß auch in der römischen Epoche die Königsfunktion zum Kernbereich der altägyptischen Tempelreligion gehörte. Diese Königsfunktion war zwar in der Götterwelt verankert, jedoch wurde sie seit der Vorgeschichte dem irdischen Herrscher als göttliches Amt – nach dem sog. Königsdogma – direkt von den Göttern verliehen. Jegliches Handeln des Königs, seien es Feldzüge, Bauunternehmungen oder Rituale (bei letzteren mußte der König naturgemäß zumeist von den Priestern vertreten werden), hatte im alten Ägypten kultischen Zweck und diente der Wiederherstellung und Aufrechterhaltung der Weltordnung sowie dem Wohlergehen des ägyptischen Volkes. Irdische Herrschertätigkeit und Kultvollzug waren untrennbar miteinander verbunden und dienten im wesentlichen demselben Zweck. Dadurch wurde es notwendig, auch Fremdherrscher zur Zentralfigur der ägyptischen Religion zu machen, obgleich sich in den Zeiten der Fremdherrschaften ein gewisses Spannungsverhältnis zwischen der pharaonischen Rolle des Herrschers und dessen geringer Glaubwürdigkeit als Horuskönig und Stellvertreter der Götter auf Erden ergab. Kluge Herrscher, wie Dareios der Große, Alexander der Große und so manche Ptolemäer hatten in vorrömischer Zeit dieses Spannungsverhältnis durch taktvolles Verhalten und geschickte Religionspolitik minimiert und waren dadurch auch von den ägyptischen Priesterschaften weitgehend akzeptiert worden.

Mit der Einrichtung der römischen Provinz *Aegyptus* kam es zu dem bisher größten Bruch in der ägyptischen Geschichte, da Octavian das Land als Konsul für die römische *Res Publica* erobert hatte und es politisch völlig undenkbar war, daß ein römischer Konsul und später der Kaiser gleichzeitig König eines Provinzialvolkes des *Imperium Romanum* wurde. Während frühere Könige ohne weiteres in Personalunion das ägyptische Königtum mit einem anderen als Perserkönig, Makedonenkönig oder als hellenistischer König verbinden konnten, bestand seit 30 v. Chr. grundsätzliche Unvereinbarkeit zwischen der Funktion des römischen Kaisers und der politischen Funktion des ägyptischen Pharaos. Daher war seit 30 v. Chr. auf der realpolitischen Ebene sowohl das hellenistische Königtum der Ptolemäer als auch das altägyptische Pharaonenamt abgeschafft. Es mußte jedoch, sofern die römische Herrschaft über militärischen Zwang hinaus von den Ägyptern – dem Volk wie der Priesterelite – anerkannt werden wollte, ein Weg gefunden werden, mit dem die ägyptische Weltordnung zumindest im göttlichen Kosmos der Tempel weitergeführt werden konnte. Der in frühaugusteischer Zeit gefundene Kompromiß bestand in der Schaffung des «römischen Pharaos»,[1] der zwar kultische Bedeutung im Rahmen der altägyptischen Tempelreligion hatte und der als historisches Individuum den jeweils regierenden Kaiser repräsentierte, jedoch gegenüber früheren Pharaonen weder eine poltische noch rechtliche Größe darstellte. Eine kluge Religionspolitik des Augustus tat das Ihre, um die religiöse Weltordnung des Ägypters bis zur Ablöse durch das Christentum aufrecht zu erhalten.

Das Ergebnis der augusteischen Religionspolitik, die in wechselnder Intensität bis zur Reichskrise im 3. Jh. n. Chr. fortgesetzt wurde, war eine sakrale Bautätigkeit in ganz Ägypten, die die letzte Blütephase der altägyptischen Architektur darstellte. Der erste Band hat uns diesbezüglich neben zahlreichen kleineren Heiligtümern in Mittelägypten und in der Thebais sowie neben den römerzeitlichen Arbeiten in alten Tempelkomplexen (wie Karnak oder Medamud) vor allem die oberägyptischen Sakralbauten von Dendera, Esna und Kom Ombo vorgeführt. An den ptolemäischen Projekten wurde weiter gearbeitet, in Dendera und Esna errichtete man große Pronaoi vor den bestehenden Bauwerken. Von Ptolemaios Kaisar, dem ersten Pharao mit dem Caesar-Namen und gleichzeitig letzten, der als offizieller Mitregent der großen Kleopatra auch politisch und rechtlich ein König der Ägypter war, über Augustus und seine Nachfolger bis hin zu Decius sind die meisten Kaiser mit dem Titel eines «Königs von Ober- und Unterägypten» in den Tempelreliefs bezeugt. Ihr Name «Autokrator» in den Kartuschen weist jedoch ebenso auf ihren Charakter als römische Imperatoren.

Überall, wo im Niltal und in den Oasen Sakralbauten ausgeschmückt wurden, mußte das praktische Wissen um die Beschriftung und den Bilddekor der Tempelwände den Planenden und Ausführenden vermittelt worden sein. Es wird daher Sammlungen von Vorzeichnungen aller Art in Form von Musterbüchern gegeben haben. Vor Beginn der Arbeiten haben Gelehrte die Dekoration nach den lokalen theologischen und kultischen Bedürfnissen überlegt und entworfen. Solche Entwürfe für ptolemäische Heiligtümer sind uns auf Papyri erhalten.[2] Sie wurden bisweilen als so wertvoll empfunden, daß man sie in römischer Zeit wieder abgeschrieben hat, sicher mit der Intention, sie in abgewandelter und angepaßter Weise wieder als Vorlagen für einen neuen Entwurf zu verwenden. In Kalabscha wurden in frühaugusteischer Zeit einst für Ptolemäerkönige geschaffene Formeln und Epitheta direkt für Augustus übernommen.[3]

Allen Heiligtümern, die die Endphase der ägyptischen Religion durch Reliefs und Inschriften illustrieren, ist die Auseinandersetzung um Sein oder Nichtsein des römischen Pharaos bzw. das Ringen um die ägyptische Königsfunktion in der Welt der Götter und Priester gemeinsam. Die einfachen Leute konnten wie immer an den großen Tempelfesten teilnehmen, wofür nun große Platzanlagen geschaffen wurden (Abb. 50). Als gläubige Einzelpersonen gingen sie zum Gebet entweder zu den Kapellen an den Rückseiten der größeren Heiligtümer (Abb. 191. 214) oder direkt in die bescheidenen Dorftempel aus Lehmziegeln, von denen viele noch heute in den Oasen Charga und Dachla besichtigt werden können.

Abb. 1 Kiosk von Qertassi, Hathorkapitell der westlichen der beiden Säulen, die den Nordeingang flankieren.

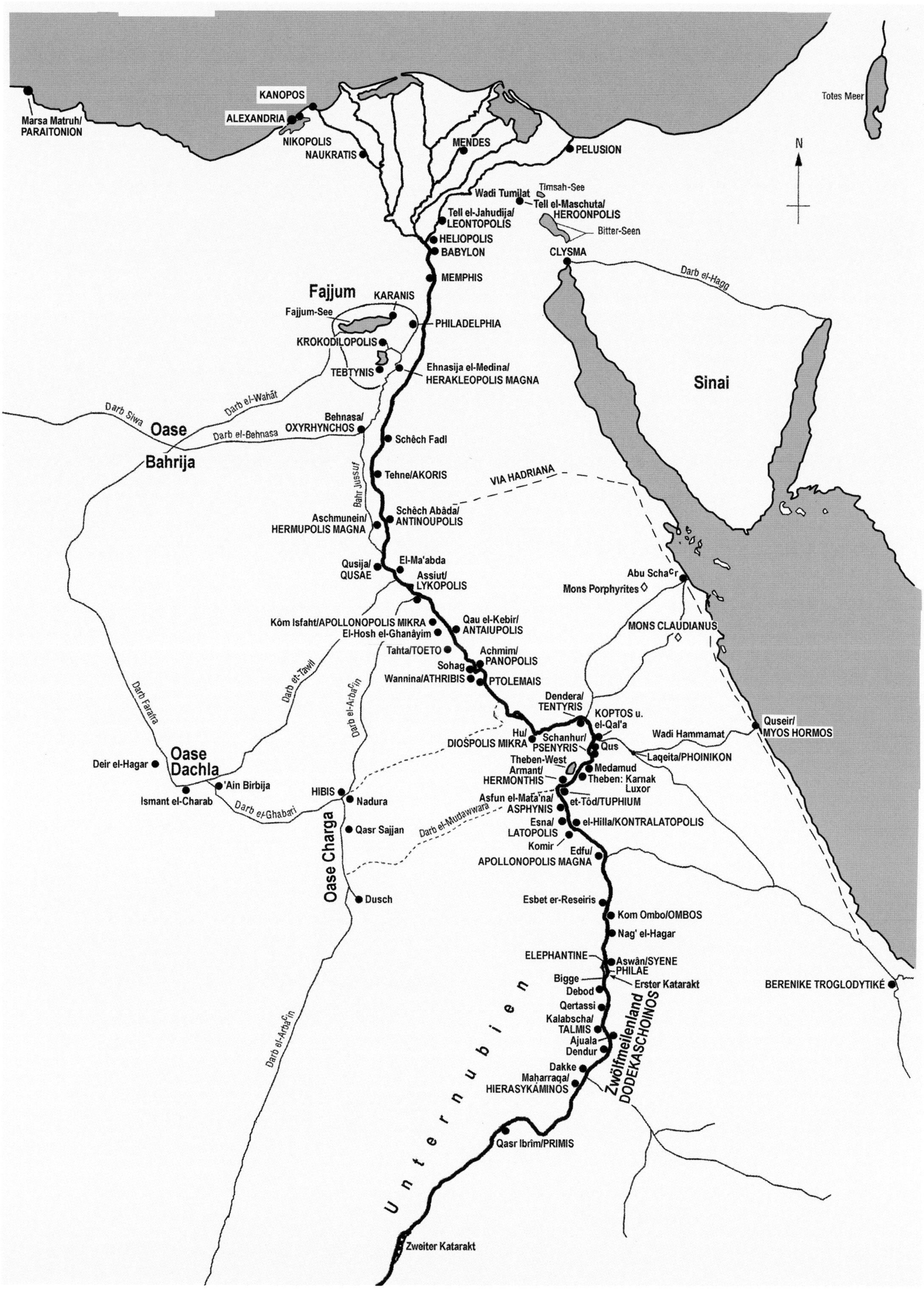

Abb. 2 Karte des römischen Ägypten mit einer Auswahl wichtiger Orte und Straßen bzw. Pisten.

Abb. 3 Westufer des Nassersees im Bereich von Wadi es-Sebuᶜa, heute Neu-Sebuᶜa. Rechts im Bild, hinter der Hügelkuppe der Felsentempel Ramses' II. mit dem Pylon im Freien, der links vom Hügel sichtbar ist. Ansicht nach Süden vom neuerrichteten Dakketempel aus.

Dieser Band ist dem Tempelbau und dem religiösen Leben im Bereich des ersten Kataraktes (im Umkreis von Aswân) und im römischen Nubien (Abb. 6. 27) gewidmet. Im nördlichen Unternubien, im sog. Zwölfmeilenland, waren die Römer mit dem Reich von Meroe konfrontiert, einem Nachbarn, der nicht nur eine volle staatliche Organisation sondern auch den Charakter einer Hochkultur besaß. Schon in der ptolemäischen Epoche hatte sich gezeigt, daß der König von Meroe, wenn er politisch dazu in der Lage war, in den Tempeln des Zwölfmeilenlandes als ägyptischer Pharao mit den üblichen Titeln eines «Königs von Ober- und Unterägypten» auftrat. Die nubische Lokalbevölkerung mit deren Priesterelite zu gewinnen, mußte daher oberstes Gebot der augusteischen Religionspolitik sein. Gerade an der Grenze zwischen Ägypten und Nubien lag die Insel Philae, auf der der bedeutendste Tempelkomplex des ganzen Nillandes stand. Dem Isistempel von Philae war in der Ptolemäerzeit das

Abb. 4 Nassersee im Bereich des Zwölfmeilenlandes, von Westen nach Osten.

Abb. 5 Qasr Ibrîm, Aufnahme Oktober 2002.

Zwölfmeilenland als Tempelland mit seinen Einkünften übertragen worden. Gleich zu Beginn der römischen Herrschaft, vielleicht schon um 25 v. Chr., machten die Priester von Philae ihre Ansprüche geltend, wie die Inschriften auf dem heute in Berlin stehenden Kalabschator zeigen. Nach Ausweis zahlreicher Reliefs trug Augustus auch nach dem Frieden von Samos (Winter 21/20 v. Chr.) diesem Umstand Rechnung, obwohl sein Präfekt längst begonnen hatte, Tempelland zu verstaatlichen. Die augusteische Religionspolitik förderte durch Tempelbau im altpharaonischen Stil sowohl die Götter von Philae als auch die bedeutenden nubischen Götter Amun von Debod, Mandulis und Thot von Pnubs (Debod, Kalabscha, Dakke); desgleichen sollten kleine, populäre Kulte für göttlich verehrte Verstorbene der unmittelbaren Vergangenheit davon profitieren (Pediese und Pahor in Dendur). Heute ist Nubien, der fruchtbare Landstreifen zu beiden Seiten des Nils im Nassersee versunken (Abb. 3. 4). Die Nubier haben ihre Heimat verloren und die Tempel mußten verlagert werden, manche wurden ins Ausland verschickt (Debod nach Madrid, Taffe nach Leiden, Dendur nach New York). Von dem einst hoch über dem Nil aufragenden Felsen von Qasr Ibrîm ist eine flache Insel übrig (Abb. 5. 16), die im See zu versinken droht.[4] Übrig geblieben ist Wüste.

DAS NÖRDLICHE UNTERNUBIEN UNTER PTOLEMÄISCHER UND RÖMISCHER HERRSCHAFT

Die Entwicklung in ptolemäischer Zeit

Nach alter Tradition reichte Ägypten im Süden bis zur Insel Elephantine bzw. zur Grenzstadt Syene auf dem Ostufer. Das Land südlich davon war und ist noch heute Nubien, dessen nördlicher Teil zwischen dem ersten und zweiten Nilkatarakt Unternubien genannt wird. Seit der Mitte des 2. Jhs. v. Chr. ist es nach seiner Länge von etwa 30 ägyptischen Meilen (rund 315 km) als das «Dreißigmeilendland» (Τριακοντάσχοινος; Triacontaschoenus) bezeugt[5]. Der nördliche Abschnitt Unternubiens mit einer Ausdehnung von zwölf ägyptischen Meilen (ca. 126 km) wurde entsprechend als Zwölfmeilenland (Δωδεκάσχοινος; äg.: *sẖt n jtrw* 12) bezeichnet (Abb. 6). Dieser Name ist seit dem späten 3. Jh. v. Chr. nachgewiesen und meint den schmalen Landstrich zu beiden Seiten des Nils südlich von Aswân bis einschließlich Maḥarraqa/Hierasykaminos. Nur dieses Gebiet Nubiens, das die politische, wirtschaftliche, bevölkerungsmäßige und religiöse Kontaktzone zwischen Ägypten und dem Reich von Meroe im Süden darstellte, wurde von Augustus dauerhaft in die römische Verwaltung übernommen. Die Hauptstadt jenes Meroitischen Reiches war Meroe, gelegen zwischen dem fünften und sechsten Nilkatarakt auf dem rechten Nilufer etwa 200 km nördlich von Khartum.

Seit der Expedition Ptolemaios' II. nach Nubien um 275 v. Chr. (Diod. 1, 37,5) stand das Zwölfmeilenland unter ptolemäischer Oberhoheit. Den Anlaß dafür mögen die Einfälle der nubischen Nomaden geboten haben, die sich im frühen 3. Jh. v. Chr. gegen die Region am ersten Nilkatarakt richteten.[6] Auf dieses Grenzgebiet konzentrierte sich nun die ptolemäische Religionspolitik, indem hier das erste große ptolemäische Tempelbauprojekt,

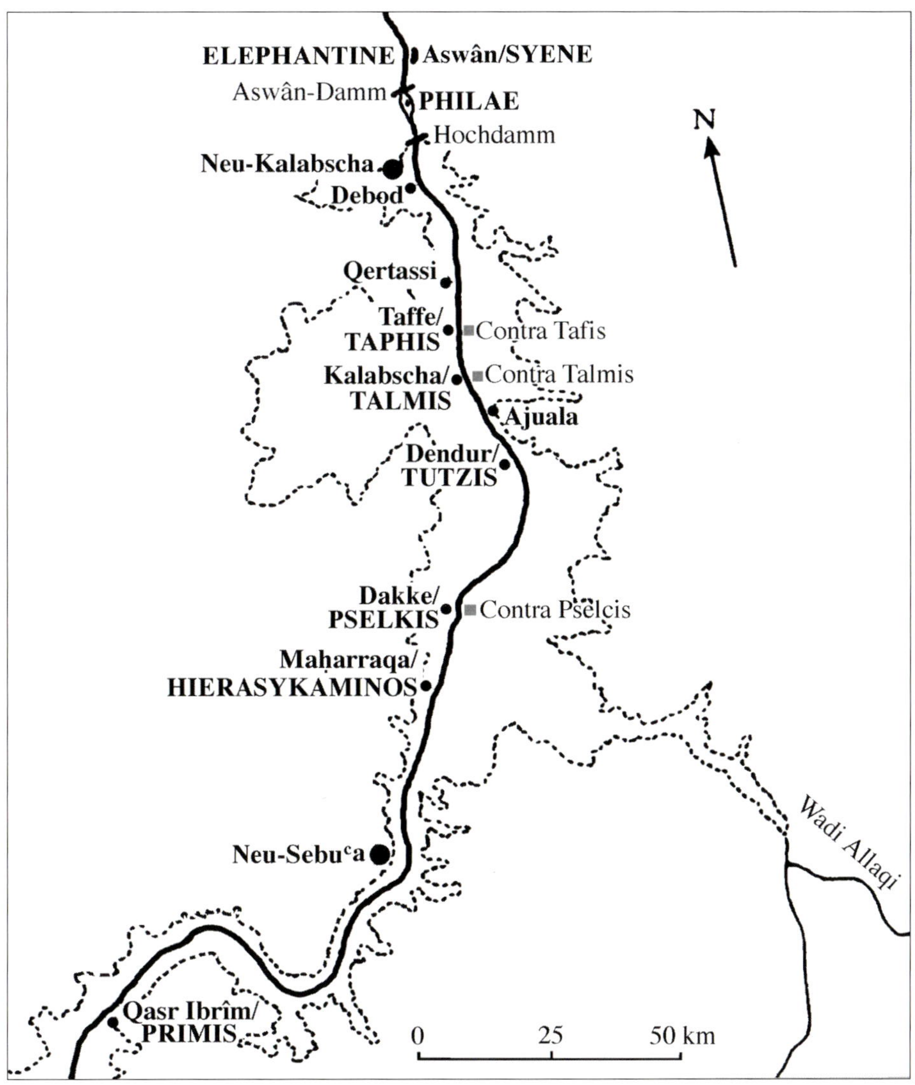

Abb. 6 Nördliches Unternubien. Das zum römischen Ägypten gehörende Zwölfmeilenland erstreckte sich von Syene bis Hierasykaminos. Die gestrichelten Linien geben den ungefähren Uferverlauf des heutigen Nassersees wieder, der den gesamten fruchtbaren Teil Unternubiens unter Wasser setzt. Bei Neu-Kalabscha stehen von den römerzeitlichen Bauten der Kalabschatempel und der Kiosk von Qertassi, bei Neu-Sebuᶜa die Tempel von Dakke und Maḥarraqa.

Abb. 7 Blick von Osten zu den in Neu-Sebuʿa wieder errichteten Tempeln von Dakke (links, mit Pylon) und Maḥarraqa (rechts). Der Ort liegt etwa 40 km südlich des alten Dakke/Pselkis bzw. 30 km südlich des alten Maḥarraqa/Hierasykaminos.

Abb. 8 Dakke, Ergameneskapelle, Südwand, Ostteil: Ergamenes II. (von links kommend) bringt der Isis (rechts) Weingefäße dar. In die ursprüngliche Weinopferszene, die in der Inschrift unterhalb der linken Hand des Königs auch als solche bezeichnet ist, hat man ein Dekret Ptolemaios' IV. über die Schenkung des Zwölfmeilenlandes an die Isis von Philae eingeschoben. Dieses besteht aus den vier langen Inschriftenkolumnen zwischen Göttin und König sowie aus der kurzen Kolumne vor der ersten Kartusche des Königs. Vor dem Einmeißeln des Textes hat man die Kartuschen in der oberen Hälfte der ersten langen Kolumne links von Isis in jene Ergamenes' II. umgeändert. Der Schluß des Dekretes lautet jedoch: «Die Fremdländer sind vereinigt unter euren Sandalen, Vaterliebende Götter, in Ewigkeit»; die Vaterliebenden Götter bzw. Theoi Philopatores sind das vierte Ptolemäerpaar. Erst im Zuge einer späteren Revision des Textes ist die Unstimmigkeit mit den Namen Ergamens' II. am Beginn des Dekretes aufgefallen. Daher wurden die «Vaterliebenden Götter» unmittelbar rechts von der ersten der beiden Kartuschen, die beim Kopf des Königs zu lesen sind, notdürftig getilgt. Die Hieroglyphen sind aber noch immer deutlich zu erkennen und zeigen, daß das Dekret von Ptolemaios IV. stammt und für Ergamenes II. adaptiert und daher von ihm auch akzeptiert wurde.

nämlich der Neubau des Isistempels auf der Insel Philae in Angriff genommen wurde. Eine unter Ptolemaios II. im ersten Raum des Tempels angebrachte Liste der nubischen Gaue spiegelt sicher die ptolemäische Politik wider, wenngleich die Liste in unhistorischer, altpharaonischer Manier – z.B. mit der Nennung von Napata am vierten Katarakt und sogar von Meroe selbst – weit über das gewonnene Territorium hinausgreift.[7] Wahrscheinlich wurden damals zur Versorgung des plötzlich so bedeutend gewordenen religiösen Zentrums auch die gesamten Steuereinkünfte aus dem Zwölfmeilenland dem Isistempel von Philae übertragen, denn nach mehreren Texten in diesem Tempel «schenkte» bereits Ptolemaios II. das nubische Grenzland der Isis von Philae.[8]

In der Zeit des vierten Ptolemäers (222/221–204 v. Chr.) bezog die ptolemäische Religionspolitik auch den Süden des Zwölfmeilenlandes mit ein: Nun wurde der Thottempel in Dakke/Pselkis neu erbaut (Abb. 7). Allerdings verlor die alexandrinische Regierung bald den Zugriff auf Nubien, da 205 v. Chr. ein langanhaltender Aufstand im Süden ausbrach, der rasch die gesamte Thebais erfaßte.[9] Im Herbst desselben Jahres ließ sich Herwennefer, der Anführer der Aufständischen, in Theben zum Pharao ausrufen und konnte bis zu seinem sechsten Jahr regieren (205–199 v. Chr.). Auf ihn folgte als einheimisch ägyptischer König Anchwennefer (199–186 v. Chr.). Die beiden Könige waren zwar einem andauernden Überlebenskampf gegen die ptolemäischen Militärs ausgesetzt, hatten aber dennoch erstaunliche Erfolge zu verzeichnen. Eine totale Lähmung des Königshauses infolge der Jugend von Ptolemaios V. (204–180 v. Chr.) sowie der außenpolitische Niedergang des Reiches um die Jahrhundertwende waren den ägyptischen Unabhängigkeitsbestrebungen im Süden entgegengekommen. Vielleicht hatte es schon früh Unterstützung aus Unternubien gegeben, das in jener Zeit der meroitische König in seinen Souveränitätsbereich miteinbeziehen konnte. Anchwennefer scheint 191 v. Chr. sogar nach Nubien geflohen zu sein. In seiner letzten Schlacht, die er 186 v. Chr. gegen den ptolemäischen General Komanos verlor, kommandierte jedenfalls sein Sohn nubische Hilfstruppen. Ob es sich dabei um reguläre Kontingente des meroitischen Königs oder um freiwillige Söldner aus der lokalen Bevölkerung handelte, bleibe dahingestellt. Meroe konnte dafür von der alexandrinischen Regierung diplomatisch zur Verantwortung gezogen werden.

In den Heiligtümern des Zwölfmeilenlandes wurden die Bau- und Dekorationsarbeiten in den Jahren des oberägyptischen Aufstandes bis zur Wiedergewinnung des Landes durch die Ptolemäer im Namen der meroitischen Könige ausgeführt. Die meroitischen Könige machten sich somit das Machtvakuum zunutze und traten in den Darstellungen und Inschriften als ägyptische Pharaonen auf. Sogar Inschriften, die ursprünglich für Ptolemaios' IV. ausgearbeitet worden waren, hat man nun im Tempel von Dakke im Namen des Ergamenes II./Arqamani angebracht. In einem Fall handelt es sich um ein Dekret über die

Abb. 9 Blick vom Südteil der Insel Elephantine nach Süden. Ungefähr in der Bildmitte bei den Palmen ist der kleine Kalabschatempel zu sehen, dessen Blöcke als Füllmaterial in den Mauern des großen Kalabschatempels bei dessen Verlagerung gefunden wurden (Bd. I, Abb. 14. 15). In der linken Bildhälfte ist das wiedererrichtete Tor von Ajuala erkennbar.

Abb. 10 Kleiner Kalabschatempel auf Elephantine (Abb. 9), Inschrift Ergamenes' II. im Eingang bestehend aus Horusname, Thronname und Eigenname des Königs: «Horus: Gotteshand in seinem Tempel, dessen Arm erhoben ist(?), erwählt von Amun, um die Länder zu reinigen. König von Ober- und Unterägypten, Herr der beiden Länder ⊂Lebende Hand des Amun ..?..⊐, Sohn des Re, Herr der Kronen ⊂Arqamani, der ewig lebe⊐ ».

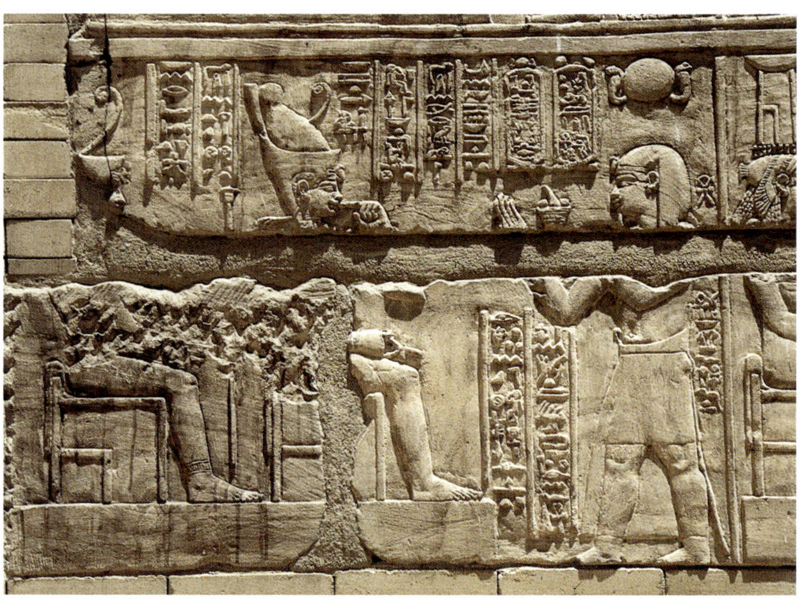

Abb. 11 Kleiner Kalabschatempel auf Elephantine, rechte Innenwand, Relief Ptolemaios' IX.: Der König bringt Weihrauch dem Mandulis und der Wadjit dar. Die Handlung ist in den beiden Kolumnen unter den Armen des Königs beschrieben. Bei Mandulis, der die Doppelkrone trägt und als Kindgott den Finger am Mund hält, ist zu lesen: «Ich gebe dir die beiden Länder in Frieden. Es spricht Mandulis, das Kind, der große Gott, Herr von Kalabscha …»

Abb. 12 Kleiner Kalabschatempel auf Elephantine, rückwärtige Außenwand (Nordwand), rechts oben. Die Blöcke gehören zu einer Szene des vor Isis räuchernden Augustus. Der Kaiser hat die frühaugusteischen Namen: «König von Ober- und Unterägypten, Herr der beiden Länder ⊂ Romaios ⊐, Sohn des Re, Herr der Kronen ⊂ Kaisaros, der Gott ⊐».

sog. Schenkung des Zwölfmeilenlandes an die Isis von Philae (Abb. 8).[10] Es ist dies der älteste erhaltene Text, der uns ausführlich über die Zuweisung der Naturalsteuern (Produkte aus Ackerbau, Viehzucht, Jagd, Fischfang usw.) an den Isistempel von Philae informiert, aber gleichzeitig auch einen Hinweis enthält, daß die Stiftung bereits auf «frühere Könige» zurückgeht. Als «schenkender» König erscheint Ergamenes, am Ende des Textes wurden jedoch die «Vaterliebenden Götter» (= das vierte Ptolemäerpaar) nur notdürftig ausgemeißelt. Daran zeigt sich, daß sowohl Ptolemaios IV. als auch Ergamenes II. die Stiftung respektierten.

Desgleichen erkennen wir die Kooperation der Priester von Philae mit Meroe im Arensnuphistempel auf der Insel (Abb. 56); der Tempel war noch unter Ptolemaios IV. begonnen worden und wurde nun im Namen Ergamenes' II. weitergebaut. Die Kartuschen dieses meroitischen Königs sind auch die ältesten, die sich in Kalabscha, und zwar im Türrahmen des heute auf der Insel Elephantine wiedererrichteten kleinen Tempels (Abb. 9) erhalten haben. Mit den Namen und Epitheta, die Ergamenes in den Tempeln des Zwölfmeilenlandes trägt («Lebende Hand des Amun», «Erwählt von Amun, um die Länder zu reinigen» u.ä.), präsentiert sich der König als legitimer Herrscher nach alter Tradition und als einer, der den Willen des Gottes Amun vollstreckt (Abb. 10–12). Aber auch die Könige in Theben Herwennefer und Anchwennefer standen unter dem Schutz Amuns, während der Ptolemäerkönig durch Ptah von Memphis sanktioniert und vom Hohepriester des Ptah gekrönt wurde. Der auf Ergamenes folgende meroitische König Adikhalamani errichtete die erste Kapelle für Amun in Debod. Auch die Priester von Philae bezeugten wieder ihre Gefolgschaft für Meroe: Im Isistempel, und zwar unter dem Pflaster des Pronaos, fand sich eine Stele, auf der Adikhalamani als Sohn der örtlichen Gottheiten, insbesondere von Osiris und Isis erscheint.[11]

Der Bevorzugung von Philae, die vor allem in der sog. Schenkung des Zwölfmeilenlandes zum Ausdruck kommt, wollten sich die altehrwürdigen Chnumpriester von Elephantine nicht fügen. Sie fühlten sich um alte Ansprüche geprellt und konnten hoffen, aus der Zusammenarbeit der Priester von Philae mit den meroitischen Königen von Seiten der Ptolemäer für sich Kapital zu schlagen. So publizierten sie in jenen Jahren, vielleicht unter Ptolemaios V., auf der Insel Sehel ein großes Graffito, die sog. Hungersnotstele,[12] in der sie verkündeten, daß einst König Djoser die Steuereinnahmen aus dem Zwölfmeilenland dem Chnumtempel von Elephantine zugesprochen hätte. Der Protest blieb jedoch ungehört.

Im Zuge der Rückgewinnung der Thebais durch das ptolemäische Heer kam auch Philae wieder unter die Kontrolle des alexandrinischen Hofes. Die erneuerte Ptolemäerherrschaft wurde seit Herbst 185 v. Chr. augenscheinlich durch zwei Priesterdekrete[13] verkündet, die man an der östlichen Außenseite des Geburtshauses von Philae in der hieroglyphischen und demotischen Fassung einmeißelte: Der eine Text (Philensis-Dekret II), abgefaßt im September 186 v. Chr. bei einer Priesterversammlung in Alexandria, berichtet von den näheren Umständen des ptolemäischen Sieges über Anchwennefer und die Nubier, über die Wohltaten, die Ptolemaios V. und Kleopatra I. den ägyptischen Tempeln erwiesen hätten, sowie über die Ehrungen, die damals für das Königspaar beschlossen wurden. Der andere Text (Philensis-Dekret I) verkündet, daß den ägyptischen Heiligtümern, die der staatlichen Verwaltung unterstanden, die ausstehenden Abgaben erlassen und die bei den inneren Unruhen verlorengegangenen Pfründe für verschiedene Kulte wiederhergestellt wurden; als Dank dafür hatten die ägyptischen Priester nicht lange zuvor in Memphis anläßlich der Inthronisation eines Apis kultische Ehren für das Königspaar (Statuen, Königskultschreine und Feste) beschlossen, die *in summa* etwa dem entsprachen, was das Priesterdekret von 196 v. Chr (erhalten auf dem berühmten Stein von Rosette) für Ptolemaios V. verordnet hatte. Damals, im Jahre 196, hatte der König noch keine Gemahlin; durch die Philensis-Dekrete von 186 und 185 v. Chr. war nun Kleopatra I. vollständig auf die kultische Ebene ihres Gemahls gehoben. Wahrscheinlich wurde gleichzeitig der Imhoteptempel (Abb. 13) eingeweiht, denn nach der Weihinschrift[14] war bereits ein Kind, d.h. Ptolemaios VI., geboren. Ansprechend ist auch die Vermutung, daß im Jahre 185 v. Chr. die königliche Familie eine diplomatische Mission in den Süden bis Philae unternommen habe. Für Denkmäler der meroitischen Könige war hier aber nun kein Platz mehr: Die Kartuschen des Ergamenes im Arensnuphistempel wurden für Ptolemaios V. umgearbeitet,[15] die Stele des Adikhalamani hat man vielleicht zerschlagen und verschwinden lassen.

Abb. 13 Philae, Imhoteptempel aus der Regierung Ptolemaios' V. Der hier von Süden gesehene Tempel steht am Nordende der ersten Ostkolonnade und setzt deren Rückwand mit seiner westlichen Seitenwand nach Norden fort. Auf der vorspringenden Leiste der Hohlkehle steht die griechische Weihinschrift: «König Ptolemaios und Königin Kleopatra, die Theoi Epiphaneis [der Kultname des fünften Ptolemäerpaares] sowie der Sohn Ptolemaios (haben den Tempel geweiht) dem Asklepios». Asklepios ist die griechische Entsprechung für den Heilgott Imhotep. Dieser erscheint in den Szenen der Tempelfront, in denen Ptolemaios V. Opferhandlungen durchführt, auch mehrfach neben Osiris und Isis sowie den Kataraktengöttern. Imhotep, der weise Bauleiter aus der Zeit Djosers, hatte als herausragende Persönlichkeit in der Art eines Heiligen im historischen Bewußtsein fortgelebt und war seit der 26. Dynastie zum vollwertigen Gott aufgestiegen.

Bald nach dem Tode Ptolemaios' V. werden die ptolemäischen Militärs von der ägyptischen Südgrenze aus weiter nach Süden vorgedrungen sein. Denn die griechische Bauinschrift auf dem zweiten Tor des Amuntempels von Debod,[16] den im Kern Adikhalamani hatte erbauen lassen, nennt bloß das (offensichtlich noch kinderlose) Königspaar Ptolemaios VI. und Kleopatra II.; dieser Zustand paßt nur in die Zeit 175–170 v. Chr. Debod liegt 22 km südlich von Aswân. Die Neuorganisation des ganzen Zwölfmeilenlandes durch die ptolemäische Verwaltung könnte jedoch noch aufgeschoben worden sein. Eine Krise in der Königsfamilie sowie in der alexandrinischen Regierung führte zum Sechsten Syrischen Krieg mit dem Seleukidenreich, der durch den Einspruch Roms 168 v. Chr. mit der Wiederherstellung des *status quo* beendet wurde; danach folgten Aufstände. Spätestens mit der endgültigen Etablierung der Regierung Ptolemaios' VI. und seiner Schwestergemahlin Kleopatra II. im Jahre 163 v. Chr. ging man jedoch daran, Unternubien ins Ptolemäerreich einzugliedern. Im Zwölfmeilenland konnte Ptolemaios VI. die alte Stiftung zugunsten des Isistempels von Philae erneuern. Davon kündet die sog. Dodekaschoinos-Stele, deren Text auf den 28. Juli 157 v. Chr. datiert ist (Abb. 70. 71);[17] sie ist in den Granitfelsen vor dem zweiten Pylon des Isistempels von Philae eingemeißelt. In Aufbau und Inhalt entspricht sie weitgehend dem Stiftungsdekret Ptolemaios' IV./Ergamenes' II. in Dakke. Nun wird aber von Ptolemaios VI. ausdrücklich festgestellt, daß das Zwölfmeilenland juristisch als Tempelland der Isis zu gelten hat, von dem keinerlei Abgaben an den Staat zu zahlen seien. Infolge der ptolemäischen Expansion wird wieder ein Zug der nubischen Gaue auf Philae angebracht, und zwar im ersten Pylon des Isistempels.[18] Ähnlich wie bei der Gauprozession Ptolemaios' II. treten im Sinne der altpharaonischen Königsideologie auch Städte und Landschaften aus Obernubien auf, z. B. die Re-

Abb. 14 Philae, Isistempel, Pronaos, links vom Durchgang in den ersten Raum des Naos: Ptolemaios VIII. stiftet das Zwölfmeilenland der Isis von Philae und des Abatons. Vom üblichen Text der Stiftungsinschrift ist der obere Teil der beiden Kolumnen zwischen König und Göttin erhalten; darin sind die 24 Meilen genannt, die sich aus der Adition der 12 Meilen auf dem Westufer und der 12 Meilen auf dem Ostufer ergeben. Hinter dem König folgen Kleopatra II. («Schwester des Königs, Herrscherin etc.») und III. («Gattin des Königs, Herrscherin etc.»), in deren Kartuschen jeweils «Kleopatra» steht.

Abb. 15 Die beiden Teile der sog. Trilingue von Philae, eine Granitstele, die 1896 bereits zerschlagen im Fundament des Augustusaltares vor dem Augustustempel auf Philae gefunden wurde. Unterhalb der Flügelsonne war ein Reiter dargestellt, der über einen geschlagenen Feind hinwegsprengt. Der Reiter ist jedoch gerade an der Stelle seines Kopfes zerschlagen und daher kaum zu erkennen. Die Kartusche beim Reiter enthält – entgegen anderen Vermutungen – die Reste des Namens Kaisar(os). Die Reiterdarstellung wird von je drei Hieroglyphenkolumnen flankiert, welche links die Götter von Philae (Osiris, Isis, Horus) und rechts jene der Kataraktengegend (Chnum, Satis, Anukis) nennen. Darunter steht die zehnzeilige hieroglyphische Inschrift, die mit dem Datum (16. April 29 v. Chr.) beginnt; anschließend folgen der lateinische und der griechische Text in jeweils neun Zeilen. Der lateinische Text, der durch seine Schriftgröße hervorgehoben ist, lautet in Übersetzung: «C. Cornelius Gallus, Sohn des Gallus, römischer Ritter, nach der Besiegung der Könige durch Caesar, dem Sohne des Göttlichen, erster Präfekt von Alexandria und Ägypten, siegreich zweimal in einer Schlacht über den Aufstand der Thebais innerhalb von 15 Tagen, in denen er den Feind besiegte; (dabei) eroberte er fünf Städte, nämlich Boresis [unklar], Koptos, Medamud, Karnak und Luxor. Nachdem er die Führer dieser Aufstandsbewegung gefangen und das Heer jenseits des Nilkataraktes geführt hatte – in ein Gebiet, in das weder vom römischen Volk, noch von den ägyptischen Königen je der Krieg vorgetragen worden war – und nachdem er die Thebais, die gemeinsame Furcht aller Könige, unterworfen und die Gesandten des Königs der ‹Aethiopen› [scil. des meroitischen Königs] auf Philae angehört hatte, nahm er denselben König unter vertragliche Aufsicht (tutela), setzte ab nun einen Lokalherrscher (tyrannus) über das Dreißigmeilenland ein, welches zu ‹Aethiopien› gehört, und brachte (schließlich) den heimischen Göttern und dem hilfreichen Nil ein Opfer dar.» Cairo, Ägyptisches Museum, CG 9295.

präsentanten von Tabo/Pnubs auf der Insel Argo, Napata, Meroe, dem «äußersten Obernubien» u.a. Daß aber die ptolemäische Regierung offensichtlich ganz Unternubien dem Reich eingliedern konnte, davon zeugt eine griechische Weihinschrift[19] aus den letzten Jahren Ptolemaios' VI. (zwischen 152 und 145 v. Chr.), in der der Stratege Boëthos[20] als «Gründer» der im Dreißigmeilenland gelegenen «Städte» Philometoris und Kleopatra bezeichnet wird; die beiden genannten (Neu-)Gründungen sind nicht identifizierbar. Die Staatsmacht verkörperte in Unternubien um die Mitte des 2. Jhs. v. Chr. zunächst ein Vertrauter des Königs mit militärischen Vollmachten, zugleich Kommandant der Garnison von Syene, der auch hohe Priesterwürden in den Tempeln von Elephantine, Philae und Bigge in sich vereinigte, aber dem Strategen der Thebais unterstand. Gegen Ende der vierziger Jahre wich die Militärverwaltung zivilen Organen, die zum Gau an der ägyptischen Südgrenze gehörten; spätestens seit 135 v. Chr. ist das der Gau von Elephantine (Περὶ Ἐλεφαντίνην). Im engeren Bereich des Zwölfmeilenlandes beschränkte sich der Staat jedoch auf die Hoheitsverwaltung, die wirtschaftliche Nutzung oblag dem Isistempel von Philae (vgl. das «Stiftungsrelief» Ptolemaios' VIII. Abb. 14).

Die Errichtung der römischen Herrschaft in Unternubien

Die weitere Entwicklung der Ptolemäerherrschaft in Unternubien ist höchst unklar. Es ist jedoch anzunehmen, daß im Jahre 30 v. Chr. zur Zeit der römischen Eroberung Ägyptens der ganze Landstrich einschließlich des Zwölfmeilenlandes der ptolemäischen Verwaltung entglitten war. Dies geht aus einer Textstelle der im Folgenden erwähnten Trilingue von Philae (Abb. 15)[21] hervor, in der es heißt, daß «die Könige Ägyptens» (scil. die Ptolemäer) niemals ihr Heer nach Unternubien geführt hätten.[22] Wir wissen, daß dies falsch ist. Vielleicht nahm jedoch der Verfasser des Textes an – z. T. sicher mit Recht -, daß seine Leser nicht die ptolemäische Geschichte in Unternubien studiert haben. Auf jeden Fall wollte er das Verdienst des ersten Praefectus Aegypti, C. Cornelius Gallus, und den dabei erwähnten römischen Einmarsch in Nubien als historisch einmalige Großtat hervorheben. Der Passus hätte aber das ganze Denkmal vor einem Leser, der sich selbst im Kataraktgebiet befand, lächerlich gemacht, wäre Unternubien zuvor noch ptolemäisch gewesen und damit nahtlos in die römische Verwaltung übernommen worden.

Abb. 16 Qasr Ibrîm, Blick etwa von WNW auf das römische Podium, dessen Grundmauern im Winterhalbjahr zunehmend vom Nassersee umspült werden. Am rechten Ende der (heutigen!) Insel ist die Südbastion sichtbar.

Cornelius Gallus mußte gleich zu Beginn des Jahres 29 v. Chr. einen ägyptischen Aufstand im Gebiet von Theben niederschlagen und versuchte danach die Reichsgrenze im Bereich des ersten Nilkataraktes abzusichern. Wie angedeutet, drang er zunächst mit seinem Heer in Unternubien ein, schloß aber dann ein Übereinkommen mit meroitischen Gesandten, die er auf der Insel Philae traf: Der Präfekt setzte einen römischen Vasallen (*tyrannus*) über das Dreißigmeilenland ein, das damit zu einer Pufferzone zwischen Meroe und Rom wurde. Davon berichtet die bereits genannte trilingue Inschrift von Philae, die auf den 16. April 29 v. Chr. datiert ist (Abb. 15).[23] Im Zusammenhang mit der Mitteilung von der Einsetzung des *tyrannus* wird ausdrücklich hervorgehoben, daß die Triakontaschoinos «im Gebiet von Aethiopia» liege bzw. «ein Distrikt (*toparchia*) von Aethiopia» sei. Das kann geographisch oder politisch gemeint sein. In dem einen Fall würde es die Annahme zulassen, daß das Gebiet des *tyrannus* nun zur römischen Provinz gehöre, im anderen Fall würde der Text sagen, daß das Land zwar einem römischen Vasallen unterstellt, aber offiziell ein Teil des meroitischen Reiches sei. Die zweite Möglichkeit ist jedoch vorzuziehen, da es wenig Sinn macht, einem Leser, der sich im Gebiet von Elephantine und Philae aufhält, mitzuteilen, daß das Gebiet jenseits des Kataraktes geographisch nicht mehr Ägypten sondern *Aethiopia* (= Nubien) ist, wo doch in dem Text eine politische und rechtliche Lösung verkündet wird, die mit den meroitischen Gesandten gefunden worden war.

Die betroffenen Bewohner der formell von Rom unabhängigen Triakontaschoinos mußten bald den Zugriff der römischen Steuerbeamten, der νομάρχαι, auf ihre wirtschaftlichen und finanziellen Ressourcen erfahren (Strab. 17,1,54). Die römische Vorgangsweise war möglicherweise illegal, aber bedingt durch die weitere Entwicklung in Ägypten im Zusammenhang mit der übrigen frühaugusteischen Reichspolitik.

Cornelius Gallus hatte durch seine Maßnahmen eine außergewöhnliche Machtstellung erreicht, die mit den Intentionen Octavians beim Aufbau des Prinzipats nicht im Einklang stand. In einem Oxyrhynchospapyrus[24] ist von einem Usurpator die Rede, der sich die heruntergekommene Flotte Kleopatras zunutze machen wollte und verschiedene Vorbereitungen, vor allem Rekrutierungen in der Thebais unternahm, um sich für einen Krieg zu rüsten, falls er abberufen werde. Die Ägypter leisteten allerdings Widerstand gegen die neuerlichen Belastungen. Es sieht so aus, als wollte Gallus die Aufwertung Octavians bis hin zu den Januarregelungen von 27 v. Chr. nicht hinnehmen, vermochte aber nicht, eine Rebellion in Szene zu setzen. Um die Jahreswende 28/27 v. Chr. wurde der Präfekt aus Ägypten abberufen. Er kam nach Rom, sichtlich um seine Unschuld unter Beweis zu stellen. Dort entzog ihm Augustus im Frühjahr 27 v. Chr. die Freundschaft, indem er ihm das Betreten seines Hauses und seiner (scil. der kaiserlichen) Provinzen untersagte (Suet. *Aug.* 66,1). Dies war für Gallus vernichtend. Der Senat leitete einen Prozeß gegen ihn ein, eine Flut von Denuntiationen brachte den ehemaligen Präfekten gänzlich in Mißkredit und er beging Selbstmord. Die von den Textzeugnissen (insbes. Suet. *Aug.* 66; Suet. *gramm.* 16; Cass. Dio 53,23) überlieferten *gravissima crimina* des Gallus – Selbstherrlichkeit und Hybris aller Art, Provinzauspressung – folgen wohl der Absicht des Augustus, die wahren Hintergründe möglichst zu verschleiern.[25] Nur im spätantiken Kommentar des Servius zur 10. Ekloge Vergils (Serv. *ecl.* 10,1) kam Gallus in den Verdacht einer Verschwörung.

Der zweite Praefectus Aegypti, Aelius Gallus, war bereits 27 v. Chr. im Amt und unternahm im selben Jahr gemeinsam mit seinem Freund Strabo eine Inspektionsreise in den Süden (Strab. 17,1,46).[26] 26/25 v. Chr. war Aelius Gallus mit dem größten Teil der römischen Besatzungstruppe außer Landes, um den Feldzug nach Südarabien durchzuführen, der sicher u.a. als flankierende Maßnahme zur Partherpolitik des Augustus verstanden werden kann.

Die augenblickliche militärische Schwäche nahmen die Unternubier zum Anlaß, um im Spätsommer/Frühherbst 25 v. Chr. Syene, Elephantine und Philae zu besetzen; die drei in Syene stationierten römischen Kohorten wurden besiegt. Auch das offizielle Meroe war vermutlich mit dem römischen Verhalten in der Zwischenzeit nicht einverstanden, denn König Teriteqas kam nun möglicherweise von Süden mit einer Armee heran, um die Unternehmung gegen das römische Ägypten zu unterstützen.[27] In Dakke ist er wahrscheinlich gerade im Jahre 25 v. Chr. zusammen mit der Kandake («Königsmutter» oder «Königsschwester») Amanirenas in einem meroitischen Graffito bezeugt.[28] Auf dem Feldzug scheint der König gestorben zu sein; Amanirenas folgte ihm unmittelbar in der Herrschaft.

Inzwischen hatte Augustus Publius Petronius zum neuen Praefectus Aegypti ernannt (25–22/1 v. Chr). Der Zeitzeuge Strabo schreibt ausführlich über den Krieg in Nubien (17,1,54): «Als aber die ‹Aithiopen› … im Sturm Syene, Elephantine und Philae eingenommen hatten, führten sie [deren Einwohner] in die Knechtschaft und rissen Standbilder des Kaisers heraus. Da kam Petronius mit weniger als zehntausend Infanteristen und achthundert Reitern gegen dreißigtausend Mann und zwang sie zunächst, nach Pselchis, einer ‹aithiopischen› Stadt, zu fliehen; dann schickte er Gesandte zu ihnen, die das Raubgut zurückverlangten und nach den Ursachen fragten, warum sie den Krieg begonnen hätten. Als sie sagten, es sei ihnen Unrecht geschehen von seiten der ‹Nomarchen›, antwortete er, nicht diese seien die Herren des Landes, sondern der Kaiser. Sie erbaten daraufhin drei Tage Zeit zur Beratung. Da sie aber nichts von dem, was sie tun sollten, machten, griff er an und zwang sie zur Schlacht. Rasch schlug er sie in die Flucht wegen ihrer schlechten Kampfesformation und Bewaffnung. Sie hatten große Schilde aus ungegerbter Rindshaut und als Waffen Äxte, einige auch Speere, andere Schwerter. Einige wurden zurück in die Stadt gedrängt, andere flohen in die Wüste und wieder andere fanden Zuflucht auf einer nahen Insel, indem sie durch den Fluß wateten, denn wegen der Strömung gab es dort nicht viele Krokodile. Unter ihnen waren auch die Truppenführer der Königin Kandake, die zu meiner Zeit über die ‹Aithiopen› herrschte – ein Mannweib und blind auf einem Auge. All diese nahm er lebend gefangen, nachdem er mit Flößen und Schiffen herangefahren war, und schickte sie umgehend nach Alexandria. Daraufhin griff er Pselchis an und nahm es ein.» Es fällt auf, daß von dem einst durch Cornelius Gallus eingesetzten Tyrannos keine Rede mehr ist. Außerdem hatten sich die Kämpfe zu einem offenen Krieg zwischen Rom und Meroe ausgeweitet, wie die Gefangennahme der meroitischen Truppenführer beweist. Strabo schreibt weiter, daß Petronius die Festung ‹Premnis› (Primis; h. Qasr Ibrîm) im Sturm erobert habe und nach Napata, der königlichen Residenz (‹Basileion›) der Kandake, aufgebrochen sei. Nach gescheiterten Friedensverhandlungen habe er auch diese Stadt eingenommen und zerstört. Augustus selbst nennt die Stadt demonstrativ in seinem Tatenbericht *res gestae* und rühmt an derselben Stelle den in vielen Punkten fehlgeschlagenen Feldzug nach Südarabien (R. Gest.div. Aug. 26). Auf dem Rückweg «befestigte er [= Petronius] ‹Premnis› noch besser, legte eine Besatzung hinein und Lebensmittel für vierhundert Mann auf zwei Jahre und begab sich dann nach Alexandria. Von den Gefangenen verkaufte er einige als Beute, tausend von ihnen sandte er jedoch an den Kaiser, der eben erst aus Kantabrien (Nordspanien) zurückgekehrt war (Ende 25/Beginn 24 v. Chr.[29]), andere waren durch Krankheit gestorben. Währenddessen marschierte die Kandake mit vielen Zehntausenden gegen die Garnison. Petronius aber kam zu Hilfe, erreichte die Festung vor ihnen und verstärkte den Platz mit noch mehr Ausstattung. Als nun wieder Gesandte kamen, verwies er sie an den Kaiser. Und da sie sagten, sie wüßten nicht, wer der Kaiser wäre und wohin man sich wenden müßte, um ihn zu erreichen, gab er ihnen Begleiter mit. So kamen sie nach Samos, weil der Kaiser gerade dort war und sich von dort nach Syrien begeben wollte, während er den Tiberius nach Armenien schickte. Nachdem sie (scil. die Gesandten) alles erreicht hatten, wonach sie verlangten, erließ er ihnen sogar die Abgaben, die er ihnen auferlegt hatte» (so Strab. 17,1,54; vgl. Cass. Dio 54,4–6; Plin. *nat.* 6,181 f.).

Diese Worte Strabos, der mit den Ereignissen engstens vertraut war, enthalten sehr klare Aussagen.[30] Tatsache ist, daß der Friede zwischen Meroe und Rom mit Augustus direkt auf Samos im Winter 21/20 v. Chr. geschlossen wurde. Der Kaiser, dem die noch offene «Parthische Frage» weitaus wichtiger war, erwies sich als sehr kulant. Er ging auf alle Wünsche der Gesandten ein, erließ dem meroitischen Staat jegliche Art von Abgaben und Kriegsentschädigung und begnügte sich – wie zahlreiche Dokumente aus der nun folgenden Zeit beweisen – mit der Annektierung des Zwölfmeilenlandes, also dem schmalen, unternubischen Landstrich zwischen Syene und Hierasykaminos.

Petronius hingegen hatte bereits damit begonnen, auch den Südteil Unternubiens in die Verwaltung der römischen Provinz *Aegyptus* einzugliedern. Aus Plinius (Plin. *nat.* 6,181) wissen wir, daß der Präfekt schon vor seinem Marsch nach Napata die Siedlungen bis zum zweiten Katarakt erobert hatte. Zur Sicherung des Dreißigmeilenlandes hatte er die Festung Primis (etwa 250 km südlich von Syene und ca. 100 km südlich von Hierasykaminos) seit Ende 25 v. Chr. für die römische Garnision ausbauen lassen. Vor allem der massive Turm der Nord-West-Bastion war mit zahlreichen frührömischen Amphorenfragmenten und Wurfgeschossen gefüllt. Bald danach begann man mit dem Ausbau eines Kultzentrums (sog. Tempel 5) und einem davor liegenden Podium (Abb. 16).[31] Wir dürfen somit annehmen, daß Petronius die Reichsgrenze entweder beim zweiten Katarakt oder bei Primis selbst auf Dauer einrichten wollte. Eine vor Ort initiierte römische Religionspolitik sollte der Konsolidierung der römischen Herrschaft dienen. Ob Primis sofort nach der Beschränkung der römischen Souveränität auf das Zwölfmeilenland aufgegeben oder noch einige Zeit als militärischer Außenposten gehalten wurde,[32] ist fraglich.

Im Verlauf dieser Ereignisse kam auch der prächtige Bronzekopf (Abb. 17) des Augustus nach Meroe, der heute im British Museum in London ausgestellt ist. Der Kopf gibt die Züge eines frühaugusteischen Typus wieder, der nach der berühmten Panzerstatue von Primaporta auch der Primaportatypus genannt wird. Wir wissen nicht, ob der Kopf zu einer jener Kaiserstatuen gehörte, die bei dem Überfall auf die römische Garnison im Jahre 25 v. Chr. erbeutet worden waren (Strab. 17,1,54) oder ob er erst nach der Aufgabe von Primis von dort in meroitische Hände gelangte. In jedem Fall stellte er ein grandioses Zeugnis der kaiserlichen Macht und Propaganda an der Südgrenze des Reiches am Nil in frühaugusteischer Zeit dar. In der Hauptstadt

Abb. 17 Bronzekopf des Octavian/Augustus aus Meroe, gefunden in einer Sandfüllung unter der Zugangstreppe zu einem kleinen Tempel. Der Kaiserkopf war dort offensichtlich rituell vergraben worden. Etwa 29–25 v. Chr., H. 42 cm; London, British Museum, GRA 1911. 9–1. 1.

Abb. 18 Philae, Augustustempel, Blick von Süden auf die Cella und die Säulenvorhalle. In dem breiten Platz vor dem Tempel ist in der Mitte ein vertieftes Rechteck zu sehen. Dadurch ist der Platz angedeutet, an dem der Augustusaltar stand, unter dem sich die in zwei Teile zerschlagene Trilingue von Philae gefunden hat. Im Nordteil des Platzes liegt heute der Architrav mit der Weihinschrift (Abb. 19). In der Achse des Tempels steht das Tor Diocletians mit einer Terrasse und der Anlegestelle davor.

Meroe wurde der Kopf jedoch rituell unter der Schwelle zu einem Heiligtum vergraben, in dessen Wandmalereien der Triumph über gefangene Feinde nach altägyptischer Manier dargestellt ist.[33] Nach seiner Fundlage diente somit der schöne Augustuskopf letztlich einer Art Feindvernichtungsmagie, die nach den Auseinandersetzungen mit den Römern in Szene gesetzt wurde.

Im Gegensatz dazu war nun Augustus der Herrscher über das Zwölfmeilenland, und zwar in zweifacher Hinsicht: In der politischen und militärischen Praxis ersetzte Augustus als römischer Kaiser die frühere Königsherrschaft der Ptolemäer und jene der Meroiten, die zu gewissen Zeiten bis an die ägyptische Südgrenze vorgedrungen waren; der Kaiser wurde durch den Praefectus Aegypti und die diesem unterstehende Provinzialverwaltung vertreten. Somit ersetzte die römische Kaiserherrschaft die frühere hellenistische Königsherrschaft. Die nach der römischen Eroberung Ägyptens abgeschafften, hellenistischen Ptolemäerkulte wurden nun in den Folgejahren durch den Kaiserkult ersetzt, der im Laufe der frühen und hohen Kaiserzeit (1.–2. Jh. n. Chr.) auch immer mehr ausgebaut wurde. Auf der Insel Philae weihte im Jahre 13/12 v. Chr. der Präfekt P. Rubrius Barbarus den Augustustempel. Die Reste dieses Tempels im griechisch-römischen Stil mit den Säulen und dem Architrav sind noch heute nach der modernen Verlagerung der Tempel von Philae im Norden des Isistempels zu sehen (Abb. 18. 19).

Der andere Aspekt der Herrschaft des Augustus bestand in der Fortsetzung des alten Pharaonentums. Das römisch-augusteische Pharaonentum für den altägyptischen religiösen Bereich war im Laufe der zwanziger Jahre des ersten vorchristlichen Jahrhunderts, und zwar zwischen 27 und 21 v. Chr., ausgebildet worden. In Nubien hatte man in diesen Jahren, als man noch mit den pharaonischen Namen des Augustus experimentierte, die ersten augusteischen Kartuschen in Kalabscha angebracht (Abb. 12). Nach dem Frieden von Samos wurde auf den neuen «König von Ober- und Unterägypten ⊂Autokrator⊐, Sohn des Re ⊂ Kaisaros⊐» das ganze «Ideologiepaket» der alten Pharaonen übertragen, deren Reihe er nun fortsetzte. In dieser Hinsicht hat somit Augustus keine ältere Herrschaft durch eine neue ersetzt, sondern hatte plötzlich die Pflicht, Kontinuität zu demonstrieren. Oft schrieben die Priester in abgekürzter Weise in die Kartuschen einfach «Pharao» (*pr-ʿ3*), wie wir das bereits aus spätptolemäischer Zeit kennen. Der Forderung, ein pflichtbewußter und von den Göttern geliebter Pharao zu sein, nahm sich die kluge, auch im übrigen Reich praktizierte Religionspolitk des Augustus von Anfang an an.

Das pharaonische Erbe in Nubien mußte noch immer gewaltigen Eindruck erwecken. Die mythische Vorstellung von Nubien als heiligem Land, die auch Homer bekannt war[34], hatte mit dem umfangreichen Bauprogramm Ramses' II., insbesondere in dessen Felsentempeln von Abu Simbel, ihre Höhepunkte erreicht. Aus jener Zeit stammten auch die Felsentempel von Beit el-Wali (knapp nördlich von Kalabscha) und Gerf Hussein (etwas nördlich von Dakke), die nun auf römischem Territorium standen. Die Ptolemäer hatten vor allem die Tempel von

Abb. 21a.b Philae, Isistempel, sog. Meroitisches Zimmer hinter der zweiten Ostkolonnade, Teil der schwach eingeritzten Darstellungen einer hochrangigen meroitischen Gesandtschaft aus der zweiten Hälfte des 3. Jhs. n. Chr. Dargestellt sind zwei Prozessionen, die aufeinander zuschreiten. Die Abb. zeigt die ersten drei Figuren der linken und eine Figur der rechten Prozession. Alle Personen halten Palmzweige, die meroitischen Beischriften geben ihre Namen und Titel wieder, manche Personen sind mehrfach abgebildet. Beide Gruppen führt der meroitische Funktionär und Priester Manitawawi an, der somit in der Abb. sich selbst gegenübersteht. Hinter ihm geht (gleichfalls in beiden Gruppen) der Vizekönig von Unternubien, der peseto Bekemete, der in der Darstellung unserer Abbildung ein Diadem mit stilisierten, aufgerichteten Uräen trägt.

Abb. 22 Philae/Agilkia, Blick von Nordwesten auf die wiedererrichteten Bauten. Im Vordergrund die Terrasse und die in den Nil führende breite Treppe nordwestlich des Diocletianstores. Dahinter erheben sich der nördliche und südliche Bogen des Tores; links dahinter der Isistempel von hinten gesehen.

entfernen ließ (Abb. 20).[51] Der Zweck des «Schweinehirtendekrets» von Kalabscha, das ja sicher die Mandulispriester selbst angeregt hatten, bestand darin, den Vollzug der «heiligen Riten gemäß der Tradition» sicherzustellen (Zl. 9–10).

Bis um die Mitte des 3. Jhs. n. Chr. datieren die Graffiti im Steinbruch von Qertassi nach den römischen Kaisern, was jedoch über die tatsächliche römische Präsenz wenig aussagt. Denn Graffiti in Philae aus dem Jahre 253 n. Chr. zeigen sehr deutlich, daß die Insel zu jener Zeit *de facto* gänzlich dem meroitischen Einflußbereich zuzurechnen ist. Ein äußerst langer und aufschlußreicher Text,[52] der nach Trebonianus Gallus auf den 10. April 253 n. Chr. datiert ist und noch heute die westliche Außenseite des Hadrianstores (Abb. 125) ziert, berichtet von zwei Missionen eines gewissen Pasan nach Philae. Pasan war Gesandter des meroitischen Königs Teqorideamani und nahm hier zuerst im Winter 251/252 und dann wieder 252/253 n. Chr. an ausgedehnten Festlichkeiten teil, überbrachte Geschenke des Königs von Meroe an den Isistempel, die Priesterschaft und die Einwohner des ganzen Distriktes. Im Namen seines Königs führte er die königlichen Rituale durch. Nach Aussage dieses Berichtes ist somit um die Mitte des 3. Jhs. n. Chr. der meroitische König in Philae der rituell wirksame «Pharao», der seinen eigenen Gesandten zur Durchführung der kultischen Aufgaben hinschickt. Die Feierlichkeiten betrafen zumindest im zweiten Fall das Choiakfest. Bei beiden Missionen war zeitweise auch der meroitische Vizekönig von Unternubien (*peseto*) anwesend. Möglicherweise hatte man sich mit den römischen Behörden arrangiert und die Frage der Souveränität nicht berührt. Pasan und sein Kollege hatten als «die großen Gesandten an Rom» auch diplomatische Geschenke für den Kaiser mitgebracht; aber sie reisten wohl nicht selbst nach Rom, sondern übermittelten ihre Gaben an den Praefectus Aegypti.

Offensichtlich im selben Jahr 253 n. Chr. gibt uns der meroitische Steuerbeamte Tami einen aufschlußreichen Bericht über seine Tätigkeit und das Verhältnis zu den römischen Autoritäten.[53] Zehn Jahre (also etwa 240–250 n. Chr.) war er für den Isistempel als Kornmesser tätig. Danach gab es Auseinandersetzungen mit den «Leuten von Elephantine»; vielleicht hatten die Meroiten das im Kult zu Philae gehörige Abaton auf der Insel Bigge in Besitz genommen. Tami wurde nach Norden zum Palast des Dux (vielleicht der Militärkomandant von ganz Ägypten) geschickt. Der namentlich nicht genannte Dux kam nun mit nach Süden, führte «das Ritual für Isis» durch und verbot den «Leuten von Elephantine» das Abaton zu betreten. Danach arbeitete Tami weitere drei Jahre in Frieden in Philae und pflanzte dabei sogar Persea-Bäume in Philae und Bigge. Einmal kam der römische Archiereus aus Alexandria nach Süden; Tami traf sich mit ihm in Syene. In Philae selbst konnte allerdings der römische «Oberpriester», der sich gemeinsam mit Tami dorthin begeben hatte, keine Amtshandlungen mehr ausführen. Der Meroite Tami war danach sieben Jahre aus Philae abwesend und kehrte 260 n. Chr. in hoher Mission (als «höchstgeschätzter

Gesandter») dorthin zurück: In einem griechisch geschriebenen Graffito auf dem Hadrianstor berichtet er, daß er «Frieden machte» (also ein Übereinkommen mit der römischen Verwaltung erreichte) und einen hohen Priester, einen sog. Prophetes, in sein Amt einsetzte.[54] Er vollführte damit einen Akt, der früher dem Archiereus von Alexandria und ganz Ägypten vorbehalten war.

Vielleicht kam nicht lange danach jene diplomatische Mission nach Ägypten, die sich im sog. Meroitischen Zimmer des Isistempels von Philae in zwei Prozessionen nach Art einer Pilgergruppe verewigte (Abb. 21 a.b).[55] Neben Tempelbeamten und höheren Priestern im Dienste der Isis von Philae ist wieder der meroitische Vizekönig von Unternubien dabei, der *peseto* Bekemete.

Die angeführten Zeugnisse vermitteln den Eindruck, daß der Rückgang der römischen Macht im Zwölfmeilenland durch Meroe kompensiert wurde und daß die Kontakte zwischen den beiden Reichen dabei im wesentlichen friedlicher, manchmal vielleicht sogar kooperativer Natur waren. Der wahre Grund dürfte darin zu suchen sein, daß es für die römische Verwaltung zunehmend schwieriger geworden war, das unternubische Grenzgebiet gegen die Einfälle der nomadischen Stämme der Trogodyten und Blemmyer zu verteidigen, die in der östlichen Wüste lebten, aber ins Niltal drängten. Für Meroe wurde es dadurch notwendig, ganz Unternubien selbst zu verteidigen.[56]

Rom blieb jedoch trotz der Reichskrise keineswegs untätig, wenngleich mehrere Berichte über kriegerische Begegnungen mit den Blemmyern stark legendär verbrähmt sind. L. Mussius Aemilianus, um 260 n. Chr. Praefectus Aegypti und kurz darauf zum Gegenkaiser gegen Gallienus erhoben (261–262 n. Chr.), soll in die Thebais gekommen sein und mit größter Energie die Barbaren vertrieben haben (SHA trig.tyr. 22,6). Von Kaiser Probus wird überliefert, daß er um 280 n. Chr. die Blemmyer besiegt und Kriegsgefangene von ihnen in Rom beim Triumph mitgeführt habe (SHA Prob. 17,2; 19,2).

Daß auch Meroe mit den Blemmyern seine Schwierigkeiten hatte, davon zeugt ein Panegyricus auf Maximianus aus der Zeit um 290 n. Chr. (Paneg. 11,17[4]9): «Sogar jene Blemmyer, wie ich höre [so schreibt der Autor], obwohl nur an leichte Pfeile gewöhnt, suchen nun gegen die ‹Aethiopen› [= Meroiten] nach Waffen, die sie nicht haben, und kämpfen todbringende Schlachten so gut wie ausschließlich aus Haß.»[57]

Die neunziger Jahre des 3. Jhs. n. Chr. waren im Nilland sehr bewegt. 293/4 kam Galerius, damals noch Caesar, in die Thebais, um einen Aufstand niederzuschlagen; wahrscheinlich erwarb er sich damals die Beinamen *Aegyptiacus Maximus* und *Thebaicus Maximus*.[58] Bald danach, entweder 296/297 oder 297/298 n. Chr., als Diocletian und Galerius im Krieg gegen Persien standen, erfaßte der Aufstand des Aurelius Achilleus und L. Domitius Domitianus sehr rasch ganz Ägypten. Diocletian kam persönlich nach Ägypten, zwang nach und nach die aufständischen Städte der Thebais und des Fajjum zur Aufgabe und eroberte schließlich Alexandria nach achtmonatiger Belagerung.[59] In den Kontext dieser Unternehmungen muß auch der bei Zonaras (Zon. 12,31 B-C) berichtete Vorstoß des Kaisers nach Nubien gehören (dazu Paneg. 8,5,1–3). Diocletian versuchte also, im Zwölfmeilenland wieder Stärke zu demonstrieren. Möglicherweise hatte die römische Verwaltung Ägyptens schon vorher begonnen, das militärische System in Nubien wieder aufzubauen, denn bei Kalabscha wurde die römische Straße erneuert, wie ein Meilenstein im Namen der Tetrarchen (also aus der Zeit 293–298 n. Chr.) lehrt.[60]

Abb. 23 Nag' el-Ḥagar/Praesentia, befestigtes, römisches Lager aus diocletianischer Zeit 10 km südlich von Kom Ombo; Blick von Osten auf den Südostflügel des Palatium mit der außen herumführenden Wasserleitung.

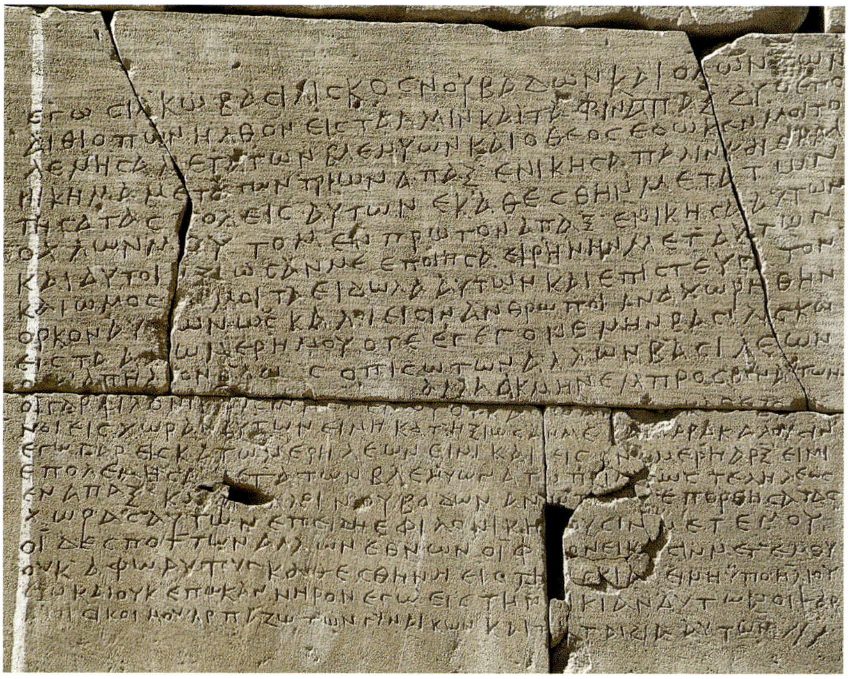

Abb. 24 Kalabschatempel, Pronaos, rechte Ante, Siegesinschrift des Nobadenkönigs Silko, um die Mitte des 5. Jhs. n. Chr.: «Ich, Silko, König der Nobaden und aller Aithiopen, kam nach Talmis und Taphis. Bei zwei Gelegenheiten kämpfte ich mit den Blemmyern, und Gott verlieh mir den Sieg. Bei der dritten Gelegenheit war ich wieder siegreich und unterwarf deren Städte. Ich besetzte sie mit meinen Truppen. Beim ersten Mal besiegte ich sie, und sie unterwarfen sich mir. Ich schloß Frieden mit ihnen, und sie schworen mir bei ihren Götterbildern. Ich vertraute ihrem Eid in dem Glauben, sie wären anständige Menschen. So zog ich mich in meinen oberhalb gelegenen Landesteil zurück. Als ich König geworden war, rangierte ich keineswegs hinter den anderen Königen sondern vielmehr an der Spitze von ihnen. Diejenigen, die mit mir rivalisieren, lasse ich nicht in ihrem Lande siedeln, es sei denn sie huldigen mir flehentlich. Denn ich bin ein Löwe in den unteren Regionen und ein Bär in den oberen Gebieten. Ich habe mit den Blemmyern von Primis bis Telelis [Schellâl?] gekämpft. Einmal habe ich auch das Land der anderen, der oben wohnenden Nobaden, verwüstet, weil sie sich mit mir angelegt hatten.»

Dennoch mußte dem Kaiser im Zuge dieser Aktionen klar geworden sein, daß eine Reorganisation des Zwölfmeilenlandes für Rom eine schwere Bürde ohne Gewinn darstellen würde. So nahm er im Sommer/Herbst 298 n. Chr. offiziell die Grenze des Römischen Reiches bis zum ersten Katarakt zurück und umgab die Insel Philae mit einer großartigen, neuen Befestigungsanlage (Prok. BP 1,19). Allerdings scheint das sog. Diocletianstor mit seinen drei Bögen, das vor dem Augustustempel errichtet wurde, ein freistehender Triumph- oder Gedenkbau gewesen zu sein, da auch die Seitenelemente zum Zwecke der Ansicht fein modelliert sind (Abb. 22).[61]

Das Zwölfmeilenland kam somit 298 n. Chr. unter die Souveränität des meroitischen Königs. Um die Jahrhundertwende regierte in Meroe Yesebokheamani, der durch zwei Verehrungsinschriften beim Hadrianstor in Philae bezeugt ist.[62] Man möchte meinen, der meroitische König selbst habe Philae besucht – allerdings bleibt offen, ob die Graffiti vor oder nach der diocletianischen Neuordnung angebracht wurden. Wahrscheinlich schlossen die Römer sowohl mit Meroe als auch mit den Blemmyern Verträge. Wenn Procopius jedoch von der Ansiedlung der Nobaden durch Diocletian in Unternubien schreibt (Prok. BP 1,19,28), so projiziert er irrtümlich einen Zustand seiner Zeit zurück in die Regierung des Diocletian.[63]

Im Zuge der diocletianischen Neuordnung entstanden zahlreiche befestigte Lager in Oberägypten, so vor allem das Legionslager in Luxor, in dessen Mitte der alte Luxortempel stand mit dem nun neu eingerichteten Kaiserkultraum.[64] Etwa 10 km südlich von Kom Ombo wurde das Lager von Nag' el-Ḥagar errichtet[65], in dem Diocletian offenbar selber im Jahre 298 n. Chr. residierte und das daher den Namen Praesentia erhielt (Abb. 23). Hierher und nach Ombos/Kom Ombo verlegte der Kaiser Teile seiner *legio III Diocletiana*. Im Bereich von Philae selbst wurde die *legio I Maximiana* stationiert (Not. dign.or. 31,37); wahrscheinlich hatte sie in dem archäologisch nachgewiesenen Heerlager auf dem Ostufer bei Schellal ihren Sitz.[66]

Die Blemmyer konnten jedoch auch künftig nicht an ihren Raubzügen nach Ägypten gehindert werden, so daß der Kaiser versuchen mußte, mit ihnen ein Einvernehmen zu finden. Noch unter Konstantin d. Gr. im Jahre 337 n. Chr. erschienen blemmysche Würdenträger zusammen mit meroitischen Gesandten vor dem Kaiser (Eus. *Vita Constantini* 4,7). Bald danach scheint eine Gruppe römerfreundlicher Blemmyer für kurze Zeit mit Byzanz ein Föderationsverhältnis eingegangen zu sein.[67]

Nach dem Feldzug des axumitischen Königs Ezana in das Herz des meroitischen Königreiches (etwa 360 n. Chr.),[68] übernahmen dort (vielleicht um 370 n. Chr.) die Nubisch sprechenden Noba die Herrschaft, womit sie gleichzeitig der meroitischen Königsdynastie ein Ende bereiteten. Gerade in jenen Jahren verstärkten die Blemmyer wieder ihre Plünderungsaktivitäten. Demotische Graffiti im Isistempel erinnern an die Teilnahme verschiedener Priester am Choiakfest im November und Dezember 373 n. Chr.; eines[69] berichtet zusätzlich von einer Attacke der Blemmyer und daß die Barke der Isis in den beiden letzten Jahren gar nicht zum Abaton fahren konnte. Bewaffnete Blemmyer sollen 373/374 n. Chr. sogar ein Kloster auf dem Sinai überfallen haben. Im Jahre 394 n. Chr. hatten sie defintiv das Gebiet der Smaragdminen bei Berenike und das Zwölfmeilenland in ihrem Besitz.[70] Das ist gerade jenes Jahr, in dem der Isispriester Esmet-Achom die jüngste uns bekannte Hieroglypheninschrift bei einer Mandulisdarstellung im Hadrianstor in Philae anbrachte (Abb. 129).[71] Im Hinblick auf die nichtchristlichen Nachbarvölker duldete die Reichsregierung aus politischer Raison den alten Kult im Isistempel auch nach den theodosianischen Dekreten zur Christianisierung des Reiches im Jahre 391 n. Chr. Den Christen war der Kult freilich seit langem höchst unangenehm: Schon um die Mitte des 4. Jhs. n. Chr. soll ein gewisser Makedonios, der vom Patriarchen Athanasios zum Bischof von Philae geweiht worden war, den letzten, im Tempel lebenden, heiligen Falken getötet haben; unter dem Vorwand, ihm zu opfern, sei er zu ihm vorgedrungen und habe ihm den Kopf abgeschnitten.[72] Damals lebten Heiden und Christen gemeinsam auf der Insel. Aus verschiedenen Quellen wissen wir, daß sich seit jener Zeit die Einfälle der Blemmyer ins byzantinische Gebiet verstärkten. Um 420 n. Chr. bereiste der Historiker und Diplomat Olympiodoros das blemmyische Unternubien und erwähnt neben Taphis/Taffe ausdrücklich Talmis/Kalabscha als deren Zentrum (Photius, Bibl. 62a,9–26, frg 1,37).[73]

Abb. 25 Kalabschatempel, Pronaos, rechte Ante, Graffito etwas unterhalb der Siegesinschrift von Abb. 24: Silko zu Pferd im römischen Militärgewand sticht mit der Lanze einen Blemmyer nieder. Die von links herbeifliegende Victoria krönt Silko mit der altägyptischen Hemhem-Krone.

Im nördlichen Nubien, zwischen dem ersten und dritten Katarakt, entstand um 420 n. Chr. das Königreich Nobadia mit dem Zentrum in Ballana (einige Kilometer südlich von Abu Simbel).[74] Wahrscheinlich trat die byzantinische Verwaltung bald mit den Nobaden in Kontakt, um die Blemmyergefahr einzudämmen – offensichtlich mit wenig Erfolg, da Blemmyer und Nobaden nun gemeinsam ins byzantinische Gebiet einfielen. Die Historiker Priscus (FHG IV S. 100f., frg. 21) und Iordanes (Romana 333) informieren uns darüber, daß der Statthalter Florus (*Praefectus Augustalis* und *Comes Aegypti*) die plündernden Nobaden und Blemmyer etwa im Jahre 452 n. Chr. entscheidend schlug und daß anschließend mit ihnen ein sog. hundertjähriger Friede geschlossen wurde. In den Bestimmungen wurde den Südvölkern «nach altem Recht» der unbeschränkte Zugang zum Isistempel auf Philae garantiert und daß sie zu bestimmten Zeiten die Kultstatue ausleihen durften, um sie zur Konsultation in ihre Heimat zu bringen. Der Friede wurde im Isistempel selbst von den Vertretern der Blemmyer, Nobaden und der kaiserlichen Verwaltung ratifiziert. Somit kam dem Isistempel damals, als das ganze Reich bereits christlich war, entscheidende diplomatische Bedeutung im Kontakt mit den nichtchristlichen Völkern Nubiens zu; dies sicherte dem Tempel sein weiteres Überleben innerhalb der christlichen Umgebung. Im Nordteil der Insel selbst standen bereits christliche Kirchen. Am 2. oder 12. Dezember 452 n. Chr., während des heidnischen Choiakfestes, ließ der Oberpriester der Isis namens Smeto beim Eingang zum Osiriszimmer auf dem Dach des Isistempels die letzte bislang entdeckte, datierte demotische Inschrift eingravieren (Abb. 97).[75] Die Koexistenz hinderte «die Barbaren» jedoch nicht daran, nach dem genannten Friedensschluß ihre Plünderungszüge fortzusetzen.[76]

Vielleicht fanden bald danach die Kämpfe des Nobadenkönigs Silko mit den Blemmyern statt.[77] In seiner Inschrift auf der rechten Ante des Pronaos des Kalabschatempels (Abb. 152) rühmt er sich, als «König der Nobaden und aller Sudanbewohner» (βασιλίσκος Νουβάδων καὶ ὅλων τῶν Αἰθιόπων) nach Kalabscha und Taffe gekommen zu sein und dreimal mit den Blemmyern von Qasr Ibrîm bis Schellal siegreich gekämpft zu haben (Abb. 24).[78] Diese Triumphinschrift zusammen mit den Darstellungen im Hof des Mandulistempels sollte auf die Einwohner von Kalabscha wirken. Rechts unterhalb der Inschrift sehen wir Silko zu Pferd im römischen Militärgewand, wie er mit der Lanze einen Blemmyer niedersticht (Abb. 25). Von links fliegt Victoria heran und krönt den König wie einen altrömischen Triumphator.[79] Die Krone, die Silko erhält, ist allerdings die altägyptische, dreiteilige Hemhemkrone, die in Kalabscha wahrscheinlich auf Mandulis zu beziehen ist. Die Siegesinschrift, die Darstellung sowie Funde in den Königsgräbern von Ballana scheinen darauf hinzuweisen, daß Silko und seine Nobaden damals mit dem Kaiser in einem Föderatenverhältnis standen. Links unterhalb der Inschrift findet sich ein weiteres eingeritztes Bild (Abb. 26), das ebenfalls Silko wiedergibt: Der König, der mit einem ähnlichen Militärgewand bekleidet ist, schreitet nach links, hält in der rechten Hand ein Zepter, in der linken das Anchzeichen; auf dem Kopf trägt er ein Diadem mit Uräus und darüber die ägyptische Doppelkrone, aus der (ähnlich wie bei meroitischen Darstellungen) ein Widderhorn herausragt. Die Dokumentation um den Noba-

Abb. 26 Kalabschatempel, Pronaos, rechte Ante, Graffito nahe der linken Kante, etwas unterhalb der Siegesinschrift, aber ein wenig höher als die Darstellung von Abb. 25: Darstellung des Königs Silko mit Attributen des altägyptischen Pharaos aber auch mit meroitischen Elementen. Auf dem Kopf trägt er ein Diadem mit Uräus, darüber die ägyptische Doppelkrone, von der ein Widderhorn absteht wie bei meroitischen Königsdarstellungen.

denkönig Silko wird einerseits von propagandistischer Großspurigkeit und anderserseits von einem geringen Sprachniveau sowie von der unbeholfenen Art der Einritzungen beherrscht. Dennoch sei hervorgehoben, daß sich hier im 5. Jh. n. Chr. zum letzten Mal ein König in pharaonischer Manier auf einer ägyptischen Tempelwand präsentiert.

Erst Justinian entschloß sich, dem heidnischen Kult in Philae ein Ende zu bereiten: Der Kaiser ließ durch seinen Befehlshaber Narses[80] in der Zeit 535–537 n. Chr. die Tempel schließen, die Priester gefangen setzen und die Statuen nach Konstantinopel schicken (Prok. BP I, 19,36–37). Der Bischof von Philae Theodoros wandelte alsbald den Pronaos des Isistempels in eine Kirche des Heiligen Stephanus um (Abb. 90).[81] In den Jahren danach wurde Nobadia durch die von der Kaiserin Theodora ausgehende Mission zum monophysitischen Christentum bekehrt (Ioh.Ephes. HE 4, 6–11, 48–53).[82]

RELIGIÖSE ZENTREN IM GRENZGEBIET VON ÄGYPTEN UND NUBIEN

Elephantine und Syene

Das Grenzgebiet zwischen Ägypten und Nubien ist der Bereich des Ersten Kataraktes, der nach heutiger Auffassung den durch Inseln und Stromschnellen charakterisierten Nilabschnitt bei und südlich von Aswân darstellt (Abb. 27). In diesem Sinne reicht er im Norden etwa von Westaswân, nördlich der Qubbet el-Hawa, bis zur Südspitze der Insel El-Hesa. Im Altertum hingegen umfaßte die Bezeichnung Kleiner Katarakt (ὁ μικρὸς καταράκτης im Gegensatz zum Großen, dem Zweiten Katarakt) bloß den engsten Abschnitt des Nillaufes zwischen der Stelle des Aswân-Dammes und der Südspitze der Insel Sehel.[83] Die bedeutendsten religiösen Zentren des Gebietes befanden sich in ptolemäisch-römischer Zeit auf den Inseln Elephantine und Philae, wobei in geographischer Hinsicht Elephantine bereits zu Ägypten gehörte, die Insel Philae hingegen als zwischen Ägypten und «Äthiopien» liegend aufgefaßt wurde.

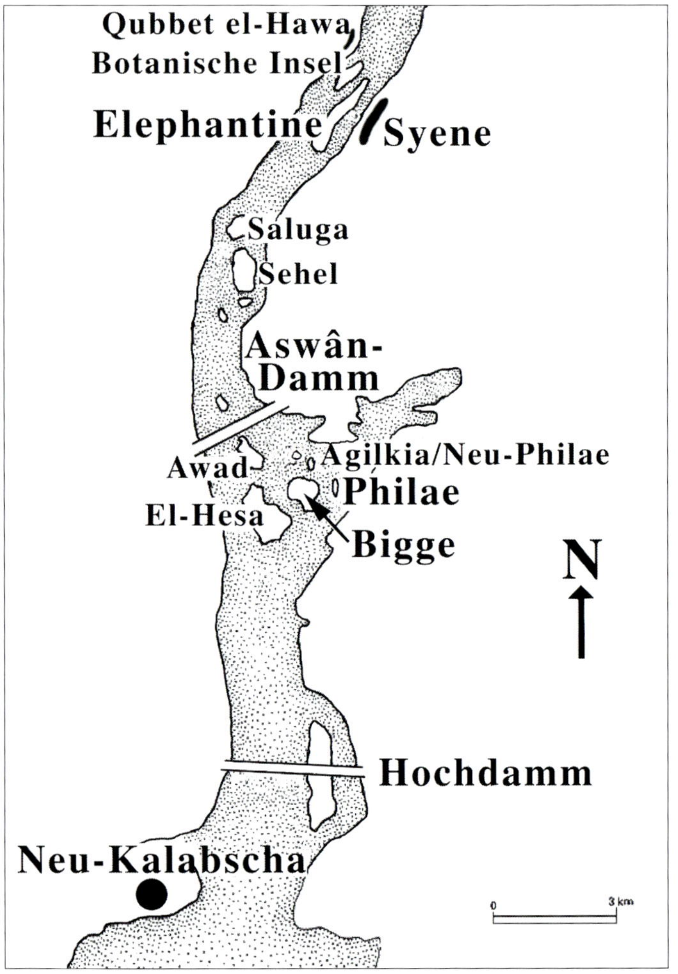

Abb. 27 Der Bereich des Ersten Kataraktes von Aswân bis Neukalabscha.

Die historische Priorität kam den Kulten auf Elephantine zu, da hier die alten Kataraktengötter Chnum, Satet und Anuket über die für Ägypten lebensnotwendige Nilflut wachten. Im Südteil der Insel Elephantine (Abb. 28), also an der Grenze Ägyptens, wurde nach alter Tradition jährlich das erste Ansteigen des Nils beobachtet; das Überschwemmungswasser, das ein Geschenk der Götter darstellte, kam nach mythischer Auffassung aus dem Urgewässer Nun und ergoß sich sodann in den Nil, den es zum Steigen brachte. Daher stellte man sich an dem Punkt, wo die Flut zum ersten Mal im Jahr beobachtet wurde, die Quellöcher des Nils bzw. der Überschwemmung vor, wie noch Herodot (2,28)[84] zu einer Zeit berichtet, als man längst wußte, daß die Flut weit im südlichen Nubien entstand.

Seit der ägyptischen Frühzeit ist der Tempel der Kataraktengöttin Satet in mehreren Baustufen nachgewiesen; spätestens in der frühen 11. Dynastie (um 2100 v. Chr.) hatte darin auch der widderköpfige Schöpfergott Chnum einen besonderen Kultplatz. Chnum erhielt dann im Verlaufe des Mittleren Reiches einen ersten kleinen Tempel, von dem einige Blöcke erhalten sind. Im Neuen Reich begann Hatschepsut mit dem neuen Chnumheiligtum der 18. Dynastie (1478/77–1458/57 v. Chr.), das in der Ramessidenzeit ausgebaut und erweitert, ja noch in der 29. und zu Beginn der 30. Dynastie um Tore ergänzt wurde. Die heute zu besichtigenden Reste des Chnumtempels von Elephantine (Abb. 29, Nr. 8; Abb. 30) stammen jedoch fast ausschließlich von einem Neubau Nektanebos' II., des letzten einheimischen Königs vor Alexander d. Gr. Der allgemeine religiöse Umbruch während der ägyptischen Fremdherrschaften, die daraus folgende Krise des ägyptischen Königtums und umfassende theologische Neuorientierungen im Götterkult führten dazu, daß sehr viele Tempel des Neuen Reiches in ganz Ägypten in der Spätzeit und Ptolemäerzeit (z. B. auch Edfu und Dendera) abgetragen und völlig neu errichtet wurden. Vor der Ptolemäerzeit ist es gerade die 30. Dynastie, insbesondere die Regierung Nektanebos' II., in der die Sakralarchitektur neuen Stils eine Blütephase erlebt. Vielleicht war es nicht zuletzt auch eine Folge der andauernden Abwehrkämpfe gegen persische Rückeroberungsversuche, denn für wirtschaftliche und militärische Anstrengungen benötigte der Pharao die Gefolgschaft der Priesterschaften.

Der Chnumtempel ist das erste Bauwerk, das auf Elephantine noch vor dem Beginn der ptolemäischen Zeit vollständig neu errichtet wurde. Das Tempelhaus aus der Regierung Nektanebos' II. umfaßte drei Sanktuare[85], einen vorgelagerten Quersaal (Halle der Neunheit) und zwei Säulensäle mit je zwei Säulen links und rechts der Mittelachse (Opfertischraum und Halle der Erscheinung[86]). Außerdem wurde noch in der 30. Dynastie die Umfassungsmauer begonnen, die auf der Ostseite vor dem Tempelhaus auch einen Hof umschließen sollte. In dieselbe Zeit gehört die ältere Bauphase des Nilometers[87] (Abb. 29, Nr. 10; Abb. 33).

Abb. 28 Elephantine, Überblick von Süden über den archäologischen Park, der am 1. März 1998 der Öffentlichkeit zugänglich gemacht wurde. Halb rechts ist der Chnumtempel zu sehen, in dem das Tor aus der Zeit Alexanders IV. dominiert. Der hintere Tempelbereich (links davon) liegt unter späten Lehmziegelbauten; der vordere Bereich erstreckt sich bis zum Nil hin und endet dort mit einer hohen Ufermauer, auf der sich die Kultterrasse befand. Links von der Ufermauer hinter den dort verankerten Segelbooten befindet sich die wiederhergestellte Balustrade der Uferterrasse.

Im Grundriß des späten Chnumtempels erkennen wir zum ersten Mal Neuerungen, die in der gesamten Ptolemäer- und Römerzeit für die ägyptische Architektur bestimmend wurden. Dazu gehören z. B. der Umgang («couloir mystérieux») um die Sanktuare[88], von dem aus kleinere Kapellen zugänglich sind, die Halle der Neunheit, die ab jener Zeit zwischen dem Opfertischsaal und dem Sanktuar eingeschoben wird, oder die sog. Wabet, die im Chnumtempel vermutlich nördlich der Säulensäle liegt[89]. In der mittleren Ptolemäerzeit, und zwar während der Blütephase unter Ptolemaios VI. und VIII., wurde vor der Tempelfront eine Säulenhalle errichtet, der Pronaos, der sich über die gesamte Breite bis zur Umfassungsmauer erstreckt. Außerdem wurde damals der Tempelhof nach Osten erweitert und mit Steinwänden geschlossen.

Daran schloß die augusteische Bautätigkeit an, wobei nicht sicher zu sein scheint, ob der nun erbaute Pylon und die östlich anschließende Kultterrasse nicht schon in spätptolemäischer Zeit begonnen wurden.[90] Unter Augustus wurde die Dekoration an den Außenwänden des alten Tempelhauses, im Pronaos sowie an den Innenwänden des Tempelhofes fortgesetzt. In römischer Zeit standen im Hof vor den Säulen noch alte Pharaonenstatuen, zu denen sich im Laufe der Kaiserzeit Bronzestandbilder von Kaisern und eine Reihe von Altären hinzugesellten. Bäume, faßbar an den Baumgruben unmittelbar vor den Portiken des Hofes, säumten den Zuweg zum eigentlichen Tempel.[91]

Insbesondere hat man sich nun zu Beginn der römischen Zeit dem Bau der Terrasse vor dem Chnumtempel gewidmet, eine bis zur Uferlinie im Osten vorgetragene, hoch aufgeschichtete, monumentale Kultplattform. Die Terrasse wurde an den Rändern von einer Brüstung gesäumt, von der ein Abschnitt des südlichen Teils anhand einiger Bauelemente und Aufbauten rekonstruiert werden konnte, die am Fuß der südlichen Terrassenmauer bzw. im Becken des Nilometers selbst gefunden wurden. Da die Errichtung der Rekonstruktion an originaler Stelle einen sehr kostspieligen Aufbau zumindest eines Teils der südlichen Terrassenmauer erfordert hätte, begnügte man sich damit, den Ostabschnitt der Balustrade unten am Ufer um 90° gedreht neben dem Nilmesserbecken aufzustellen (Abb. 31. 32). Auf dieser Balustrade stehen drei Naoi, welche etwas mehr als einen Meter über die Brüstung hinausragen; in der archäologischen Literatur werden sie von links nach rechts mit A, B und C bezeichnet.[92] In die Naoi, die sicher mit Holztüren verschließbar waren, sind Stelen eingelassen. Interessanterweise trägt die Stele in Naos A die Kartuschen Ptolemaios' II.; der König räuchert vor dem nubischen Gott Arensnuphis. Somit wurde hier im Zuge des augusteischen Terrassenausbaues eine frühptolemäische Stele wiederverwendet, die man vielleicht aus Philae hierhergebracht hatte.[93] In den beiden anderen Stelen steht jeweils der römische Kaiserpharao mit leeren Kartuschen vor Gottheiten, die zumeist nicht erhalten sind.[94] An verschiedenen Stellen der Brüstung wurden zahlreiche griechische und demotische Graffiti angebracht.[95] Am wichtigsten ist die griechische Besucherinschrift auf der vorspringenden Leiste der Hohlkehle des Naos C, die in den Monat Phamenoth des 14. Jahres des Augustus da-

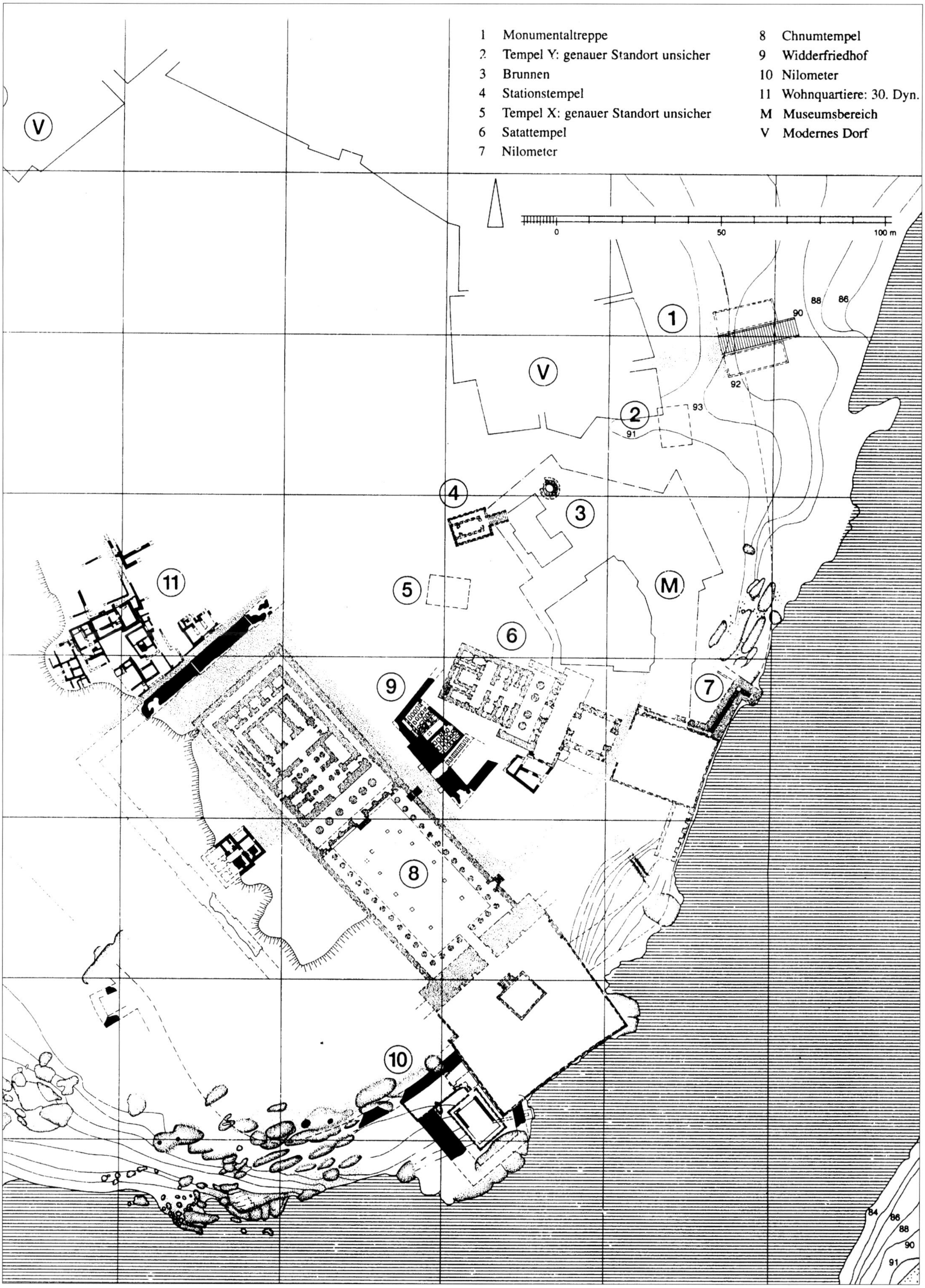

Abb. 29 Elephantine, Kultbezirk in römischer Zeit.

Abb. 30 Elephantine, Überblick über den Chnumtempel ungefähr von Süden. In der Bildmitte ragen die Seitenteile des Hauptportales mit Reliefs Alexanders IV. auf. Von hier nach links hinten ist das Tempelhaus Nektanebos' II. mit dem über Stufen erreichbaren Nebeneingang der Abb. 34 sichtbar. Der Westteil des Tempels ist von spätantiken und frühmittelalterlichen Wohnquartieren überbaut. Rechts vom Granittor steht auf dem Pflaster des Tempelhofes eine Reihe von Ziegelbauten, die einem Militärlager des 5./6. Jhs. n. Chr. angehören.

Abb. 31 Elephantine, Chnumtempel, die nicht an ursprünglicher Stelle teilweise wiederhergestellte, südliche Balustrade der Chnumtempelterrasse, gesehen von Osten. Unmittelbar hinter dem rechten Teil der Balustrade ist das rechteckige Becken des Nilometers zu sehen, in dem auch einer der beiden Treppenabgänge erkennbar ist. Rechts neben dem Becken finden sich Reste der nach hinten verlaufenden Südmauer der Terrasse.

Abb. 32 Elephantine, der wieder aufgebaute Ostabschnitt der südlichen Balustrade des römischen Chnumtempels. Links auf der Mauer befindet sich die Nilkultstätte, bestehend aus zwei kleinen Altären, die von je zwei kleinen Obelisken flankiert werden; rechts anschließend die drei Naoi A, B und C (von links nach rechts). Auf der vorspringenden Leiste der Hohlkehle des Naos C (= der ganz rechte) liest man – nur im extremen Streiflicht – die Besucherinschrift aus dem Jahr 16 v. Chr.

tiert ist.[96] Dieses Datum von Ende Februar bis März 16 v. Chr. gibt uns somit einen *Terminus ante quem* für die Fertigstellung der Terrasse.

Der archäologische Befund der Kultterrasse des Chnumtempels läßt aus guten Gründen an die Trilingue von Philae (Abb. 15) denken[97], die, datiert auf den 16. April 29 v. Chr., in der griechischen und lateinischen Fassung von den Unternehmungen des ersten Praefectus Aegypti C. Cornelius Gallus im ägyptisch-nubischen Grenzgebiet handelt.[98] Der hieroglyphische Teil berichtet ausdrücklich vom Beginn der kaiserlichen Religionspolitik im Kataraktgebiet: Der «jugendliche Horus» etc. Caesar habe einen Tempel errichtet, den Göttern von Elephan-

Abb. 33 Elephantine, das rechteckige Nilmesserbecken unterhalb der Südostecke der römischen Kultterrasse. Rechts von dem Busch im Becken führt ein gedeckter Gang zum Nil, in dem der Wasserstand mittels Skalen gemessen werden konnte. Hinter dem Becken rechts im Bild ein Teil der wiedererrichteten Balustrade. Ganz hinten das alte Katarakthotel.

Abb. 34 Elephantine, Chnumtempel, Außenwand des südlichen Nebeneinganges, der über einen Vorraum in die zweite Säulenhalle führt. Die Reliefs und Inschriften gehören der augusteischen Zeit an: auf den Türpfosten jeweils Augustus vor dem widderköpfigen Chnum, nach außen Darstellungen nach links schreitender Nilgötter; vor jedem Nilgott eine Hieroglypheninschrift in vier Kolumnen.

tine Land geschenkt und (offensichtlich ebendort) ein «äußerst herrliches Denkmal» erstehen lassen.[99] Diese ideologischen Aussagen im Sinne des langsam zum Pharao aufrückenden Octavian könnten sich um einen wahren Kern ranken. Nach Abschluß seiner Taten opferte der Präfekt selbst im Jahre 29 v. Chr. «den heimischen Göttern und dem hilfreichen Nil» (*dieis patrieis et Nilo adiutori donum dedit*).[100] Die Bedeutung des Nilkultes hatte bereits in ptolemäischer Zeit stark zugenommen. Ptolemaios IX. Soter II. war 115 v. Chr. nach Elephantine gekommen, um dort anläßlich eines Nilfestes dem Nil persönlich zu opfern. In der römischen Epoche hatten die Präfekten als Vertreter des Kaiserpharaos für die staatlichen Opfer zu sorgen, die dem Nil zur Zeit der Überschwemmung in der Kataraktengegend dargebracht wurden (Sen. *nat.* 4 a, 2, 7).[101]

Links von den eben erwähnten Naoi auf der Balustrade war eine Nilkultstätte eingerichtet, die auf das weit unten liegende Nilmesserbecken Bezug nahm.[102] Dieser Kultplatz besteht aus zwei Altären, einen für Brandopfer und einen für Libationen, welche zusammen von zwei kleinen Obeliskenpaaren flankiert werden (Abb. 32).

Das Nilmesserbecken (ca. 8,05 × 11,25 m) lag 13 m unterhalb der Südostecke der römischen Kultterrasse.[103] Im Zuge der Neustrukturierung der ganzen Anlage wurde auch dieses Becken erneuert bzw. weiter ausgebaut. Dort wird man sich im Kult die «Quellöcher» des Nils vorgestellt haben. Wie unsere Abb. 33 zeigt, ist das Becken an seiner Nordostseite durch einen gedeckten Gang mit dem Nil verbunden; auch in diesem Gang konnte der Wasserstand anhand von Skalen gemessen werden. An der Nord- und Südwand des Beckens führen von Westen her jeweils steinerne offene Treppen zur Sohle hinab. Entlang der nördlichen Treppe finden wir ebenfalls Pegelskalen, die in die Nordwand eingeschnitten sind. Auf Grund der hier gewonnenen Meßergebnisse und laufenden Kontrollen konnten letztlich in ganz Ägypten die landwirtschaftlichen Erträge, Hungersnöte und Katastrophen frühzeitig erkannt werden. Entsprechend wichtig waren die Priester, die die Messungen durchführten, und der damit verbundene Kult. Die Bedeutung der ägyptischen landwirtschaftlichen Erträge zuerst für das gesamte Ptolemäerreich, danach für Rom selbst erklärt den Aufschwung des Nilkultes in jener Epoche und die direkte staatliche Teilnahme an dem Kult von höchster Stelle. Strabo, der selbst 26/25 v. Chr. Syene und Elephantine besuchte, beschreibt diesen Nilometer (wohl noch in der älteren Bauphase) wie folgt (XVII, 1, 48): «... auf ihr (scil. Elephantine) ist eine Stadt mit einem Tempel des Knuphis und einem Nilmesser wie in Memphis. Dieser Nilmesser ist ein an dem Ufer des Nils aus gleichmäßigen Quadersteinen erbauter Wasserbehälter, in welchem man die Anschwellungen des Nils, sowohl die größten als auch die kleinsten und mittleren bezeichnet; denn das Wasser in dem Behälter steigt und fällt mit dem Strome. An der Mauer des Behälters sind nun Merkzeichen als Maße der vollkommenen und der anderen Anschwellungen. Diese beobachtet man und macht sie den anderen bekannt, damit sie es wissen; denn aus solchen Zeichen und Maßen erkennt und verkündet man die zukünftigen Anschwellungen schon lange vorher. Dies aber ist sowohl den Ackerbauern nützlich der Wasserbenutzung, der Dämme, der Kanäle und anderen dergleichen Dinge wegen, als auch den Statthaltern der Staatseinkünfte wegen; denn größere Anschwellungen verheißen auch größere Einkünfte.»[104]

Abb. 35 Elephantine, Verbauung am Ostufer der Insel, in die die Uferterrasse des Satettempels (zwischen Horizontalfuge und Felsnase) harmonisch integriert ist. Auf der Ufermauer südlich der Felsnase steht ein römischer Pfeilerbau. Nördlich an die im Bild sichtbare Horizontalfuge schließt der Bereich des Nilometers an, der zum Satettempel gehört. Hinter der Uferverbauung ist der Garten des Elephantine-Museums sichtbar.

Der Besucher, der nach römerzeitlichen Dekorationsarbeiten am Chnumtempel sucht, wird belohnt, sobald er von Süden an den Nebeneingang des Tempelhauses herankommt; durch den Eingang gelangt man über einen Vorraum in die zweite Säulenhalle. Während die inneren Seiten des Tores noch die Kartuschen Nektanebos' II. tragen, stammen die Außenseiten und die links und rechts anschließenden Götterprozessionen aus augusteischer Zeit (Abb. 34).[105] Auf den Türpfosten tritt Augustus als ägyptischer König, rechts mit der oberägyptischen Krone, links mit der unterägyptischen, dem widderköpfigen Gott Chnum ge-

Abb. 36 Elephantine, Blick vom Abgang des zum Satettempel gehörigen Nilometers nach Süden zum römischen Pfeilerbau. Links hinten das neue Katarakthotel.

Abb. 37 Elephantine, Nilometer des Satettempels: Die Treppe verläuft im oberen Teil west-ost-orientiert und knickt dann (im Vordergrund der Abb.) im rechten Winkel nach Norden ab, so daß sie nun parallel zum Nilufer hinunterführt (s. Abb. 38). Die römerzeitlichen Meßskalen befinden sich an der im Bild linken Wand, die die Treppe flankiert.

genüber. Die Kartuschen des Kaisers sind zwar einfach (Autokrator Kaisaros = Imperator Caesar), jedoch gehören sie bereits in die Zeit nach der Experimentierphase der zwanziger Jahre des 1. Jhs. v. Chr.[106] Chnum selbst ist theologisch in eine alte Form (rechts) und in eine jugendliche Form (links) aufgespalten. Auf der rechten Seite ist Chnum mit «Ptah-Tatenen, Vater der Götter» gleichgesetzt; links lesen wir in der Beischrift: «Chnum, Herr des Quelloches, edles Kind, welches im Nun (Urozean) erstrahlt und die beiden Länder mit seinem Glanz erleuchtet usw.» Seit alten Zeiten herrschte in der ägyptischen Religion die Auffassung von der zyklischen Erneuerung der Götterwelt, vom Entstehen, Altern und Sterben der Götter, eine Auffassung die in natürlichster Weise beim Lauf des Sonnengottes zum Ausdruck kam. Diese Auffassung entwickelten die Theologen der Ptolemäer- und Römerzeit weiter, indem sie nun immer öfter ein und denselben Gott in einer alten und einer jugendlichen Form vorstellten. Die Beischriften zu den Szenen der Götterprozession links und rechts vom Tor wenden sich an den Hauptgott des Tempels, der als «Chnum-Re, Herr des Quelloches» erscheint und auf den alle wichtigen theologischen Vorstellungen der Zeit übertragen sind.

Die Dekorationsarbeiten am Chnumtempel wurden in nachaugusteischer Zeit erst wieder unter den Adoptivkaisern fortgesetzt. So können die oberen Friese an der Außenseite des Tempelhauses Trajan zugeschrieben werden. In derselben Zeit und in der Regierung des Antoninus Pius wurde auch an der Dekoration der Kolonnaden des Tempelhofes gearbeitet.[107]

Das zweite bedeutende Heiligtum der Insel Elephantine war der Tempel der Satet (Abb. 29, Nr. 6), dessen Geschichte sogar in die Frühzeit des Pharaonenstaates zurückreicht. Der späte Neubau des Tempelhauses gehört in die Regierung Ptolemaios' VI.[108]; unter Ptolemaios' VIII. wurde der Pronaos errichtet und ausgeschmückt sowie die Dekoration im Inneren des Tempels ergänzt. In augusteischer Zeit wurde noch am Sockeldekor der Außenwände des Tempelhauses gearbeitet. Dazu kamen noch gewisse Erneuerungsarbeiten in antoninischer Zeit. Somit ist auch hier ungebrochene Kontinuität von der ptolemäischen zur römischen Epoche zu erkennen. Die weiteren Anlagen nach Osten hin, Vorhof, Kiosk und Uferterrasse könnten ebenfalls noch ptolemäisch sein,[109] obgleich die Uferterrasse das Pendant zur großen römischen Kultplattform des Chnumtempels darstellt. Beim Anblick von Osten her ist die Terrasse des Satettempels als selbständiger Baukörper zwischen zwei Horizontalfugen zu erkennen (Abb. 35); unterhalb der südlichen Fuge kommt eine mächtige Felsnase durch. Südlich davon hat man in römischer Zeit die Ufermauer gegen die Chnumtempelterrasse hin fortgesetzt; auf ihr hat sich noch ein Pfeilerbau[110] mit drei aufrecht stehenden Pfeilern erhalten (Abb. 35. 36). Die Terrasse

Abb. 38 Elephantine, Nilometer des Satettempels, die zum Fluß parallel verlaufende Treppe. An der inselseitigen Gangwand (im Bild von der Sonne beschienen) sind heute nur mehr klägliche Reste der Nilstandsmarken mit den dazugehörigen griechischen Inschriften von Augustus bis Septimius Severus zu erkennen.

Abb. 39 Elephantine, Nilometer des Satettempels, erhaltener Ausschnitt aus Nilstandsangaben aus der Regierung des Antoninus Pius. Oben ist noch zu lesen πηχ κς *«26 Ellen», in der zweiten Zeile ist «Kaisar unser Herr» im Genetiv zu erkennen, in der dritten und vierten Zeile findet sich die Angabe zum Präfekten mit Vornamen Lucius (*ἐπὶ Λουκίου …… ἐπάρχου Αἰγύπτου*); darunter folgt der Beginn einer neuen Eintragung: «[im xx Jahr] des Antoninos Kai[sar]».*

Abb. 40 Elephantine, Nilometer des Satettempels, Nilstandsmeßskala mit Beischrift links vom unteren Abschnitt: Der Beginn («Jahr 5 des Antoninos») ist klar zu sehen; die Zeilen darunter sind nur mehr sehr undeutlich: «unter Valerius Eudaimon, Praefectus Aegypti». Das genannte Jahr ist 143 n. Chr.

des Satettempels wird heute größtenteils vom Garten des Elephantine-Museums überdeckt.

Gegen die nördliche Stützmauer der Tempelterrasse lehnt sich der zum Tempel gehörige Nilometer an (Abb. 29, Nr. 7). Chronologisch ist der Nilometer auf jeden Fall später als die Terrasse, an der er sich orientiert. Den *Terminus ante quem* gibt uns die älteste Nilhöhenangabe aus dem 25. Jahr des Augustus, dem Jahr 6 v. Chr.[111] Der Treppenlauf beginnt bei einem Zugangsbau oben an der Nordwestecke der Satetterrasse und knickt bis zum Ufer hin zweimal ab, um den großen Höhenunterschied überwinden zu können. Relativ gut erhalten sind der Teil der Treppe, der zum Fluß parallel verläuft (Abb. 37. 38), sowie das kurze, rechtwinklig zum Fluß abbiegende Endstück. Durch das untere Gangende drang das zu messende Nilwasser in den Treppenraum ein, der vermutlich überdeckt war. An der inselseitigen Gangwand (Abb. 38) fanden sich 34 Nilstandsmarken mit griechischen Beischriften aus der Zeit von Augustus bis Septimius Severus.[112] Der heutige Zustand dieses epigraphischen Denkmals erster Ordnung ist nur zu bedauern. Seit dem frühen 19. Jh., als die Nilstandsmarken kopiert wurden, sind die meisten unleserlich geworden. Der heutige Besucher hat größte Mühe, die eine oder andere bei günstig einfallendem Sonnenlicht zu identifizieren (Abb. 39. 40).

Im Zusammenhang mit den kaiserzeitlichen Nilfesten stand auch die Monumentaltreppe (Abb. 29, Nr. 1; Abb. 41) nördlich des Tempelbereichs am Rande des alten Hafenbeckens.[113] Die Treppe wird von zwei im Grundriß rechteckigen Plattformen flankiert, an deren inneren Seiten jeweils im oberen Bereich Reliefs eingelassen sind (bzw. waren[114]), die den halb liegenden Nilgott im römischen Stil zeigen (Abb. 42). Außerdem befinden sich an der Treppenwange der nördlichen Plattform mehrere Skalen zum Ablesen der Fluthöhen. Der Bau stammt in der vorliegenden Form wohl aus dem späteren 2. Jh. n. Chr. Wir dürfen uns vorstellen, daß hier unter Anwesenheit einer größeren Menschenmenge am Flußufer Zeremonien und Nilopfer stattfanden und die Priester dort das Überschwemmungswasser für den Tempelkult schöpften. Den Anlaß bot sicher das Fest der Semasia Mitte August, als die Nilhöhe ein bestimmtes Zeichen (Sema) erreichte, wodurch eine komplette Ernte gesichert war. Die beiden Reliefs sind knapp oberhalb dieses für Elephantine sowie für ganz Ägypten und Rom wichtigen Wasserstandes angebracht.

Von den übrigen Kultbauten der Insel Elephantine ist für unsere Thematik nur der sog. Tempel Y interessant, dessen Standort jedoch unklar bleibt (Abb. 29, Nr. 2). Von ihm sind zahlreiche Blöcke mit Kartuschen Ptolemaios' VIII., IX. und XII. sowie von Tiberius, Nero, Vespasian und Domitian erhalten, die sich z. T. ohne genaue Herkunftsangaben auf Elephantine befanden und zu Beginn des 20. Jhs. in den Garten des Kairener Museums gebracht wurden und z. T. nahe der besprochenen Treppenanlage Abb. 41 zutage kamen.[115] Der ptolemäische Tempel, der offenbar keine Vorläufer in früheren Epochen hatte, wurde unter Tiberius und Nero weiterdekoriert; in flavischer Zeit erhielt er wahrscheinlich seinen Pronaos, von dem die Domitianblöcke stammen. In den Fragmenten sind vor allem die Götterdreiheit von Elephantine (Chnum, Satet und Anuket) sowie die osirianische Familie vertreten. Bemerkenswert ist die anhand verschiedener Epitheta faßbare Vorstellung von Chnum-Re als wiedergeborenen Sonnengott in Kindesgestalt, wobei die kindliche Form des Chnum-Re gleichzeitig den vom Tode auferstandenen Osiris versinnbildlicht. Eine ähnliche Theologie kennen wir bereits von der augusteischen Dekoration des südlichen Nebeneinganges zum Chnumtempel.

Immer wieder muß betont werden, daß die altägyptischen Tempel trotz ihrer Umfassungsmauern in der ptolemäischen und

Abb. 41 Elephantine, Monumentaltreppe nördlich des Tempelbereichs am Ostufer der Insel. Die Treppe wird von zwei ebenso monumentalen Plattformen flankiert, die sich über dem Ufer erheben. Das Relief der Abb. 42 ist in die nördliche Treppenwange eingelassen.

römischen Zeit keineswegs von ihrer Umgebung abgeschlossen waren. Im Gegenteil, die Vorhöfe, Kultterrassen und Außenkapellen dienten dazu, den einfachen Menschen die Teilnahme am religiösen Leben des Tempels, insbesondere an den großen Festen, zu ermöglichen. Römische Soldaten waren oft in der Nähe der Tempel stationiert, bisweilen standen die Kultbezirke in unmittelbarer Verbindung mit Militärlagern. Daher ist es leicht erklärbar, daß römische Militärs in großer Zahl die ägyptischen Götter verehrten, ja sich unter Umständen auch an der Ausstattung der Heiligtümer selbst beteiligten. So erfahren wir aus einer lateinischen Inschrift aus Aswân,[116] daß im Jahre 166 n. Chr. der Centurio der *legio II Traiana fortis* T. Aurelius Restitutus zwei Obelisken auf eigene Kosten für Iuppiter Optimus Maximus Ammon und Iuno Regina aufstellen ließ. Hinter den Götternamen verbergen sich Chnum und Satet, denn in der *Interpretatio Graeca* wurde Chnum mit Ammon und Satet mit Hera (= Iuno) gleichgesetzt. Ob die beiden Obelisken auf Elephantine oder vor dem Chnumtempel in Syene standen, bleibt unklar.

In Syene stand seit den Tagen Ptolemaios' III. und IV. ein Isistempel, an dessen Fassade auch in römischer Zeit Verehrungsinschriften angebracht wurden.[117] In der zweiten Hälfte des 1. Jhs. n. Chr. entstand der sog. Tempel des Domitian, ein Chnumtempel, dessen Reste im Winter 2001/2002 neuerlich vom Schutt befreit wurden (Abb. 43. 44).[118] Erhalten sind von dem ost-west ausgerichteten Heiligtum Teile des verhältnismäßig breiten Pronaos, und zwar Reste der Ostfassade mit vier Säulen, den Schrankenwänden und Eckmauern. Das Mittelportal ist in relativ gutem Zustand. Dagegen bezeugen nur noch wenige Fundamentsteine den ehemals westlich davon liegenden, zweigeteilten Naos. Domitian ist der einzige Bauherr, der in den heute vorhandenen Reliefs und Inschriften noch bezeugt ist. Dazu gehört vor allem unsere Abb. 45, eine Relieftafel auf der nördlichen Ante, auf der der römische Pharao dem Götterpaar Chnum und Anuket ein Feld darbietet. Chnum ist laut Beischrift der umfassende Schöpfer der Götter, Menschen und Tiere, der den Nil hervorbringt und daher für die Fruchtbarkeit des ganzen Landes sorgt, kurzum er ist

Abb. 42 Elephantine, Relief in der nördlichen Treppenwange der Monumentaltreppe Abb. 41: Der Flußgott ist halbliegend nach Art der römischen Nilgottdarstellungen wiedergegeben. Der bärtige Kopf wendet sich über die Schulter zurück und blickt nach außen. Mit dem linken Arm stützt er sich vermutlich auf Felsen, welche auf die Landschaft des ersten Kataraktes hinweisen. In der auf diese Stütze gelegten Armbeuge trägt der Gott ein Füllhorn. Das Relief ist – ebenso wie einst sein Pendant auf der Südseite – knapp oberhalb der für Elephantine idealen Fluthöhe angebracht.

Abb. 43 Aswân, Chnumtempel aus der Zeit des Domitian, Pronaos von Nordosten.

Abb. 44 Aswân, Chnumtempel aus der Zeit des Domitian.

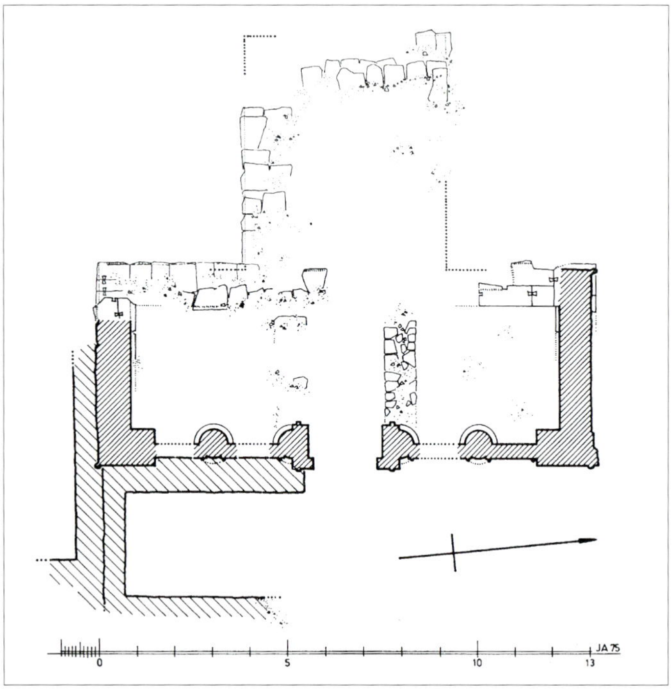

Ptah, der Göttervater. Nicht mehr erhalten ist der Architrav des Pronaos, auf dem eine zweizeilige Inschrift mit einer umfangreichen *ad hoc* für Domitian gebildeten Titulatur stand.[119] Als Garant der Nilflut ist Domitian im altpharaonischen Sinne mit dem Überschwemmungswasser in Beziehung gesetzt, vielleicht sogar mit ihm identisch. Champollion und andere Reisende des 19. Jhs. sahen noch den Architrav über dem Portal des Naos, der im Namen Nervas beschriftet war und heute verschwunden ist.[120] Daraus geht hervor, daß Chnum (u.a. «Herr des Nilmessers»), Satet («Herrin des Nilmessers») und Anuket die Hauptgötter waren, zu denen die osirianischen Gottheiten Isis, Osiris und Nephthys sowie Sobek und Hathor als Gastgötter (jeweils mit dem Beiwort «zu Gast in Syene») hinzukamen. Seit ptolemäischer Zeit wurden die Götter von Philae und Elephantine miteinander in Beziehung gesetzt, bisweilen auch identifiziert (vgl. in unserer Abb. 45 den Text bei Anuket). Als Sohn von Chnum und Satet kann auch Horus erscheinen. Dagegen wird auf dem Architrav des Nerva ausdrücklich Osiris als Sohn des Chnum bezeichnet. Diese vielleicht erst in der Römerzeit bezeugte Vorstellung beruht wohl darauf, daß Chnum das Überschwemmungswasser hervorbringt, mit dem Osiris identifiziert wird.

Erwähnenswert ist für unsere Thematik auch die Stadtmauer von Syene,[121] die den ptolemäischen Isistempel miteinschließt und unmittelbar östlich an ihm vorbeizieht (Abb. 46). Der vielleicht frühptolemäische Mauerkern wurde in byzantinischer Zeit mit zahlreichen Blöcken von Tempeln der Region verstärkt, von denen manche die Kartuschen des Tiberius[122] tragen. Zu welchem Bauwerk sie gehören, bleibt unklar. Dazu kommt noch nahe dem Isistempel im dicht verbauten Wohngebiet und in ziemlich tiefer Lage ein kleiner römerzeitlicher Tempel (oder der Rest eines solchen), von dem bisher einige unbeschriftete Mauerzüge und Säulen ergraben sind.[123]

Abb. 45 Aswân, Chnumtempel, nördliche Ante: Domitian mit der unterägyptischen Krone präsentiert ein Feld dem Chnum und der Anuket. Chnum trägt die Atefkrone; in der Inschrift, die vor und über seinem Kopf eingemeißelt ist, erscheint er als Herr von Elephantine, Erster von Nubien, Schöpfer aller Lebewesen inklusive der Götter, und Hervorbringer des Nils. Daher ist er «Ptah, der Vater aller Götter». Bei Anuket lesen wir, daß sie Herrin von Nubien und Erste von Bigge sei und an diesem Ort (d. h. im Chnumtempel) ihren Bruder Osiris täglich schütze. Dieser Text drückt somit die Identifizierung von Chnum und Osiris sowie der Göttinnen Anuket und Isis aus.

Abb. 46 Aswân, Stadtmauerabschnitt hinter dem Isistempel; die Rückseite (= Ostseite) des Tempels ist rechts im Bild zu sehen. Die Stadmauer zieht östlich daran vorbei und wird von der modernen Asphaltstraße, die von Aswân zum Hochdamm führt, durchschnitten; Blick von Norden nach Süden.

Philae, «die herrliche Grenze Ägyptens und das weitest vorgerückte Landstück der Aithiopen»

Die Rettung der Tempel

Etwa 7 km Luftlinie südlich von Elephantine liegt die Insel Philae, deren Kulte und Tempelbauten nicht nur in ptolemäisch-römischer Zeit sondern auch für die Reisenden des 19. Jhs. größte Attraktivität besaßen. Sie liegt zusammen mit den Inseln Bigge (westlich von Philae), Awad, El Hesa u.a. in einem breiten Talkessel des Nils südlich der engsten Stelle des Kataraktes. An jener Nahtstelle, wo sich am Nordende der Inselbucht der Nillauf stark verengt, wurde am Ende des 19. Jhs. der Aswân-Damm errichtet, der 1902 in Betrieb ging und später im 20. Jh. (1912 und 1934) noch zweimal erhöht wurde. Die prachtvollen Tempel von Philae standen somit seit 1902 die größte Zeit des Jahres unter Wasser. Dadurch gingen die bis ins 19. Jh. noch erhaltenen, lebendigen Farben an den Tempelwänden sowie die Lehmziegelbauten für immer verloren. Im übrigen wurden auch Teile der anderen Inseln überflutet, bzw. ragten nun ehemalige Hügel als eigene Inseln aus dem Staubecken heraus. Auf diese Weise entstand auch die Insel Agilkia, die früher den Nordteil von Bigge darstellte. Die Bevölkerungsexplosion in Ägypten und die dadurch dramatisch angewachsenen landwirtschaftlichen Probleme zwangen dazu, etwa 7 km südlich des Aswân-Dammes einen neuen Hochdamm (Sadd el-ʿAli) in den Jahren 1960–1970 zu errichten. Für die bereits mehr als ein halbes Jahrhundert größtenteils unter Wasser stehenden Tempel von Philae verschlechterte sich die Situation seit 1964 noch mehr. Ab diesem Zeitpunkt wurde der Wasserspiegel nach den Erfordernissen eines neuen E-Werkes beim alten Damm täglich neu reguliert und außerdem waren die Tempel stets fließendem Wasser ausgesetzt. Im Zuge der weltweit unterstützten UNESCO-Kampagne zur Rettung der Kulturgüter in Nubien, wurde auch für die Tempel von Philae eine Lösung gefunden: Sie sollten auf die neue Insel Agilkia transferiert werden. Um die zu rettenden Bauten wurde 1972–1974 ein etwa 750 m langer Kofferdamm aus Stahl errichtet, dessen Hohlräume mit Sand gefüllt wurden. Nachdem er im Mai 1974 fertig geworden war, pumpte man das Wasser heraus (Abb. 47, die den Zustand vom Sommer 1974 zeigt) und befreite die Denkmäler nach und nach von dem abgelagerten Schlamm, bis man sie schließlich in den Jahren 1975–1979 nach Agilkia verlagern und wieder aufbauen konnte (Abb. 48).[124] Die feierliche Wiedereröffnung der neu aufgestellten Tempel von Philae fand am 10. März 1980 statt.

Abb. 47 Philae, Blick ungefähr von Westen auf den Isistempel: rechts der Trajanskiosk, in der Bildmitte der erste Pylon, links anschließend das Geburtshaus, danach der zweite Pylon, ganz links das Tempelhaus. Das Photo stammt aus dem Jahr 1974, als die Tempel noch an ihrer alten Stelle standen. Im Hintergrund sieht man den Kofferdamm, der um die zu verlagernden Tempel errichtet war; der Damm bestand aus zwei Mauern von Stahlschienen im Abstand von 12 m, zwischen die Sand eingefüllt war. Das Wasser ist bereits größtenteils ausgepumpt; zurück blieb der zum Teil trockene, mit Rissen durchfurchte Schlamm, der jedoch in den abgeschiedenen Tempelräumen zur Zeit der Aufnahme noch völlig durchnäßt und ähnlich einem Moor für Besucher gefährlich war.

Die Baugeschichte bis zum Ende der Ptolemäerzeit

Erst mit der 26. Dynastie rückten die Insel Philae sowie die Göttin Isis in ihrer Funktion als «Herrin von Philae» in das Licht der ägyptischen Tempelgeschichte.[125] Der Name der Insel (*Prq*,[126] lautlich «Pilak», davon die gräzisierte Form Φίλαι unter Wegfall des Gutturals) ist etymologisch unklar und höchstwahrscheinlich nubischen Ursprungs. Ein Vorgängerbau aus der Regierung des Taharka, von dem bei der Versetzung der Tempel Blöcke gefunden wurden, könnte dem nubischen Amun von Takompso (Region am Südende des Zwölfmeilenlandes) geweiht gewesen sein. Herodot kennt den Isistempel noch nicht. Ein Kiosk Psammetichs II., dessen Reste sich unmittelbar nördlich des Hadrianstores in den Fundamenten fanden, bildet den ersten Nachweis für das saitische Interesse an der Insel. Das Abaton auf der Nachbarinsel Bigge,[127] das mythische Osirisgrab mit dem ägyptischen Namen «Reine Stätte», ist auf dem Kiosk bereits erwähnt. Den unmittelbaren Vorläufer des ptolemäischen Isistempels repräsentieren jedoch die etwa 300 Blöcke aus der Regierung des Amasis, die bei der Abtragung des zweiten Pylons und der Säulen des Pronaos entdeckt wurden. Die Treppe, die zum Tor des späteren zweiten Pylons hinaufführt (Abb. 70), ruht auf Fundamenten, die offenbar zu diesem älteren Tempel gehören. Dieser Sakralbau war nach den Inschriften und Reliefs der Götterfamilie Isis, Osiris und Horus geweiht sowie Gastgottheiten der Kataraktengegend. Zu späteren Erweiterungen des Amasistempels gehörten das Tor Nektanebos' I., das in der Regierung Ptolemaios' VI. als zentrales Tor in den ersten Pylon eingegliedert wurde, sowie der Kiosk Nektanebos' I., der seit spätptolemäischer Zeit an der südlichen Ufermauer steht und dort als erstes Bauwerk den Besucher empfängt (Abb. 51).

Der Aufstieg des Isiskultes begann in der 30. Dynastie, als Nektanebos II. im Norden Ägyptens, in Behbeit el-Hagar am Nilarm von Damietta, den älteren Isistempel durch einen großen Neubau ersetzte. Ob auf der Insel Philae ebenfalls bereits in der 30. Dynastie ein neuer Isistempel geplant wurde, bleibe dahin gestellt. Die Ausmaße des Nektanebostores im ersten Pylon scheinen jedenfalls nicht recht zum kleinen Amasistempel zu passen, sondern eher auf einen künftigen monumentalen Isistempel hinzuweisen. Das Tempelhaus, an dessen Errichtung man in frühptolemäischer Zeit, d. h. wohl unter Ptolemaios I. gearbeitet hat, stand unmittelbar hinter dem Amasistempel, so daß in diesem der Kult bis zur Einweihung des neuen Tempels fortgesetzt werden konnte. Für uns ist der Isis-

Abb. 48 Philae, Blick von Norden auf die Tempel an ihrem neuen Standort auf der Insel Agilkia (heute Philae genannt) rund 600 m nordwestlich der alten Insel Philae. Die Skyline wird vom Isistempel mit seinen beiden Pylonen und dem Trajanskiosk links davon bestimmt (Photo 1985).

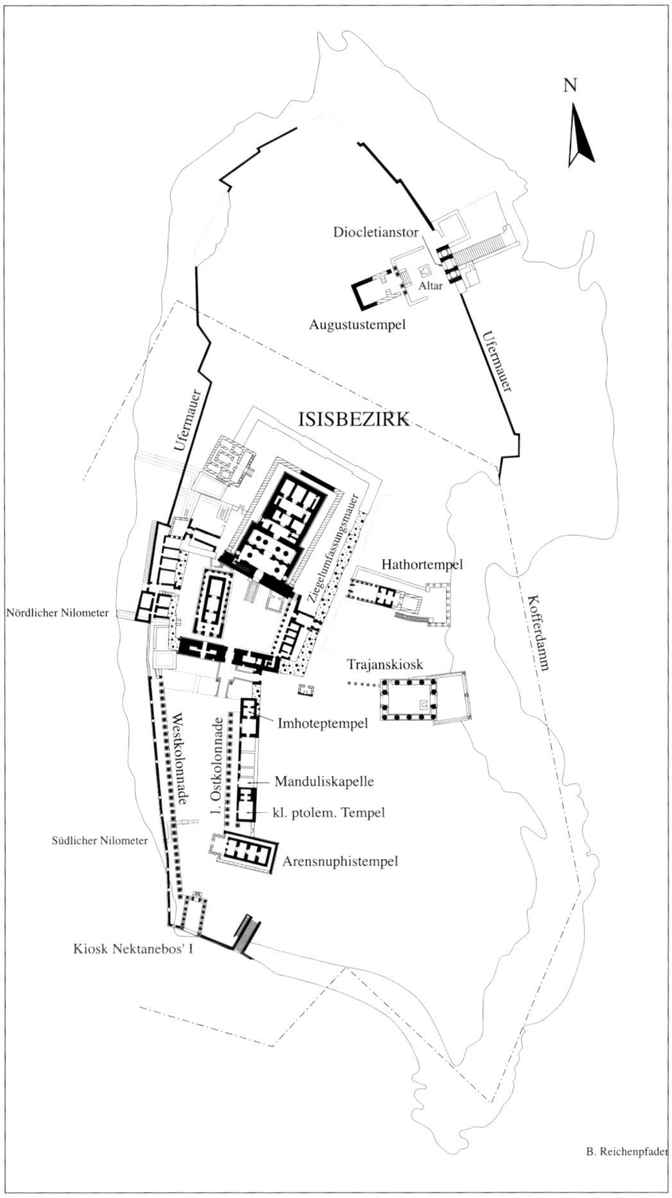

Abb. 49a Plan der Insel Philae in römischer Zeit mit den wichtigsten, erhaltenen Bauwerken.

tempel von Philae nach Aussage der Inschriften und Reliefs in seinem Inneren ein Werk Ptolemaios' II. und somit insgesamt ein Ergebnis der frühptolemäischen Religionspolitik. Um dem Tempel eine blühende Existenz zu sichern, ließ ihm der zweite Ptolemäer die Steuereinkünfte aus dem Zwölfmeilenland zukommen. Von nun an konkurrierte dieser Tempel an Bedeutung und Funktion mit dem nahegelegenen Chnumtempel auf Elephantine, ja übertraf ihn alsbald in politischer, wirtschaftlicher und kultischer Hinsicht sowie in seiner Attraktivität als Pilgerzentrum. Zum frühptolemäischen Tempelhaus der Isis gehörte bereits das Geburtshaus in seiner älteren Phase, dessen Innendekoration in der Regierungszeit Ptolemaios' III. begonnen wurde. Außerdem stand im Südosten des Nektanebostores das sog. Philadelphostor, das eine Ziegelmauer unterbrach, die vielleicht einen Hof vor dem großen Tor umgab.

Nachdem die Innendekoration des Tempels Ptolemaios' II. zu Ende gebracht worden war, trug man den Amasistempel davor ab, ebnete die in der Nachbarschaft noch aufragenden Granitfelsen ein und errichtete nach und nach im Rohbau den Pronaos mit dem kleinen Vorhof sowie den zweiten und ersten Pylon. Damit ist bereits die Zeit Ptolemaios' VI. erreicht. Das geht zum einen aus der Position der sog. Dodekaschoinos-Stele hervor, die am Fuße des zweiten Pylons in dessen Fassade integriert ist und ins 24. Jahr des Königs (157 v. Chr.) gehört. Zum anderen erweist dies der westliche Durchgang durch den ersten Pylon, der Inschriften und Reliefs Ptolemaios' VI. trägt. Inzwischen hatten Ptolemaios IV. den Kernbau des Arensnuphistempels und Ptolemaios V. den nie vollendeten Imhoteptempel erbaut. Ptolemaios VI. fügte dem bisherigen Ensemble den Hathortempel im Osten des Isistempels hinzu. Auch im Geburtshaus wurden im ersten Raum und in der Vorhalle Reliefs angebracht. Trotz der politisch turbulenten Zeiten im 2. Jh. v. Chr. erlebte damals der ägyptische Tempelbau eine Blütephase.

Unter Ptolemaios VIII. Euergetes II. wurde in architektonisch vollendeter Weise der Hof zwischen den Pylonen zur Gänze geschlossen: Auf der Westseite wurde das Geburtshaus im Norden um einen Raum ergänzt, der nun die Funktion eines neuen Sanktuars erhielt; die Säulenhalle mußte entsprechend nach Norden hin erweitert werden, d. h. die nördlichen, bereits vorher vorhandenen Säulen des Umganges wurden nach hinten versetzt und stehen bis heute ganz nahe an der Fassade des zweiten Pylons. In harmonischer Entsprechung zur östlichen Säulenreihe des Geburtshauses wurde gleichzeitig auf der Ostseite des Hofes die sog. zweite Ostkolonnade mit dem Raumkomplex dahinter errichtet. Die ersten Dekorationsarbeiten begannen noch unter Ptolemaios VIII.: So lesen wir seinen Namen im Durchgang des Tiberius, und zwar in dem zur Kolonnade gewandten Tor, in den Kartuschen des Frieses (Abb. 78) sowie an der Ostseite des äußeren Tores (Abb. 80); auch die oberen Enden der Säulen der Kolonnade erhielten unter Ptolemaios VIII. ihren ersten Dekor. In derselben Regierung wurde der Pronaos des Isistempels ausgeschmückt, wo die Gelehrten der napoleonischen Expedition noch die gesamte Farbenpracht bewundern konnten.[128] Außerdem hat man analog dem Geburtshaus sowohl den Hathortempel als auch den Arensnuphistempel um einen hinteren Raum erweitert, der zum neuen Sanktuar wurde. Der Arensnuphistempel war mit seiner west-ost orientierten Kultachse zum Dromos hin ausgerichtet, der zum großen Pylon führte. Aber auch die anderen Sanktuare nördlich des Arensnuphistempels bis hin zum Imhoteptempel, deren Kultachsen z. T. nach Norden gerichtet waren, konnte man vom Dromos des Isistempels erreichen. Es lag also nahe, im Gleichklang mit der architektonischen Ausgestaltung des Hofes zwischen den Pylonen auch den Dromos vor dem ersten Pylon zu einem großräumigen Festplatz auszuweiten. Noch unter Ptolemaios VIII. wurden an der West- und Südseite der Insel mächtige Ufermauern aufgerichtet und damit eine weitläufige Kultterrasse geschaffen, auf der sich eine große Menge von Festteilnehmern versammeln konnte. Ein ähnliches Konzept wurde später in der frühen Kaiserzeit vor dem Chnumtempel auf Elephantine verwirklicht. Insgesamt war die Zeit Ptolemaios' VIII. Euergetes' II. eine äußerst aktive und produktive Periode des altägyptischen Kulturschaffens. Wir bestaunen hier ein Ergebnis der ganz bewußten Religionspolitik des Königs, der sich in den turbulenten Auseinandersetzungen mit seiner Schwester Kleopatra II. besonders auf die ägyptische Elite stützte.

In der spätptolemäischen Epoche wurden in großer Anzahl nur Reliefs und Inschriften mit den Kartuschen Ptolemaios' XII. Neos Dionysos angebracht. Dazu gehören die Darstellungen auf den östlichen Außenwänden des Geburtshauses, und zwar auf den Säulenschranken und auf der Mauer der Vorhalle (Abb. 83), wo die Philensis-Dekrete übermeißelt wurden.[129] Auf der anderen Seite des Hofes wurden zur selben Zeit die Säulenschäfte der Kolonnade und die Mauer dahinter dekoriert (Abb. 71. 72). Am auffälligsten sind wohl die großflächigen Reliefs, die die Außenmauern der beiden Pylone schmücken. Hier-

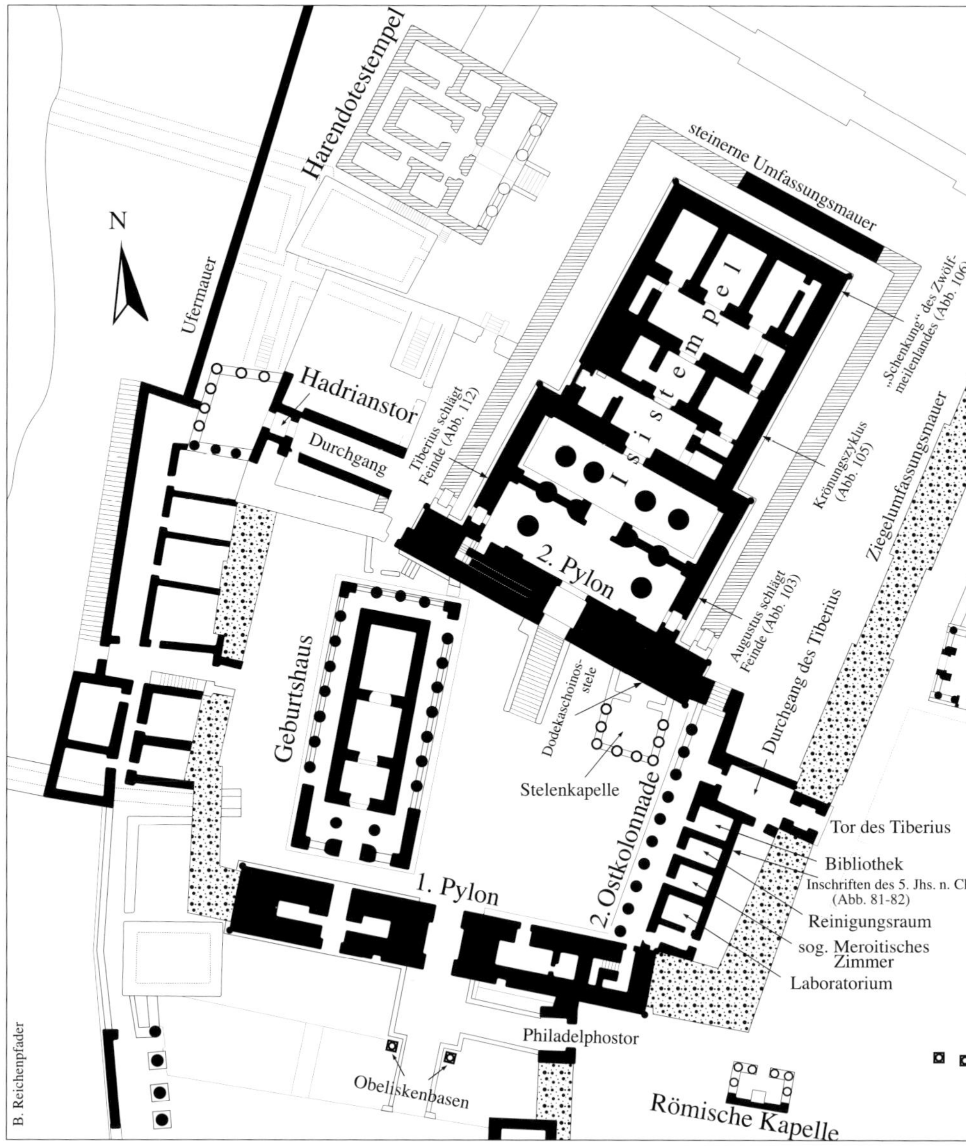

Abb. 49b Plan der Insel Philae in römischer Zeit. Detail aus Abb. 49a mit den zentralen Gebäuden des Heiligtums.

bei ist auf der Vorderseite des Ostturmes des ersten Pylons bemerkenswert, wie das Bild des die Feinde niederschlagenden Königs mit einem Teil der Gefangenen auf die Mauer übergeht, die das sog. Philadelphostor mit dem Pylon verbindet und die im rechten Winkel auf diesen auftrifft. Im übrigen ist der Name Ptolemaios' XII. auch mit den Ausschmückungsarbeiten im Hathortempel verbunden. Wahrscheinlich hat man in jenen Jahren den Kiosk Nektanebos' I. an seinem ursprünglichen Standort, den wir nicht kennen, abgebaut und am Südende des großen Festplatzes, unmittelbar an der Ufermauer wiedererrichtet.

In der Kaiserzeit sollte der Tempelkomplex von Philae (Abb. 49 a–b) seine architektonische Vollendung und die Phase seiner größten Bedeutung erleben. Der Kult für Isis und Osiris übertraf in jener Epoche alle anderen Aspekte der ägyptischen Religion und verbreitete sich in hellenisierter Form über das gesamte *Imperium Romanum*. Die kaiserliche Religionspolitik entsprach dieser Entwicklung durch angemessene Förderung der Tempel von Philae und Bigge. Weitere Bauten wurden errichtet (Säulenhallen des Vorplatzes, Harendotestempel, Hadrianstor, Trajanskiosk, die Kapelle vor der Dodekaschoinos-Stele, die unfertige römische Kapelle östlich des Philadelphostores) und überall wurden an noch undekorierten Wänden Reliefs und Inschriften angebracht.

Ein Rundgang durch das römische Philae

Der Vorhallenbereich

Wer an der Landestelle an der südlichen Ufermauer die Insel betreten hat, erreicht nach wenigen Schritten den Kiosk Nektanebos' I. und das Südende der Westkolonnade (Abb. 51). Von hier aus überblickt er die grandiose Anlage des Festhofes mit den römerzeitlichen Säulenhallen im Osten und Westen bis hin zum ersten Pylon (Abb. 50. 55). An den Säulen der westlichen Kolonnade (s. Frontispiz) bewundert der Besucher die Reliefs, die Tiberius in Opferhandlungen vor verschiedenen Gottheiten darstellen, und die sehr variationsreichen Lilien- und Palmettenkapitelle. Die Wand dahinter schmücken ebenfalls zahlreiche Opferreliefs über und zwischen den Fenstern (Abb. 52–54). Wir stellen fest, daß die altägyptische Reliefkunst, die hier durch Beispiele der Zeit von Augustus bis Nero dokumentiert ist, trotz der nur allzu natürlichen, stilistischen Unterschiede zu älteren Werken nichts von ihrer Attraktivität eingebüßt hat. Für die Qualität bürgte eine hochstehende Bildhauerschule, die Tradition und Stilwandel in gelungener Weise zur Synthese brachte und deren Arbeiten mit jenen zeitgleichen von Kom Ombo, Esna und Dendera auf einer Stufe stehen. Die Fenster in der Westkolonnade sind in einer Weise dekoriert, wie es sonst für Tempeltore typisch ist. Diese Fenster bzw. «Tore» gaben einst

Abb. 50 Philae, Blick von Süden nach Norden über den grandiosen Festhof zum ersten Pylon. Die bereits spätptolemäische Terrasse wurde in augusteischer Zeit links von der Westkolonnade und rechts von der ersten Ostkolonnade in architektonisch ausgewogener Weise eingefaßt. Der Blick konzentriert sich auf den Westturm des ersten Pylons und hier auf den Durchgang zum Geburtshaus. Die Rückwand der Westkolonnade ist mit Reliefs und Inschriften geschmückt, die von Augustus bis Nero reichen, aber nie vollendet wurden. Desgleichen tragen die Säulen selbst (insgesamt 31) nur teilweise Reliefs des Tiberius (s. Frontispiz). Die Kapitelle sind sehr variationsreich mit Lilien- und Palmettenelementen ausgeführt. Die gegenüber stehende erste Ostkolonnade ist wesentlich kürzer; mit der Bilddekoration wurde hier nicht mehr begonnen.

den Blick auf das Ostufer der Insel Bigge frei. Dort auf Bigge standen einige Heiligtümer, die mit den Tempeln von Philae ein einziges großes Kultensemble bildeten. Zu diesem gehörte vor allem das Abaton, die allerheiligste und «unbetretbare» Osiriskultstätte. Demnach könnte die Westkolonnade ein bauliches Bindeglied zwischen den Kultanlagen von Philae und Bigge darstellen.[130]

Schon der erste Blick auf die Reliefs und Inschriften der Westkolonnade macht uns bewußt, daß wir mit unserem Besuch in Philae die Südgrenze Ägyptens überschritten und Nubien betreten haben. Der meroitische Gott Arensnuphis, der nördlich von Philae überhaupt nicht bezeugt ist, erscheint auf den Säulen sowie in den Reliefs dahinter; bei Thot werden eine nubische Form als Thot von Pnubs und die ägyptische als Thot von Hermupolis unterschieden. So gut wie alle Gottheiten stehen laut Inschriften konkret mit Philae und/oder der Nachbarinsel Bigge in Beziehung. Besonders auffällig sind die zahlreichen Anspielungen in den Beischriften auf den Mythos bzw. die Legende von der Fernen Göttin (Abb. 54).[131] Der uneinheitliche Mythos ist in seinen wesentlichen Zügen sehr alt, jedoch weisen gerade die Inschriften der späten Tempel mit Vorliebe auf ihn hin; inhaltlich steht Nubien im Zentrum: Als der Sonnengott Re einst noch auf der Erde über Ägypten regierte, lebte seine Tochter Tefnut in Gestalt einer wilden Löwin in einem nubischen Wüstengebiet (Bugem oder Kenset), wo sie stets auf der Suche nach Beute herumstreifte. Ihr Vater Re litt an der Trennung von seiner Tochter und wollte sie außerdem zu seiner eigenen Verteidigung in seine Umgebung bringen lassen. Hier kommt eine andere, alte mythische Vorstellung vom Kampf des Sonnengottes gegen seine Feinde zum Ausdruck. Re beauftragte nun Schu und Thot, die Göttin zurückzuholen. Schu war der Bruder der Tefnut und hatte selbst Löwennatur. Thot stellte seine magischen Künste zur Verfügung, um die Ferne Göttin überhaupt zum Verlassen Nubiens zu bewegen. Dort trafen die beiden Götter Tefnut. Toth als Pavian schilderte alle Herrlichkeiten Ägyptens und bat Tefnut, die unfruchtbare Wüste zu verlassen. In Ägypten würde sie von den Menschen in Heiligtümern verehrt, sie könnte von den Opfertieren leben, und sie müßte nicht mehr auf die Jagd gehen. Die Göttin ließ sich überzeugen, und so setzte sich eine fröhliche Gruppe in Richtung Ägypten in Marsch. Schu selbst ergriff eine Laute und tanzte für seine Schwester, und auch Bes, der Gott der Liebe und Freude, begleitete sie. Unermüdlich setzte Thot seine Sprüche fort, mit denen er Tefnut besänftigte, um sie bei ihrem Entschluß zu halten. Der Zug erreichte an der Grenze Ägyptens zuerst Philae, wo Tefnut ihren wilden Aspekt verlor und sich in ein hübsches, junges Mädchen wandelte. Der glückliche Re schloß sie in seine Arme. Als Löwin trägt die Göttin vorrangig

Abb. 51 Philae, Blick von der heutigen Landestelle zur Westkolonnade von Abb. 50. In der linken Bildhälfte vor der Säulenhalle der Kiosk Nektanebos' I., der in spätptolemäischer Zeit von einer uns unbekannten Stelle zum Südende der Westkolonnade transferiert und wieder aufgebaut wurde. Der Kiosk erlebte somit im 20. Jh. die zweite Verlagerung in seiner Geschichte.

Abb. 52 Philae, Westkolonnade; Wand hinter den Säulen, oberes Register über den Fenstern, erstes Relief im Süden: Nero, der die beiden hohen Federn des Gottes Amun auf dem Kopf trägt, bringt zwei Udjat-Augen (Ober- und Unterägypten) der Götterdreiheit Haroëris, Tasenetneferet und Panebtaui dar.

Abb. 53 Philae, Westkolonnade; Rückwand, zehntes Relief von Süden im Register der Abb. 52: Tiberius mit der Atefkrone des Osiris opfert Gerste vor den Göttern Min, Repit und Nephthys. Repit ist in Achmim die Gefährtin des Min. Während sie dort jedoch löwenköpfig erscheint, ist sie hier in Philae eine Frau mit Uräusschlange auf dem Kopf.

Abb. 54 Philae, Westkolonnade; Rückwand, Relief im unteren Register unmittelbar südlich des zweiten Fensters von Norden: Der «König von Ober- und Unterägypten, Herr der beiden Länder ⊂Autokrator⊐, Sohn des Re, Herr der Kronen ⊂Tiberius Kaisaros, der ewig lebe, geliebt von Ptah und Isis⊐», der auf dem Kopf eine vierteilige Federkrone trägt, bietet das Symbol für eine Million (Heh-Symbol) drei vor ihm stehenden Gottheiten dar. Der erste von ihnen ist der nubische Gott Arensnuphis, von dem es in der Beischrift heißt «Sohn des Re, groß an Macht in Nubien, der seine Schwester in Bugem besänftigt». In der Bezeichnung «Sohn des Re» kommt die Gleichsetzung des Arensnuphis mit dem Gott Schu zum Ausdruck; die Schwester ist Tefnut, die nach einer in Philae häufig bezeugten Legende als wilde Löwin in einem nubischen Wüstengebiet (Bugem) als sog. Ferne Göttin weilte und die Schu (= Arensnuphis) und Thot im Auftrage des Re besänftigen und nach Ägypten zurückbringen sollten. Der zweite Gott ist der nubische Thot von Pnubs (mit der vierfachen Federkrone wie der Kaiser), «der die Flamme (= ein Aspekt der wilden Göttin) im Abaton (auf Bigge) besänftigt, der die Große, Ferne zurückholt». Die letzte Gottheit ist schließlich die löwenköpfige Tefnut selbst, «die Tochter des Re, die im Abaton residiert, welche die Feinde ihres Vaters Re verbrennt, welche seine Majestät (= Re) täglich schützt und sich mit ihm in Bigge vereint». Hier wird an den alten Mythos vom Kampf des Sonnengottes gegen seine Feinde angespielt. Die zurückgebrachte Göttin, gleichgesetzt mit dem Auge des Re, vernichtet nun dessen Feinde, wörtlich: «verbrennt» sie, weil sie ja auch den Aspekt der Flamme hat.

den Namen Tefnut, kann aber auch Sachmet genannt werden. Ein Aspekt ihrer Wildheit ist die Flamme, als solche heißt sie Wepeset. Aber auch als Sachmet oder Tefnut erscheint sie als «Herrin der Flamme» oder einfach «Flamme» (Abb. 54), und Thot trägt häufig den Titel «Der die Flamme in Bigge besänftigt» (Abb. 57). Der Aspekt der Flamme bleibt ihr zur Verteidigung des Sonnengottes auch in Ägypten erhalten; gleichgesetzt mit dem Auge des Re (Abb. 54. 57), «verbrennt» sie (d.h. vernichtet) dessen Feinde. Als besänftigte Göttin wird sie zur Liebesgöttin Hathor, Herrin des Gesanges und des Tanzes. Aber auch bei der mit Tefnut und Sachmet gleichgesetzten Hathor bleibt nach verschiedenen Inschriften in Philae der Aspekt der Flamme erhalten, mit dem sie die Feinde des Sonnengottes vernichtet. In dem Mythos entspricht Schu dem nubischen Gott Arensnuphis, so daß dieser als die nubische Form des Schu erscheint (Abb. 54. 59).

Der Mythos von der Fernen Göttin, deren Rückführung und anschließende Schutzfunktion für den Sonnengott Re begleitet uns auch beim Besuch des ptolemäischen Arensnuphistempels, dessen Reste am Südende der Ostkolonnade zu sehen sind (Abb. 56–61). Am besten sind die östliche und nördliche Umfassungsmauer erhalten, die unter Tiberius an den Innenwänden dekoriert wurden. Von der Ostmauer steht der größte Teil mit drei Reihen von Relieftafeln aufrecht, lediglich ein Stück vom Südteil der Mauer fehlt. In Bezug auf den besprochenen Mythos heißt es in Abb. 57 (im Relief Mitte links) von Sachmet mehr-

Abb. 55 Philae, Blick von Nordwesten auf die erste Ostkolonnade, links anschließend die Rückseite des Imhoteptempels aus der Zeit Ptolemaios' V.

Abb. 56 Philae, Tempel des meroitischen (nubischen) Gottes Arensnuphis (am Südende der ersten Ostkolonnade) aus der Zeit von Ptolemaios IV. bis V. Die Reliefs der gut erhaltenen Mauern, die den Tempel im Osten und Norden umgeben, stammen aus der Zeit des Tiberius. Auf der Innenseite der Nordmauer (Längsmauer halb links im Bild) findet sich im untersten Register der Reliefzyklus zur Krönung des Königs (Abb. 61).

Abb. 57 Philae, Arensnuphistempel, Nordende der schmalen Ostmauer (Detail von Abb. 56, wo die beiden Mauern im rechten Winkel aufeinander treffen): Opferreliefs des Tiberius, der verschiedene ägyptische Kronen auf dem Kopf trägt. In der Bildmitte links erscheint die löwenköpfige Sachmet, die hier laut Beischrift als «Auge des Re» und «Herrin der Flamme» gesehen wird, also eine Personifikation der zurückgeholten Fernen Göttin darstellt (vgl. Abb. 54). Der ibisköpfige Thot im Relief rechts davon ist im Sinne desselben Mythos charakterisiert als derjenige, «der die Flamme in Bigge besänftigt». Im Register darunter «stiftet» im linken Relief Tiberius das Zwölfmeilenland der Isis von Philae (Abb. 60).

fach, daß sie die «Herrin der Flamme» und «Auge des Re» ist. Rechts anschließend lesen wir bei dem thronenden Thot (mit Ibiskopf), daß er «die Flamme in Bigge besänftigt». In Abb. 58 und 59 sehen wir Pharao Tiberius jeweils in einer Opferhandlung vor einander entsprechenden Götterpaaren: In Abb. 58 (mittleres Register) handelt es sich um Schu und Tefnut, wobei bei Tefnut ausdrücklich steht, daß sie aus Nubien kommt und sich zusammen mit ihrem Bruder Schu in Bigge niederläßt. Auch der Gott Schu wird, obwohl rein menschengestaltig dargestellt, in den Inschriften «Großer Löwe» genannt. Das stehende Götterpaar der Abb. 59, Arensnuphis und Tefnut, ist im Grunde dasselbe: Arensnuphis, gleichfalls als Löwe bezeichnet, ist mit Schu identisch, jedoch wird seine nubische Herkunft besonders betont. Außerdem wird in der Randzeile hinter Tefnut wie in so vielen Reliefs der römischen Zeit die Problematik des ägyptischen Königtums offenkundig. Obwohl der «König von Ober- und Unterägypten» Tiberius die Opferhandlung durchführt, trägt auch Arensnuphis den Titel «König von Ober- und Unterägypten» und ist in diesem Sinne «Erbe des Re». Viele ägyptische Götter verkörperten seit jeher das ägyptische Königtum; nun hob man jedoch die Königsfunktion der Götter bei jeder Gelegenheit hervor, da das altägyptische Königtum politisch und rechtlich nicht mehr existierte und wohl auch die kultische Wirksamkeit des römischen Pharaos anzuzweifeln war. Unterhalb der Reliefs führt uns auf derselben Ostwand ein Hymnus in vielen Kolumnen vor, wie die Priester von Philae in jener Zeit den nubischen Arensnuphis durch verschiedenartige Gleichsetzungen in ihr altbekanntes Pantheon eingegliedert haben. In erster Linie ist für den Verfasser des Hymnus klar, daß Arensnuphis selbst Nubier und «Herr von Punt» ist, somit ist er mit dem schon

Abb. 58 Philae, Arensnuphistempel, Ostmauer, Relief links an das Thotrelief der Abb. 57 anschließend: Tiberius, der eine hohe Doppelfederkrone trägt, bringt ein sphinxgestaltiges Gefäß mit Myrrhen dem Schu (charakterisiert durch eine hohe Feder auf dem Kopf) und der löwenköpfigen Tefnut dar. Diese ist im Sinne des Mythos von der Fernen Göttin bezeichnet als diejenige, «die aus Kenset (nubische Gegend) nach Ägypten kommt und sich zusammen mit ihrem Bruder in Bigge niederläßt».

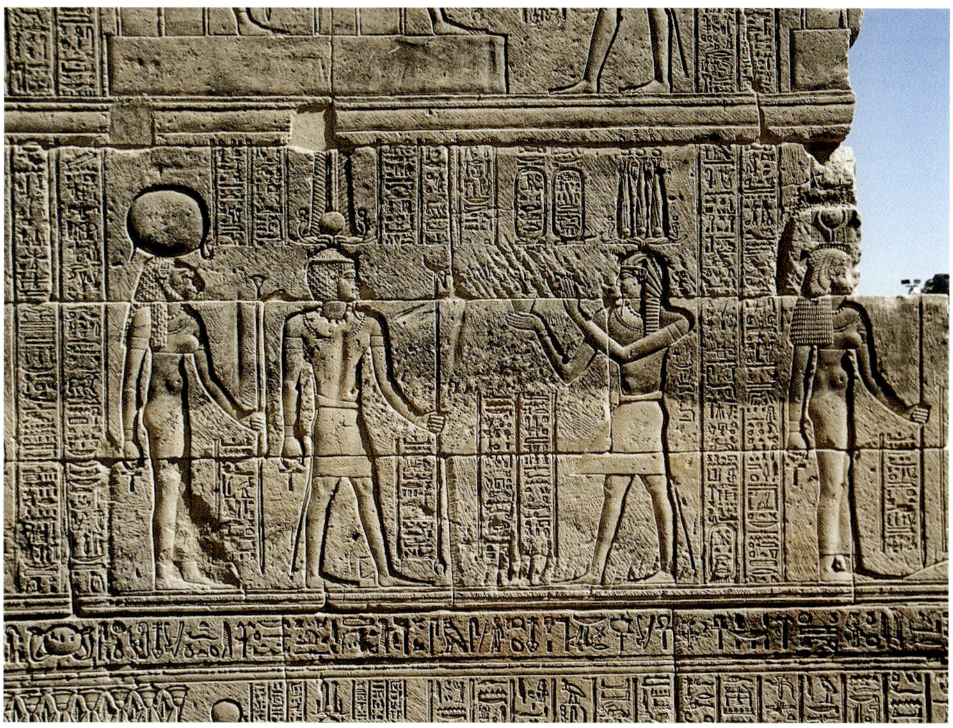

Abb. 59 Philae, Arensnuphistempel, Ostmauer, unteres Register, erstes ganz erhaltenes Relief ganz rechts: Tiberius, der auf dem Kopf die dreiteilige Hemhem-Krone trägt, reicht Arensnuphis und Tefnut ein kleines Gefäß mit Räucherkügelchen. Es handelt sich um eine Variante der Darstellung von Abb. 58, wobei für Schu der nubische Arensnuphis eingetreten ist. Die Beischrift stellt ausdrücklich fest, daß Arensnuphis der Gott Schu, Sohn des Re, «Löwe, groß an Kraft an der Spitze Nubiens etc.» ist.

in den Pyramidentexten auftretenden, nubischen Gott Dedun identisch. Gleichzeitig ist er aber auch Min und Horus und schlägt als solcher die Feinde seiner Eltern Osiris und Isis nieder. Immer wieder beobachten wir, daß die Aussagen der ägyptischen Mythologie und Theologie keinem einheitlichen Denkschema folgen. Je nach Sichtweise ist Arensnuphis einmal Sohn des Re und dann wieder Sohn des Osiris. Die eine Feststellung schließt die andere nicht aus. Wir nennen dies mehrwertige Logik.[132]

Ein Relief auf der Ostwand des Arensnuphistempels zeigt wie Tiberius der Isis von Philae das Zwölfmeilenland übergibt (Abb. 57 links unten. 60). Die historische Einführung in die Geschichte der Dodekaschoinos in ptolemäischer Zeit hat uns mit der Stellung des Landstriches als Tempelland der Isis von Philae vertraut gemacht. Inschriften und Reliefs bezeugen die Stiftung seit Ptolemaios II., zwei königliche Dekrete – eines in Dakke von Ptolemaios IV. und Ergamenes II. (Abb. 8) sowie die Dodekaschoinos-Stele Ptolemaios' VI. (Abb. 70. 71) in der Fassade des zweiten Pylons von Philae selbst – machen uns konkret mit dem Inhalt der Stiftung vertraut. Nach dem Frieden von Samos (Winter 21/20 v. Chr.) scheint die römische Verwaltung die Stiftung respektiert zu haben, und die Priester von Philae durften hoffen, daß ihre äußerst günstige wirtschaftliche Lage weiter bestehen könnte. Wie bereits angedeutet, bezeugen mehrere Reliefs (Abb. 106. 212), in denen Augustus die Dodekaschoinos der Isis darbietet, diesen Optimismus.[133] Ob unser Tiberiusrelief (Abb. 60) noch einen realen Zustand wiedergibt oder bereits in anachronistischer Weise die gute alte Zeit heraufbeschwört, bleibt freilich offen.

In jedem Fall wird Tiberius dadurch für den Tempel in altpharaonischer Weise als frommer Pharao vorgestellt. Zur The-

Abb. 60 Philae, Arensnuphistempel, Ostmauer, unteres Register, erstes Relief ganz links (sichtbar in Abb. 57): Tiberius bietet der Isis von Philae ein Feld dar. Die Beischrift erläutert, daß damit die Stiftung des Zwölfmeilenlandes gemeint ist: «Geben des Feldes seiner Mutter, der Mächtigen, Isis, der Lebensspenderin, Herrin des Abatons, Gebieterin, Herrin von Philae, nämlich 12 Meilen auf der Westseite und 12 Meilen auf der Ostseite von Takompso [am Südende des Zwölfmeilenlandes] bis Syene.»

matik des ägyptischen Königtums in römischer Zeit führt insbesondere der Reliefzyklus von der Krönung des Königs, den wir auf der Nordwand des Arensnuphistempels finden (Abb. 61). Ein legitimer König, der zu allen Zeiten eine unbedingte Voraussetzung für das ägyptische religiöse Leben darstellte, war ein König, der gemäß den alten Riten gekrönt worden war. Das Krönungsfest war auch das bedeutendste Fest am Beginn jeder Regierung. Da nun in der Theorie immer der König im Tempelkult agierte und die Verbindung zwischen der irdischen und der göttlichen Welt herstellte, hielt man es für nötig, die Krönung des Königs an den Tempelwänden darzustellen. Die Götter übertrugen dabei die Königsfunktion auf ihren Stellvertreter auf Erden. Solche Krönungsszenen auf ägyptischen Tempelwänden konnten vor der römischen Epoche auf real vollzogene Krönungsriten bezogen werden. Durch die magische Kraft der Darstellung war dadurch der legitime Pharao, der sein göttliches Amt von den Göttern selbst erhalten hatte, im Tempel gegenwärtig. In römischer Zeit, als kein Pharao mehr in alter Weise zum König gekrönt wurde, mochte es sogar noch wichtiger erscheinen, solche Darstellungen im Tempel zu haben, die mit ihrer magischen Kraft die kultische Wirksamkeit des rituellen, römischen Pharaos garantierten. Dem kundigen Betrachter bedeuteten die Krönungsreliefs außerdem, daß die Welt in Ordnung war, sich die Schöpfung im Sinne der zyklischen, ägyptischen Ewigkeit wiederholt und die Einheit Ägyptens erneuert hatte. Der Reliefzyklus ist in ptolemäischer und römischer Zeit bereits standardisiert; er besteht aus vier Tafeln: Zuerst verläßt der König den Palast, vor ihm befinden sich Standarten mit den alten Numina, die das seit vordynastischer Zeit bezeugte sog. Horusgeleit darstellen (Abb. 115). Das zweite Bild zeigt die Reinigung des Königs durch Horus und Thot, das dritte die Krönung durch die Landesgöttinnen Nechbet und Buto und die vierte Relieftafel die Einführung des Königs in den Tempel. In dieser letzten Szene haben zwei Götter (Atum und Horus oder Month) den König an den Händen ergriffen und führen ihn zur Hauptgottheit des Tempels. Im Arensnuphistempel von Philae ist der Zyklus im untersten Register der nördlichen Umfassungsmauer mit den Kartuschen des Tiberius dargestellt. An den Außenwänden des Isistempels (Abb. 105) sowie im ersten Innenraum des Kalabschatempels (Abb. 173. 174) werden wir dieselben Darstellungen mit den Namen des Augustus finden. In Dendera und Esna ist bereits Nero in die Rolle des gekrönten und daher für den Tempel legitimen Pharaos eingetreten.[134]

Auf dem Weg durch die erste Ostkolonnade in Richtung des ersten Pylons kommt der Besucher an einigen kleineren Heiligtümern vorbei, von denen der ptolemäische Imhoteptempel (Abb. 13) am Nordende der Säulenhalle am bekanntesten ist. Für die römische Zeit ist aber besonders ein kleines Sanktuar (Abb. 49 a) zu erwähnen, das mit drei Mauern aus ungebrannten Ziegeln an die Steinmauer der Kolonnade angebaut und von hier aus auch zugänglich war. Es handelt sich offensichtlich um eine Manduliskapelle, wie eine in deren Ostwand (Rückwand)

Abb. 61 Philae, Arensnuphistempel, Nordmauer, unterstes Register, drei Szenen aus dem Zyklus der Krönung des Königs, der hier die Kartuschen des Tiberius trägt. Auf der linken Seite ist die Reinigung durch Horus und Thot zu sehen, in der Mitte die Krönung durch die Landesgöttinnen Nechbet (rechts, mit oberägyptischer Krone) und Buto (links, mit unterägyptischer Krone), rechts die Einführung in den Tempel; hier geleiten die Götter Month-Re (rechts) und Atum (links) den König zu einem Gott, der der Herr des Tempels Arensnuphis sein sollte, was aber wegen der Zerstörung der dafür entscheidenden Inschriftenkolumnen nicht klar ist.

eingelassene Stele zeigt. In dem erhaltenen unteren Teil bringt ein nicht identifizierbarer römischer Kaiser dem Mandulis die Maat dar.[135]

Der große Pylon

Wer nun seine Aufmerksamkeit dem großen Pylon zuwendet, ist zutiefst beeindruckt von der kultischen Kulisse, die der Westturm vor seinen Augen bietet (Abb. 62). Die gigantischen Reliefs, die auf die Menge am Vorplatz wirkten, machen klar, daß hier nun die heilige Welt der Götter beginnt. Kurz und prägnant werden zwei Hauptaufgaben des Königs verkündet: Als Nachfolger des Horus auf Erden[136] und Garant der Ordnung schlägt er die Feinde Ägyptens nieder und schützt damit gleichzeitig den göttliche Kosmos des Tempels. Seine Stärke verdankt der König der mächtigen Göttin Isis,[137] die in gleicher Größe wie der König ihm gegenüber zwischen der Nische des Flaggenmastes und dem Nektanebostor dargestellt ist. Die zweite Aufgabe des Königs, die der riesige «Bildschirm» verkündet, ist der Götterkult an sich, sichtbar gemacht an den Opferreliefs im oberen Abschnitt. Obwohl die Königsgestalt die historischen Namen Ptolemaios' XII. erhielt, handelt es sich um den ewigen König im kultischen Weltbild des Ägypters. Ptolemaios XII. war zwar als letzter König in Memphis zum Pharao gekrönt worden, jedoch schlug er niemals irgendwelche Feinde nieder und war sogar für mehrere Jahre aus Ägypten vertrieben worden. Bei den Tempelbildern geht es um die Königsfunktion als integrierender Bestandteil der ägyptischen Weltordnung, eine Funktion, die hier (noch!) auf einen irdischen Vertreter der Götter auf Erden übertragen ist. Der ideologische Abstand zwischen den Reliefs mit den Namen des tatsächlich zum Pharao gekrönten Königs Ptolemaios XII. und jenen mit den Namen nie gekrönter römischer Kaiser ist minimal.

Dies wird sich auch ein gewisser Catilius gedacht haben, der aus Alexandria kam und drei griechische Epigramme bei dem Bild des die Feinde niederschlagenden Königs anbrachte. Die Gedichte sind auf den 8. März des Jahres 7 v. Chr. datiert. Insbesondere in einem, das in großen Buchstaben vor dem Gesicht des Königs unter dessen Kartuschen zu lesen ist, wird der siegreiche Pharao sekundär als Augustus, Herrscher der Meere und Kontinente, freiheitsbringender Zeus, Herrscher über Europa und Asien usw. gedeutet (Abb. 63).[138] In den Augen des Catilius hat demnach Augustus das Erbe der alten Pharaonen und damit gleichzeitig deren Ideologie der Weltherrschaft übernommen, was im übrigen auch zur Alexandernachahmung römischer Imperatoren paßte.[139] Diese neue Interpretation des ptolemäischen Reliefs geht freilich über den rein kultischen Charakter des römischen Pharaos hinaus. Da das Epigramm für alle Besucher sichtbar war, die nach Philae kamen, diente Catilius damit der kaiserlichen Propaganda des Augustus. Der Verfasser rechnet auch mit der Wirkung seines Gedichtes, so daß nun jeder künftige Besucher des Inselheiligtums das von jenem Stück Erde ausgehende Glücksgefühl hymnisch preisen werde (Zl. 10–11), denn «Philae selbst verkündet ja: ‹Ich bin die herrliche Grenze Ägyptens und das weitest vorgerückte Landstück der Aithiopen›».

Besucher waren seit der Ptolemäerzeit in großer Zahl nach Philae gekommen und haben an allen Stellen, die ihnen zugänglich waren, inschriftliche Spuren hinterlassen. Die Flächen zwischen den Darstellungen des ersten Pylons, und zwar die Südseite, scheinen für ankommende Pilger geradezu einladend gewesen zu sein, Verehrungsinschriften anzubringen. Zumeist waren es einfache Leute, die sich hier in der frühen und hohen Kaiserzeit in griechischer Sprache, manchmal auch in Form von Epigrammen[140] verewigten. Ein solches Epigramm stammt von Iunius Sabinus, Komandant der *cohors II Ituraeorum*, die vom Beginn der römischen Herrschaft bis ins 3. Jh. n. Chr. zwischen Syene und Hierasykaminos bezeugt ist. Nach dem Sieg über irgendwelche «Stämme», die die römische Herrschaft nicht akzeptieren wollten, kam Iunius Sabinus mit einer größeren Abordnung von Syene nach Philae, um dort an einem Isisfest teilzunehmen.[141] Zwei besonders schöne Epigramme, die wohl der augusteischen Zeit angehören, stehen an auffälliger Stelle zwischen den Beinen des triumphierenden Pharaos.[142] In begeisterten Worten schildert eine Gruppe von Besuchern: «Wir sind an die Grenze Ägyptens gekommen, zur herrlichen Insel, um das Land der Isis, Tochter des Inachos[143], zu sehen sowie die tiefe Flut des Nils, der Ägypten Jahr für Jahr fruchtbar erhält für das Glück Caesars …» Im zweiten Epigramm schildern sie dann, daß sie nach ihrer Ankunft an dieser wunderschönen, heiligen Stätte der Isis Zeuge davon waren, wie «schnell fahrende Barken die Götterschreine der Aithiopen» heranbrachten.[144] Daß manche Verehrer der Isis von weit außer-

Abb. 62 Philae, Isistempel, linker (= westlicher) Turm des ersten Pylons. Der Pharao, der oben links vor Osiris und Isis, rechts vor Isis und Horus opfert und darunter in einer großen Darstellung die Feinde niederschlägt, hat die Kartuschen Ptolemaios' XII. bei sich. Das Mittelportal zwischen den beiden Pylontürmen, das rechts im Bild zum Teil noch sichtbar ist, stammt aus der Regierung Nektanebos' I. (380–362 v. Chr.). Das Tor, das durch den westlichen Pylonturm selbst führt, ist mit Inschriften und Reliefs Ptolemaios' VI. geschmückt. Durch dieses Tor gelangt man direkt zum Eingang des Geburtshauses.

halb Ägyptens kamen, davon berichten die Inschriften auf Abb. 64 und 65. Die Bedeutung der ersten Inschrift, die ganz bei den Gefangenen des siegreichen Pharaos angebracht ist, besteht darin, daß hier konkret die Herkunft des Mannes aus Kaisareia Panias in Nordpalästina angegeben ist.[145] Dem Verehrungsakt vor Isis kommt magische Wirkung zum Wohle seiner Brüder zu. In Abb. 65 halten zwei offenbar weit gereiste römische Bürger einfach fest, daß sie den Isistempel besucht haben;[146] es handelt sich um die einzige lateinische Inschrift, die an einer Tempelwand in Philae heute vorhanden ist und überhaupt um eine der ganz wenigen lateinischen Inschriften von Philae. Wenn L. Trebonius Oricula und C. Numonius Vala dem senatorischen Stand angehörten, hatten sie von Augustus eine Einreisegenehmigung erhalten. Das ist deswegen möglich, weil C. Numonius Vala wahrscheinlich mit dem Legaten des P. Quinctilius Varus namens Numenius Vala identisch ist, der bei dem tragischen Germanenfeldzug des Jahres 9 n. Chr. ums Leben kam (Vell. II, 119,4).

Unmittelbar vor dem östlichen Pylonturm steht im rechten Winkel dazu das sog. Philadelphostor (Abb. 66. 67), von dem die Türsturze und die östlichen Pfosten unter Ptolemaios II. Philadelphos dekoriert worden waren. In den untersten Reliefs der Ostseite opfert der König einmal vor Isis und Arsinoe II. und einmal vor Nephthys und Arsinoe II.; die nach ihrem Tode vergöttlichte Schwestergemahlin Ptolemaios' II. hat somit denselben Rang wie die Hauptgöttinnen des Tempels. Die Türpfosten der Westseite erhielten dagegen erst unter Tiberius ihren Reliefschmuck. Wir erkennen an diesen und ähnlichen Arbeiten, daß in Philae gerade in der Regierung des Tiberius ‹flächendeckend› ergänzender Dekor angebracht wurde.

Abb. 63 Philae, Isistempel, westlicher Turm des ersten Pylons, Kopf des Pharaos beim Niederschlagen der Feinde (Abb. 62). Vor der Krone sind im Bild teilweise die Kartuschen Ptolemaios' XII. sichtbar. Der Kopf selbst wurde in frühchristlicher Zeit ausgemeißelt. Vor dem Gesicht steht das griechische Epigramm eines gewissen Catilius aus dem Jahre 7 v. Chr., welches die Pharaogestalt sekundär als Augustus deutet: «Kaisar, Herr der Meere und Beherrscher der Kontinente, Zeus Eleutherios, abstammend vom Vater Zeus, Herrscher über Europa und Asien …». In Zeile 12–13 läßt der Verfasser die Insel Philae selbst sprechen: «Ich bin die herrliche Grenze Ägyptens und das weitest vorgerückte Landstück der Aithiopen».

Abb. 64 Philae, Isistempel, westlicher Turm des ersten Pylons, griechische Verehrungsinschrift eines gewissen Heliodoros aus Kaisareia Panias (Caesarea Philippi), Nordpalästina, der wahrscheinlich im frühen 2. Jh. n. Chr. Philae besuchte: «Ich, Heliodoros, Sohn des Zenon, aus Kaisareia Panias, bin gekommen und habe den Verehrungsakt für [meine] Brüder Zenon und Aianos gemacht». Die Inschrift befindet sich unterhalb der Ellenbogen der unteren Reihe von Gefangenen, die ihre Hände nach links zum linken Bein des Königs hinstrecken (vgl. Abb. 62).

Abb. 65 Philae, Isistempel, östlicher Turm des ersten Pylons, die einzige an einem Bauwerk in Philae in situ erhaltene lateinische Inschrift, eingraviert rechts vor den Füßen der nach rechts blickenden Hathor, die als letzte in der Reihe der großen Götterdarstellungen (zwischen Flaggenmastnische und Mittelportal) steht (Abb. 67). Zwei römische Bürger, vielleicht senatorischen Standes, haben ihren Besuch in Philae festgehalten: L(ucius) Trebonius Oricula hic fui, C(aius) Numonius Vala hic fui. Imp(eratore) Caesare XIII co(n)s(ule) a(nte) d(iem) VIII k(alendas) Apriles «L. Trebonius Oricula, ich war hier; C. Numonius Vala, ich war hier, in dem Jahr, als Imperator Caesar (Augustus) zum 13. Mal Konsul war, am 8. Tage vor den Kalenden des April (25. März 2 v. Chr.).»

Abb. 66 Philae, Isistempel von SSO. Vor dem rechten Turm des ersten Pylons steht das Philadelphostor, rechts vom zweiten Pylon ist der Durchgang des Tiberius zu sehen.

Für den Kult im römischen Philae sind auch die Darstellungen auf den Pylonwangen über dem Mitteltor des ersten Pylons interessant, obgleich die Reliefs selbst spätptolemäisch sind und die Namen Ptolemaios' XII. tragen. Die unteren Darstellungen unmittelbar über dem Tor haben die Inthronisierung des lebenden Falken zum Inhalt. In beiden Szenen überträgt der falkenköpfige Gott Horus, der die Doppelkrone trägt, einem lebenden Falken die Herrschaft. Der Falke, der nach den Inschriften die Seele des Sonnengottes Re verkörperte, ruht in Abb. 68 (östlicher Pylonturm) über dem Zeichen der Vereinigung von Ober- und Unterägypten, er soll also ideell als König über die beiden Länder herrschen. Thot markiert die Regierungsjahre auf einer Palmrispe. In dem gegenüberliegenden Relief steht hinter dem Falken der irdische König Ptolemaios; auch er spricht davon, daß nun der Falke sein «Königtum von Millionen von Jahren» empfange. In einer Zeit, in der die irdische Königsgestalt viel von ihrer kultischen Wirkung eingebüßt hatte, machte man in Philae wie in Edfu einen Falken zum König.[147] Während allerdings in Edfu jedes Jahr in einem Fest ein neuer Falke gekrönt wurde, erhielt in Philae der Falke das Amt auf Lebenszeit. Seine Jahre wurden gleichsam als Regierungsjahre im Tempel gezählt, wie aus einem sekundär verbauten, wahrscheinlich römerzeitlichen Relief hervorgeht.[148] Als Strabo in frühaugusteischer Zeit nach Philae kam, hat man ihm den Vogel gezeigt, der damals schon alt und von Krankheit gezeichnet war. Strabo hebt die besondere Größe und die bunte Färbung des Tieres hervor und berichtet, daß man es stets aus dem fernen Süden nach Philae holte. Entsprechend wird der Falke auch in den hieroglyphischen Inschriften als «Buntgefiederter, Heiliger Falke, der aus Punt kam» charakterisiert.[149] In der wachsenden Krise des ägyptischen Königtums zur Römerzeit, als kein Pharao *de facto* mehr zum ägyptischen König gekrönt wurde, müssen die Kulthandlungen zur Krönung des göttlichen Falken besondere Bedeutung erlangt haben. Ihren Höhepunkt erlebte diese «Königskrönung» über dem Mitteltor des Pylons, einem Ort, den man – in Analogie zu der Stelle im alten Königspalast, wo sich der ägyptische König dem Volk zeigte – «Erscheinungsfenster» nannte.[150] Wer durch den Pylon geschritten ist, konnte in der oberen Randinschrift des Ostturmes (Abb. 69) lesen: «Der Krallen-Thron des Falken, wenn er vom Himmel kommt, …, er läßt sich nieder auf dem Pylon … Es wird ihm verliehen die oberägyptische Krone, vereint mit der unterägyptischen; er wird erhoben, um die beiden Reichshälften zu beherrschen; denn er ist der Herr dieser Erde. …».[151] Nach einer legendären Erzählung schlug um die Mitte des 4. Jhs. n. Chr. die Stunde des letzten heiligen Falken von Philae, als ihn der Priester Makedonios durch List getötet haben soll;[152] dieser Makedonios wurde später von Athanasios von Alexandria zum Bischof von Philae geweiht.

Die Bauten zwischen den beiden Pylonen

Nach Durchschreiten des ersten Pylons wird der Blick zunächst von der Fassade des zweiten Pylons in den Bann gezogen, wo nach Art einer riesigen Kulisse der Kultvollzug des Königs vor stehenden Gottheiten gezeigt wird (Abb. 70). Die Fassade wird rechts unten von der Dodekaschoinos-Stele durchbrochen, die ein Dekret Ptolemaios' VI. vom 28. Juli 157 v. Chr. enthält, in dem der König die Einkünfte aus dem Zwölfmeilenland, das zu Beginn des 2. Jhs. v. Chr. an Meroe verloren war, erneut der Isis von Philae bestätigt. Wie wichtig den Priestern diese Stele auch in einer Zeit war, als die Stiftung der Dodekaschoinos bereits in ferner Vergangenheit lag, ersehen wir aus der kleinen Kapelle, die in der Zeit von Domitian bis Hadrian zum Schutze der Stele davor gebaut und wie üblich mit Reliefs und Inschriften liebevoll dekoriert wurde. Leider sind von ihr heute nur noch geringfügige Reste erhalten (Abb. 70. 71).

Wer durch die Ostkolonnade zwischen den beiden Pylonen von Süden nach Norden geht (Abb. 71. 72), kommt an den Eingängen zu einigen kleinen Räumen vorbei. Die drei ersten Türen führen zu undekorierten Kammern. Durch die zweite Tür (von Süden gezählt) gelangt man in das sog. Meroitische Zimmer, in dem eingeritzte Inschriften und Darstellungen von einer bereits erwähnten[153] meroitischen Gesandtschaft zeugen, die in der zweiten Hälfte des 3. Jhs. n. Chr. hierher kam. Die zum Teil sehr hochrangigen Personen, darunter etwa der Vizekönig des meroitischen Unternubien Bekemete, sind in Form zweier Pilgerpro-

Abb. 67 Philae, Isistempel, rechter (= östlicher) Pylonturm; auf diesem oben die Opferreliefs Ptolemaios' XII., darunter im linken Abschnitt die großflächigen Darstellungen von Isis, Horus (mit Falkenkopf und Doppelkrone) und Hathor. Die Gottheiten sind nach rechts gewandt und stehen dem König gegenüber, der die Feinde niederschlägt. Letztere Szene ist auf der Abb. durch das im rechten Winkel dazu stehende Tor Ptolemaios' II. («Philadelphostor») verdeckt. Von dem Tor wurden nur die Ostseite (die vom Betrachter abgwandte Seite) und der Türsturz auf der Westseite (auf der Abb. im Schatten) in der Regierung Ptolemaios' II. dekoriert. Die Türpfosten wurden auf der Westseite erst unter Tiberius mit Opferszenen ausgestattet. Zum Mittelportal führt eine Zugangstreppe, an deren oberen Ende sitzen zwei Löwen in meroitischem Stil; links vom linken Löwen ist noch die Basis eines von zwei heute in England stehenden Obelisken aus der Zeit Ptolemaios' VIII. vorhanden.

Abb. 68 Philae, Isistempel, erster Pylon, Westseite des östlichen Turmes (über dem Mitteltor): Inthronisierung des lebenden Falken durch Horus, der dem Falken mit der Rechten die Herrschaftssymbole Leben, Dauer und Glück hinstreckt und ihm mit der Linken die Palmrispe mit unendlichen Jubiläen darbietet. Desgleichen weist Thot von Hermupolis von rechts kommend dem Falken laut Inschrift «Millionen von Jubiläen, Hunderttausende von Jahren auf deinem Thron im Tempel der Ehrwürdigen» zu. In der Mitte des Bildes sitzt der Falke über dem Zeichen der Vereinigung der Beiden Länder. In der Randzeile rechts von der Darstellung wird deutlich gesagt, daß der Falke, eine Verkörperung der Seele (Ba) des Sonnengottes Re, nun das königliche Amt der Götter, insbesondere das «Königtum des Onnophris des Seligen (= Osiris)» erhält.

Abb. 69 Philae, Isistempel, erster Pylon von Norden, d. h. vom Hof zwischen den Pylonen aus gesehen. Auf der linken Seite ist ein Teil der zweiten Ostkolonnade, rechts das Geburtshaus zu sehen. Die großflächigen Reliefs auf dem östlichen (= zur Gänze sichtbaren) Pylonturm zeigen Ptolemaios XII. bei Opferhandlungen vor Gottheiten: oben rechts vor Chnum und Hathor, links vor Amun und Mut; unten rechts vor Isis, links vor Osiris. Zwischen den Pylontürmen das Tor Nektanebos' I., darüber auf den Pylonwangen die Szenen der Inthronisierung des Falken (links auf dem östlichen Turm die Szene von Abb. 68).

zessionen wiedergegeben, die einander entgegengehen und in der Mitte der Nordwand aufeinander treffen (Abb. 21 a.b).

Das übernächste, kleine Zimmer (vierte Tür von Süden) stellte laut Inschrift auf dem rechten Türpfosten die «Tempelbibliothek» von Philae dar (Abb. 73). Ähnlich wie bei der kleinen Bibliothek von Edfu handelt es sich auch hier bloß um eine Kammer, in der Papyrusrollen aufbewahrt wurden. Gelesen und studiert hat man in den offenen Säulenhallen. Dieser Bibliotheksraum wurde in augusteischer Zeit ausgeschmückt, wie die Reliefs auf den Innenwänden zeigen. Auf der inneren Westwand (neben dem Eingang) bietet Augustus dem Gott «Chons-Thot zu Gast in Philae» die Symbole Djed, Anch und Was dar – ausnahmsweise in dieser Reihenfolge,[154] denn üblicherweise erscheint der Djed-Pfeiler («Dauer») zwischen den Symbolen Anch («Leben») und Was («Macht»)! Im Sinne der bereits in frühptolemäischer Zeit entstandenen sog. neuen Mythologie[155] werden diese Herrschersymbole nicht wie in altpharaonischer Zeit von einer Gottheit dem König, sondern vom König der Gottheit dargebracht. Die Umkehrung der Handlungsrichtung ist Ausdruck der in unserer Arbeit immer wieder aufgezeigten Krise des ägyptischen Königtums in der ptolemäisch-römischen Epoche. Die Herrscherzeichen sollen nun die königlichen Eigenschaften der Götter stärken, freilich in der Erwartung, daß diese Eigenschaften auf den irdischen König rückwirken und seine kultische Wirksamkeit im Tempel erhöhen. Gleichzeitig meinen Anch und Was in dieser Mythologie Schu und Tefnut als Eltern des Osiris,[156] den der Djed-Pfeiler verkörpert. In der Nordwand des Bibliotheksraumes (Abb. 74. 75) ist eine Nische ausgespart, in der wohl Papyri aufbewahrt wurden. Hier dominieren die Bilder des Thot, des Gottes der Bücher und der Weisheit: Über der Nische sehen wir ihn als Ibis, unter ihr als Pavian mit dem Schreibgerät. Rechts der Nische steht Maat, Göttin der Wahrheit und Ordnung, mit einer Schriftrolle dem menschengestaltigen Thot mit Ibiskopf gegenüber; hinter Thot folgen die löwenköpfige Tefnut sowie die Gefährtin des Thot, Seschat, «Gebieterin der Bibliothek, Herrin der Schrift». Die Südwand (Abb. 76) steht dagegen ganz im Zeichen der Götter von Philae: Die Kuhgöttin Hesat (menschengestaltig mit Kuhkopf) bringt in zwei charakteristischen Gefäßen Milch dem Osiris-Onnophris, der Isis und dem Harendotes dar.

Nördlich der Bibliothek folgen der sog. Durchgang des Tiberius (Abb. 77), der baugeschichtlich zu den Räumen hinter der Ostkolonnade gehört, und das außen daran anstoßende Tor des Tiberius, welches bereits um die Mitte des 2. Jhs. v. Chr. als Tor innerhalb der Ziegelumfassungsmauer errichtet worden war. Sowohl der Raum des Durchganges (Abb. 78. 79) als auch die nördliche Türlaibung des äußeren Tores (Abb. 80) tragen Opferreliefs des Tiberius vor verschiedenen Göttern. Hier ist vor allem die Szene auf dem Türsturz des mittleren Tores (Abb. 79) mit der irrtümlich nach ptolemäischem Muster dargestellten Königin bemerkenswert; deren Kartusche blieb leer. Bereits am Beginn der Entstehung des römischen Pharaos hatten die ägyptischen Priester den ptolemäischen Usus, die Königin mit dem König darzustellen, über Bord geworfen und waren zu ihrer al-

Abb. 70 Philae, Isistempel, zweiter Pylon von Süden, d. h. vom ersten Pylon aus gesehen. Die großen Darstellungen zeigen auf dem rechten (= östlichen) Turm den Ptolemäerkönig vor Horus und Hathor, auf dem linken Turm Osiris und Isis; links die Nordostecke des Geburtshauses. Vor dem rechten Turm ist die sog. Dodekaschoinos-Stele Ptolemaios' VI. zu sehen, datiert auf den 28. Juli 157 v. Chr.; davor erscheinen die Reste der römischen Schutzkapelle für diese Stele.

Abb. 71 Philae, Isistempel, zweite Ostkolonnade zwischen dem ersten (rechts) und zweiten Pylon. Vor letzterem ist die Dodekaschoinos-Stele (Abb. 70) mit der römischen Kapelle davor sichtbar, hinter den Säulen die Tore zu den dahinter liegenden Räumen. Der höhere Durchgang links ist der «Durchgang des Tiberius», die Türe rechts von der vierten Säule von links führt in die Bibliothek.

Abb. 72 Philae, Isistempel, Blick durch die zweite Ostkolonnade von Süden nach Norden.

ten Gewohnheit des alleine vor den Göttern agierenden Königs zurückgekehrt, so etwa bereits im Kalabschator, das in die Anfangsphase der römischen Herrschaft in Nubien gehört.[157] Obwohl dort die Inschrift für die Königsgemahlin ohne individuellen Namen bereits vorhanden ist, fehlt ihre Darstellung. Der ptolemäische Usus hatte sich seit der offiziellen Samtherrschaft von Ptolemaios VI. und Kleopatra II. fest etabliert; danach gab es fast kontinuierlich Samtherrschaften im Ptolemäerreich von König und Königin. Dieser politischen Konstellation in Alexandria paßte sich die ägyptische Königsideologie an. Seit Augustus hatte jedoch keine Frau offiziell Anteil an der Regierungsgewalt. Somit wäre es auch nach dem ägyptischen Verständnis keineswegs gerechtfertigt gewesen, eine Kaisergemahlin mit darzustellen. Allerdings kam es in der Regierung des Augustus und Tiberius noch zu eingen «Irrtümern» wie in dem Fall unserer Abb. 79. Da Tiberius zur Zeit seiner Regierung zwischen 14 und 37 n. Chr. gar keine Gemahlin hatte, wäre es auch nicht möglich gewesen, einen historisch passenden Namen in die leere Kartusche einzutragen.

An der östlichen Außenwand der Raumflucht hinter der zweiten Ostkolonnade, etwa eine Steinblocklänge südlich des Tiberiusdurchganges, ist ein Stück Mauer in Augenhöhe geglättet. Hier wurden im 5. Jh. n. Chr. von heidnischen Priestern griechische Inschriften und religiöse Darstellungen angebracht. Im linken oberen Eck dieses Wandabschnittes hat ein Mann namens Pasnus, der wahrscheinlich nubischer Herkunft war, seine Verehrungsinschrift eingeritzt und diese auf den 5. November 434 n. Chr. datiert (Abb. 81).[158] Er bezeichnet sich als «Prophetes» des in Nubien verehrten Gottes Ptireus. Links unterhalb der Inschrift sehen wir ein schwer deutbares Strichmännchen

Abb. 73 Philae, Isistempel, Tür zur Bibliothek (vgl. Abb. 71). Auf dem rechten Türpfosten ist zu lesen «Eine Bibliothek der Seschat, der Großen, ist es und ein Schriftenbehälter der Isis».

Abb. 74 Philae, Isistempel, nördliche Wand der Bibliothek mit Reliefs aus der Zeit des Augustus. Der Schreiber- und Wissenschaftsgott Thot ist in dreifacher Gestalt dargestellt: über der Nische als Ibis mit Atefkrone und Geißl, darunter als Pavian (mit einem Schreibgerät) und rechts im Bild anthropomorph mit Ibiskopf. Ihm gegenüber erscheint in der Bildmitte die Maat, Göttin der Wahrheit und Ordnung (auf dem Kopf hat sie als Attribut die Feder, in der Hand hält sie eine Buchrolle). Bei Maat heißt es: «Worte sprechen durch Maat, Tochter des Re, zu Gast im Abaton ...». Bei Thot steht in Anspielung auf die Legende vom Auszug und der Rückbringung der Fernen Göttin: «Worte sprechen durch Thot, der die Flamme mit seinen Aussprüchen besänftigt, der die Zeit der Götter und Menschen berechnet». In der Nische wurden vermutlich die Papyri aufbewahrt.

Abb. 75 Philae, Isistempel, Bibliothek, hinterer Teil der Darstellung von Abb. 74: Die löwenköpfige Tefnut mit Sonnenscheibe auf dem Kopf ist laut Beischrift (in Fortführung der Anspielung an den Mythos von der zurückgebrachten Göttin) «die große Flamme in Bigge». Hinter ihr steht (rechts im Bild) Seschat, die als Schreibergöttin die Begleiterin des Thot ist und hier laut Beischrift als «Gebieterin der Bibliothek, Herrin der Schrift» usw. aufgefaßt wird. Das Attribut, das Seschat auf dem Kopf trägt, ist eine charakteristische Rosette mit einem nach unten gewandten Hörnerpaar. Anstelle von Tefnut würde man in einer Bibliothek eher Sachmet, Schutzgöttin der Ärzte und der Heilkunst, erwarten, vor allem da Sachmet ebenfalls in dem Mythos von der Fernen Göttin die Funktion der «Flamme in Bigge» hat, die Thot besänftigt.

Abb. 78 Philae, Isistempel, «Durchgang des Tiberius», Innenraum, Nordwand, Osthälfte; Tiberius in drei Registern vor Gottheiten: Oben bringt der Kaiserpharao ein Udjat vor Harachte, Schu und Tefnut dar. Schu ist laut Beischrift «Sohn des Re, Herr von Bigge, welcher aus Nubien kommt usw.» In der Mitte und unten opfert Tiberius vor Osiris, Isis und Horus; ganz oben sind die Kartuschen Ptolemaios' VIII. zu sehen, unter dem der Bau errichtet wurde.

Abb. 79 Philae, Isistempel, «Durchgang des Tiberius», Türsturz des mittleren Tores, Westseite, Nordteil (auf Abb. 78 rechts oben sichtbar): Tiberius opfert Wein vor Osiris, Isis und Harpokrates; auch dieser ist mit der Doppelkrone sowie den Herrscherinsignien Zepter und Geißel, die er in der linken Hand hält, als König mit der Jugendlocke gekennzeichnet. Hinter dem Kaiserpharao steht eine Königin nach ptolemäischem Muster, ihre Kartusche ist leer.

Abb. 80 Philae, Isistempel, Blick auf den «Durchgang des Tiberius» von außen aus südöstlicher Richtung. Der niedrigere Torbau in der rechten Bildhälfte ist das östliche Steintor innerhalb der Ziegelumfassungsmauer, die den gesamten Bezirk des Isistempels umgab und auch den ersten Pylon umfaßte. Das Tor existierte bereits, bevor unter Ptolemaios VIII. die zweite Ostkolonnade samt dem Raumkomplex dahinter errichtet wurde. Der in der Abb. sichtbare Türsturz und die Außenseiten der Türpfosten wurden aber auch unter Ptolemaios VIII. dekoriert, Die nördliche Türlaibung, auf der sich das in der Abb. zu erkennende, christliche Kreuz befindet, erhielt erst unter Tiberius ihre Reliefs. Die Steinlagen links vom Tor markieren das zum Teil steinerne Fundament der Ziegelmauer. Die ursprünglichen Steinlagen (sichtbar ganz rechts im Bild) sowie die Ziegel darüber verliefen wellenförmig, wie das bei entsprechenden Umfassungsmauern üblich war; damit wurde wahrscheinlich das Urgewässer angedeutet, das die Welt des Tempels umgab.

Abb. 81 Griechische Inschrift auf der Außenmauer etwas südlich des «Durchganges des Tiberius», d. i. die Mauer, die sich in Abb. 80 nach links fortsetzt: «Verehrungsakt, den ich, Pasnus, Sohn des Pachumios, Oberpriester des Ptireus, setze vor den Göttern aus Frömmigkeit und zum Wohle am 9. Hathyr des 151. Jahres der Ära Diocletians. Wenn jemand diese Buchstaben tilgt, dann werden [die Götter] seine Nachkommenschaft tilgen.» Das Datum der Inschrift ist der 5. November 434 n. Chr. Dieser späten Zeit entspricht auch der Duktus der Inschrift. Das Strichmännchen links unten ist schwer deutbar; es hat einen großen Schnabel an Stelle des Gesichtes, an einer Hand auffällige Krallen und hält in der anderen Hand einen umwundenen(?) Stab; vielleicht handelt es sich um eine teilweise anthropomorphe Darstellung des Ptireus.

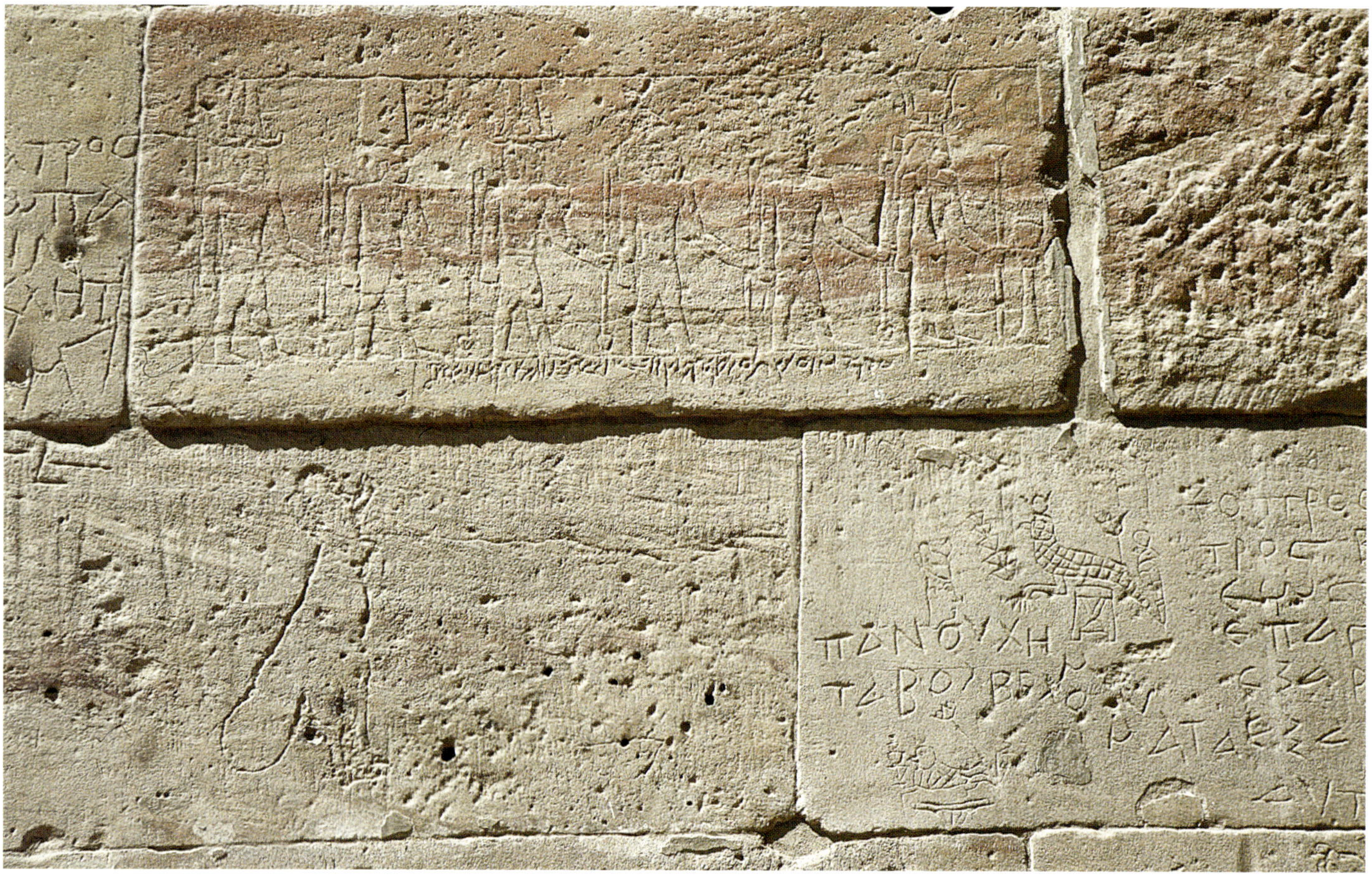

Abb. 82 Inschriften und Darstellungen rechts an Abb. 81 anschließend: oben eine von links nach rechts schreitende Reihe von Gottheiten, deren erste wohl Isis (mit Kuhgehörn und Sonnenscheibe) ist. Der vierte und der sechste Gott trägt jeweils einen Kopfschmuck, der auch bei Arensnuphis begegnet (vgl. Abb. 54). Der fünfte Gott hat auf dem Kopf die Federn des Amun, jedoch nicht die für diesen typische Kappe. Darunter befindet sich eine einzeilige, demotische Inschrift. Auf dem Steinblock rechts unterhalb ist eine Darstellung des kompositen Gottes Ptireus über einem hockerartigen Untersatz eingraviert: Der Gott hat einen Krokodilskörper sowie einen Falkenkopf mit Kuhgehörn und Sonnenscheibe; in seinem nicht recht geglückten Arm hält er einen Zweig. Das Schwanzende geht in einen aufgerichteten Uräus über, auf dem Rücken erhebt sich eine Lotosblume. Von links her blickt zum Gott ein königlicher Kopf mit Doppelkrone. Möglicherweise hat sich damit (in königlich-priesterlicher Weise) der Mann dargestellt, dessen Name unterhalb des Kopfes zu lesen ist: «Panuchem, Sohn des Tabolbolos» (vgl. Abb. 222). Darunter ist in der Abb. noch eine weitere Darstellung des Ptireus über einer Standarte zu sehen. Links gegenüber steht ein Falke mit der Doppelkrone – ob es sich dabei um den heiligen Falken von Philae handelt oder um eine Horusform, die mit dem falkenköpfigen Krokodilsgott verwandt ist, bleibe dahingestellt.

Abb. 83 Philae, Geburtshaus, gesehen von Nordosten, d. h. vom Tor des zweiten Pylons aus: Säulenumgang an der Ostseite; die Schrankenmauern zwischen den Säulen sind mit Reliefs Ptolemaios' XII. geschmückt. Die verschiedenartigen Pflanzenkapitelle tragen zusätzlich ein Hathorkapitell (letzteres bestehend aus vierfachem Hathorkopf mit aufgesetzter Kapelle). Im Hintergrund ist die Nordseite des ersten Pylons sichtbar.

Immer wieder wird die Ambivalenz der Königsfunktion offenkundig, die zwar der Kindgott als der eigentliche Weltherrscher ausübt, gleichzeitig aber auch der Kaiserpharao als irdischer Träger des Königsamtes in deutlich untergeordneter Rolle verkörpert. In dieser Hinsicht ist vor allem auf die beiden großen Szenen in der unteren Reihe auf der Nordwand des Naos hinzuweisen: Beide Szenen sind auf Isis, die den Horusknaben stillt, ausgerichtet. Die einander ergänzenden Beischriften zu Isis betonen in dem einen Fall, daß sie «ihren Sohn Horus auf den Thron seines Vaters (scil. Osiris) setzte»,[168] und in dem anderen Fall, daß sie «ihren Sohn Horus zum König von Ägypten machte».[169] In beiden Szenen weist Thot dem Gott/König sein unendliches Königtum zu und ritzt für ihn die Jubiläen in die Palmrispe. Der irdische Träger des Königsamtes, der «König von Ober- und Unterägypten, Herr der beiden Länder ⊂Autokrator ⊐, Sohn des Re, Herr der Kronen ⊂ Kaisaros, der ewig lebe, geliebt von Ptah und Isis ⊐» (= Augustus) kommt als letzter in der Reihe hinzu und bringt einmal einen Brustschmuck und das andere Mal zwei schützende Uräen. Dennoch nahmen die Priester, die die Inschriften am Naos des Geburtshauses von Philae entwarfen, auch auf die für Augustus ausgebildete Ideologie des römischen Pharaos Rücksicht. In den beiden monumentalen, enigmatisch geschriebenen Randinschriften auf der Nordwand des Naos direkt unterhalb der Hohlkehle erhält der Kaiser Leben, und zwar auf der Westhälfte von Harendotes und auf der Osthälfte von Harsiese.[170] Im Westen folgt auf den Horusnamen «König von Ober- und Unterägypten ⊂ Autokrator ⊐», im Osten «Sohn des Re ⊂ Kaisaros, der ewig lebe, geliebt von

Abb. 84 Philae, Geburtshaus, östliche Außenwand des Naos (hinter der östlichen Kolonnade der Abb. 83), zweite Darstellung von Süden in der oberen Reihe: Augustus reicht zwei Spiegel der Hathor und dem als jugendlichen König dargestellten Harpokrates. Der Spiegel ist ein Symbol des sich erneuernden Lebens. Nach Aussage des Textes in der rechten Randzeile gibt Hathor dafür dem König die ganze Welt («was die Sonne am Tage sieht und der Mond in der Nacht schaut»).

Abb. 85 Philae, Geburtshaus, östliche Außenwand des Naos, genau unter der Abb. 84 in der mittleren Reihe: Augustus reicht der Isis eine Schale, aus der Lotosblumen wachsen; zwischen diesen steht eine Kuh. Das Zeichen ist eine Variante für den Lotosteich š3 und ist im vorliegenden Kontext als «Wein»(š3) zu verstehen. Wie die Hieroglyphenkolumne vor dem Kaiserpharao lehrt, überreicht dieser den Wein der Isis, «Herrscherin, Herrin der beiden Länder». Vor Augustus steht die Musikgöttin Meret mit der Harfe und ihr gegenüber, vor der thronenden Isis, «Harpokrates, Sohn der Isis, Sohn des Osiris, süß an Liebe».

Abb. 88a.b Philae, Geburtshaus, westliche Außenwand, mittlere Reihe, erste Darstellung von Süden: Tiberius (rechts) reicht dem Harpokrates die beiden Kronen Ägyptens. Nach Aussage der Randzeile rechts hinter dem Kaiser bringt er «Ober- und Unterägypten dem heiligen Kinde dar». Der Kindgott selbst, der die Doppelkrone trägt, sitzt als der neu inthronisierte Weltherrscher im Löwenthron; hinter ihm (links) sitzt Isis, «die Gottesmutter etc., die ihren Sohn Horus auf den Thron seines Vaters setzte».

Abb. 89 Philae, Isistempel, Blick durch die Säulenhalle des Pronaos und drei weitere Räume bis ins mittlere Sanktuar mit dem Barkensockel.

Der Hauptbau des Isistempels

Wer sich anschickt, durch das bereits unter Ptolemaios VIII. Euergetes II. dekorierte Tor des zweiten Pylons zu schreiten (Abb. 70), bemerkt christliche Kreuze an den Südseiten der Türpfosten. Oberhalb des rechten Kreuzes befindet sich die heute weitgehend zerstörte, griechische Inschrift, die der Einrichtung einer Stephanuskirche im Pronaos des Isistempels gedenkt: «Dieser Ort wurde im Namen der heiligen und wesenseinen Dreifaltigkeit ein Haus des Heiligen Stephanus unter unserem überaus gottesliebenden Vater, unserem Bischof Apa Theodoros. Gott möge ihn für sehr lange Zeit erhalten!»[177] Von demselben Ereignis zeugt eine weitere Inschrift in unmittelbarer Nähe in der rechten Türlaibung.[178] Theodoros war von 525/526 bis nach 577 n. Chr. (vor 584) Bischof von Philae. Eine etwas genauere Chronologie der Vorgänge läßt sich aus der Karriere des berühmten Eunuchen Narses und seines gleichnamigen Landsmannes erkennen, die beide in den Jahren 535–537 n. Chr. die Geschicke in Ägypten lenkten. Der zweite Persarmenier Narses, Vertrauter und Unterfeldherr des Eunuchen Narses, hatte den heidnischen Kult in Philae in jener Zeit beseitigt.[179] Vom Hof hinter dem Pylon öffnet sich dem Besucher der eindrucksvolle Durchblick durch den Pronaos ins innerste

Abb. 90 Philae, Blick durch den Pronaos von Westen nach Osten. Vor der Ostwand steht ein als christlicher Altar wiederverwendeter Granitblock. Dahinter ist eine Nische zu sehen, die mit christlicher Symbolik umgeben ist. Zu beachten sind die verschiedenartigen Kompositkapitelle der ca. 9,5 m hohen Säulen.

Sanktuar des Isistempels aus der Zeit Ptolemaios' II. (Abb. 89). Die Pfosten des Tores, welches vom Pronaos in den inneren Tempelbereich führt, sind ebenfalls mit christlichen Kreuzen geschmückt. Wieder künden dem Eintretenden griechische Inschriften (direkt unter den Kreuzen) von der neuen, christlichen Heiligkeit des Ortes: Auf der rechten Seite heißt es kurz: «Das Kreuz hat gesiegt, (weil) es immer siegt».[180] Die linke Inschrift sowie eine weitere an der rechten Türlaibung berichten ebenfalls davon, daß Bischof Theodoros das Werk vollbrachte.[181] An der Ostwand des Pronaos wurde ein Granitblock aus dem alten Tempel aufgestellt und diente nun als christlicher Altar. Dahinter wurde eine Nische ausgemeißelt. Heute nicht mehr vorhandene, aber in Spuren nachweisbare Mauern wurden eingezogen und machten die alte Säulenhalle zu einer west-östlich ausgerichteten Kirche (Abb. 90).

Von dem in der Südwestecke des eigentlichen Naos gelegenen Raum führt eine Treppe aufs Dach, wo sich das Osiriszimmer über dem eben genannten Raum befindet, aber etwas tiefer liegt als der zentrale Dachbereich. Von hier steigt man über eine kurze Treppe von Süden her zu einem Vorraum hinab. Hinter

Abb. 91 Philae, Dach des Isistempels, Zugangstreppe und Vorraum des Osiriszimmers. Im Hintergrund ist die Treppe zu sehen, die auf das erhöhte Dach der Säulenhalle führt.

der Rückwand des Osiriszimmers ragt die Nordwand des Pronaos empor; gerade dort führt zu dessen Dachniveau eine schmale Treppe hinauf (Abb. 91). Der kleine Dachtempel, der für die Feier der Osirismysterien bestimmt war, gehört baugeschichtlich zum Tempel des Ptolemaios Philadelphos. Die Inschriftenkolumnen in der Türlaibung zwischen Vorraum und Osiriszimmer tragen die Kartuschen Ptolemaios' VIII., und möglicherweise sind auch die apotropäischen Reliefs zu beiden Seiten der Türe noch ptolemäisch (Abb. 96).[182] Die übrige Ausschmückung der beiden Räume ist wohl insgesamt in römische Zeit zu datieren. Der hintere Raum, die eigentliche Osiriskapelle, erhielt vielleicht bereits in augusteischer Zeit seine Reliefs, da diese nicht allzulange nach denjenigen der Osiriszimmer von Dendera anzusetzen sind, die ihrerseits wieder in die Zeit von Kleopatra VII. gehören.[183] Im Vorraum des Osiriszimmers von Philae hat man die Arbeiten erst in antoninischer Zeit beendet: Rechts neben der Szene unserer Abb. 93 folgt die Darstellung eines opfernden Kaisers, dessen Kartuschen ⊂ Autokrator ⊐ und ⊂ Antoninus, der ewig lebe ⊐ lauten; der zweite Name scheint nur für Marc Aurel sicher bezeugt zu sein.[184]

Abb. 92 Philae, Dach des Isistempels, Vorraum des Osiriszimmers, Nordwand. Links im Bild liegt die Zugangstreppe, die vom Dachniveau herabführt. Neben der eigentlichen Treppe verläuft eine bereits abgenutzte Gleitrampe. Die ziemlich beschädigten Reliefs der Nordwand stellen die Einbalsamierung des Osiris dar: Rechts von dem mit dem Holzrahmen versehenen Mauerdurchbruch liegt der Gott auf einem kleinen Balsamierungsbett, dabei steht Anubis als Einbalsamierer, über dem ein Geier schwebt; die Szene wird von zwei Schentait-Göttinnen als Klageweiber flankiert. Von links kommen Harachte, Schu, Geb und Thot; von rechts: Tefnut (löwenköpfig), Nut, Hathor (kuhköpfig) und Sachmet (löwenköpfig).

Das Dachheiligtum diente, wie bereits betont, der Feier der Osirismysterien, in denen Leben, Sterben und Wiederauferstehung des Gottes nachgespielt wurden.[185] Diese Feiern fanden im Monat Choiak statt, dem vierten Monat der Überschwemmungsjahrenszeit, der in der römischen Epoche ungefähr unserem Dezember entsprach. Im Zuge dieser Zeremonien erlebten die Festteilnehmer die Erneuerung der fruchtbringenden Natur durch den sog. Kornosiris: Nach einem diesbezüglichen Text in Dendera stellte man eine Osirisfigur aus einem Gemisch aus Erde (Sand) und Gerstenkörnern her. Diese Figur wurde dann vom 12. bis zum 21. Choiak durch Begießen zum Keimen gebracht. Das Keimen der Gerste veranschaulichte die Auferstehung des Osiris und verlieh gleichzeitig dem Leben einen ewigen Aspekt im kosmischen Zyklus. In den folgenden Tagen wurden Prozessionen um den Tempel, zum Heiligen See und in die Nekropole unternommen.

Die Osiriskapellen von Philae bieten neben allgemeinen Illustrationen zu den Choiakzeremonien auch besonders interessante Darstellungen zum speziellen Osiriskult auf Philae und Bigge. Im Vorraum sind die Reliefs heute leider sehr schlecht erhalten: Auf der Nordwand[186] (Abb. 92) ist die Einbalsamierung des Osiris im Beisein zahlreicher Gottheiten zu sehen; auf den beiden Seitenwänden im Osten[187] (Abb. 93) und Westen[188] (Abb. 94) fallen zunächst die Reinigungsszenen auf, in denen Harendotes mit Wasserstrahlen den Gott Osiris gemeinsam mit seinen Schwestern Isis und Nephthys übergießt. Nördlich der östlichen Reinigungsszene befindet sich eine für den Kult von Philae und Bigge spezifische Darstellung (Abb. 93): Auf den Zweigen des heiligen Haines von Bigge ruht der Ba des Osiris in Gestalt eines Falken mit Menschenkopf. Der Hain steht am Rande eines Teiches, der unterhalb der schematisch wiedergegebenen Bäume zu sehen ist. Der unterägyptische Nil spendet dem Ba des Gottes Libationen, und zwar zum einen mit der ausgestreckten linken Hand, auf der (wie einst zu sehen war) ein Frosch sitzt, aus dessen Maul sich Wasser ergießt, und zum anderen aus seiner herabhängenden Brust. Nil ist zwar männlich, wird aber zum Ausdruck seiner fruchtbringenden Eigenschaft mit herabhängenden, annähernd weiblichen Brüsten dargestellt. Durch die kurze Inschriftenkolumne über dem Bavogel läßt sich dieser identifizieren; sie lautet: «Heil dir, du Ba des Osiris».[189] Dem unterägyptischen Nil entspricht der oberägyptische auf der Westwand, der gleichfalls Wasser sowohl aus seiner Brust als aus dem Maul eines Frosches spendet (Abb. 95).

Der Eingang zum eigentlichen Osiriszimmer wird durch zwei apotropäische Bilder geschützt (Abb. 96):[190] Links sehen wir den kämpferischen Horus von Edfu mit einer Lanze und rechts einen Lokalgott mit dem Namen «Pharao von Bigge», wie er einen Feind niederschlägt. Die beiden Götter verkörpern das Kö-

Abb. 93 *Philae, Dach des Isistempels, Vorraum des Osiriszimmers, Ostwand, Nordteil: links der Ba (Seele) des Osiris als Falke mit Menschenkopf auf dem heiligen Hain von Bigge. Von der linken Seite besprüht ihn der «unterägyptische Nil, Vater der Götter» mit Wasser; rechts davon übergießt Harendotes den Osiris mit Lebenswasser, hinter diesem stehen seine beiden Schwestern, jeweils bezeichnet als Schentait.*

Abb. 94 *Philae, Dach des Isistempels, Vorraum des Osiriszimmers, Westwand mit Kultnische. Rechts bei der Treppe ist der geflügelte Horus von Edfu mit einer Lanze dargestellt, der den Zugang bewacht; rechts von der Nische eine Reinigungsszene, die dem Hauptbild in Abb. 93 entspricht, aber durch den schlechten Erhaltungszustand nur schwer zu erkennen ist: Harendotes gießt von rechts her einen großen Wasserstrahl über Osiris, «den Ersten des Westens». Unter demselben Wasserstrahl stehen rechts von Osiris auch Isis und Nephthys, die eine Libation durchführen; links von Osiris, ebenfalls unter dem Wasserstrahl, steht Anubis. Links von der Kultnische das mit vielen Symbolen ausgestattete Relief der Abb. 95.*

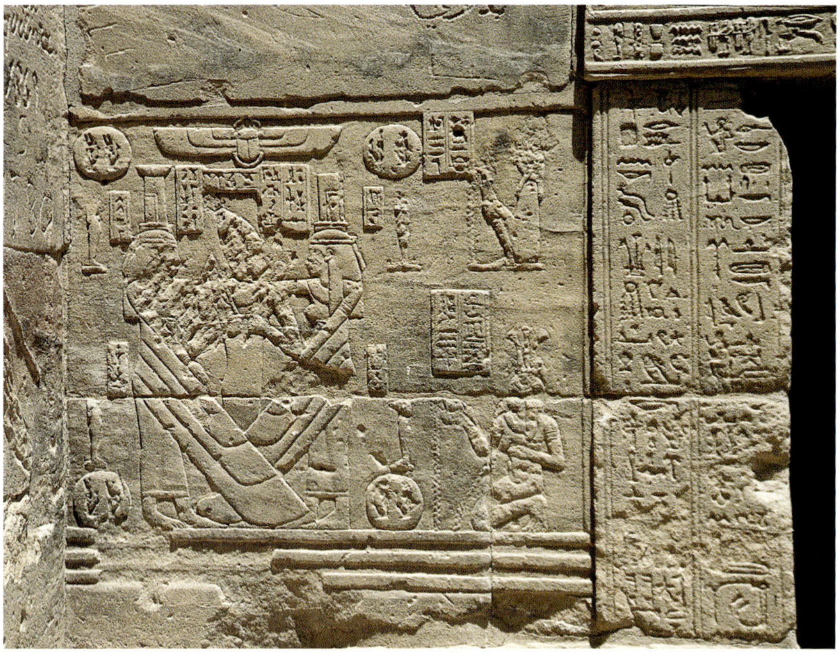

Abb. 95 Philae, Dach des Isistempels, Vorraum des Osiriszimmers, Westwand, Relief links der Kultnische: Osiris, «der Erste des Westens», wird von Isis und Nephthys umarmt. Die vier kleinen, mumienförmigen Göttergestalten, die (oben und unten, links und rechts) die Hauptszene umgeben, sind laut Beischriften die Horussöhne. Rechts oben erscheint Osiris-Sokar, hockend, Wasser ausgießend; rechts unten kniet der «oberägyptische Nil, Vater der Götter auf Bigge» und spendet Wasser aus seiner Brust und aus dem Maul eines Frosches, den er mit seiner rechten Hand hält.

Abb. 96 Philae, Dach des Isistempels, Eingang zum Osiriszimmer. Links und rechts der Türe erscheinen zwei apotropäische Szenen, die den Zugang schützen; links Horus von Edfu mit Doppelkrone und Lanze, rechts laut Beischrift der «Pharao von Bigge, Horus, Sohn von Isis und Osiris, der die Feinde tötet». Er hat einen Feind am Schopf gepackt und schlägt ihn mit der Keule nieder. Über der rechten Hand des Gottes, mit der er den Feind am Schopf packt, ist das späteste, datierte demotische Graffito von Ende 452 n. Chr. zu lesen (Abb. 97).

Abb. 97 Philae, Dach des Isistempels, Eingang zum Osiriszimmer, letzter datierter demotischer Text (über der rechten Hand des «Pharaos von Bigge» in Abb. 96): «Smeto, Sohn des Pachom, der erste Prophet der Isis, – der Name seiner Mutter (ist) Tsensmet, Tochter eines großen wꜥb-Priesters der Isis, Esmet des Jüngeren, des zweiten Propheten der Isis, des Sohnes des Harendotes – heute am 6. (oder: 16.) Choiak des Jahres 169 (scil. der diocletianischen Ära)», d. h. das Graffito wurde am 2. oder am 12. Dezember 452 n. Chr. angebracht.

Abb. 98 Philae, Dach des Isistempels, Osiriszimmer, Nordwand links neben dem Eingang, unteres Register, Mitte: Innerhalb eines Kioskes befindet sich der Baum am Sarg des Osiris. Links und rechts von diesem Baum steht jeweils ein Priester, der eine Libation darbringt. Die linke Inschrift spricht konkret von einer Milchspende, die zur Verjüngung des Osiris dient. Der heilige Baum soll emporwachsen, dadurch soll der Sarg «grünen» und das Wiedererwachen des Gottes versinnbildlichen. Die waagerechte Inschrift über der Darstellung teilt mit, daß es sich um das Osirisgrab im Abaton auf Bigge handelt und daß das Wiedererwachen der Natur als Auferstehung des verjüngten Osiris zu verstehen sei. Rechts beim Eingang Anubis und ganz links Chnum.

Abb. 99 Philae, Dach des Isistempels, Osiriszimmer, Nordwand links neben dem Eingang, oberes Register: In der Mitte links ist die Szene der Verehrung des inthronisierten Osiris, «Ersten des Westens», durch Isis und Nephthys dargestellt, links davon Harendotes als gekrönter Falke und die hier rein menschengestaltige Heqet, die als Helfergöttin für den neuentstandenen Osiris auftritt, rechts Anubis und die unterägyptische Landesgöttin Wadjit. Ganz rechts steht Min, bezeichnet als «König, starker Horus», ihm gegenüber eine anonyme Königsfigur.

nigsfunktion, die uns in dieser Arbeit vorrangig beschäftigt, dürfen wir festhalten, daß in diesem Dachheiligtum, das nur für die an den Osirismysterien teilnehmenden Priester zugänglich war, das historische, irdische Königtum fast völlig unterdrückt wird zugunsten des Königtums der Götter.

Wenn wir nun den Isistempel verlassen und die repräsentativen Außenwände betrachten, sind wir plötzlich wieder mit der Realität des kultisch wirksamen, römischen Pharaos konfrontiert. An der östlichen Außenwand des Pronaos (Abb. 103) finden wir Augustus[199] in zahlreichen Opferreliefs, an der westlichen Außenwand (Abb. 112) in Parallele dazu Tiberius. Auf beiden Wänden dominieren wie in Edfu und Esna die Szenen des Königs beim Niederschlagen der Feinde.[200] Nach den Beischriften handelt es sich um die Repräsentanten der neun Bogenvölker, der traditionellen Feinde Ägyptens seit frühdynastischer Zeit. Der römische Pharao – im Osten Augustus, im Westen Tiberius – wehrt damit auf magische Weise das Chaos von der Welt des Tempels ab. Den Göttinnen Isis und Hathor, die in Abb. 103 (Ostseite) zwischen Sopdu und Harpokrates dem Kaiser gegenüberstehen, ist in den Beischriften in Anspielung auf den Mythos von der Fernen Göttin der Aspekt der sengenden Flamme verliehen, die die Feinde vernichtet;[201] Isis wird hier auch Sachmet genannt, Hathor «Wepeset, Herrin der Flamme».[202] Auf den Basen der Pronaos-Außenwände führt der Kaiser jeweils eine Prozession von Nilgöttern und Feldgöttinnen, die abwechselnd hintereinander schreiten, zu Osiris, Isis und Horus (Abb. 104). Darüber lesen wir in monumentalen Hieroglyphen die Titulatur des römischen Kaisers im Osten für Augustus und im Westen für Tiberius. Abgesehen von den verschiedenen Kartuschennamen sind die Zeilen bis auf kleine Schreibvarianten identisch. Der Horusname lautet im Osten (Abb. 104) wie im Westen gleichermaßen: «Es lebe Horus: Dessen Arm kraftvoll ist, groß an Stärke, schöner Jüngling, süß an Liebe, Herrscher der Herrscher, erwählt von Ptah-Nun, dem Vater der Götter». Teile dieses Horusnamens sind von zahlreichen ptolemäischen Königsnamen bekannt. Der römische Horusname wurde für Augustus zur Zeit des letzten Hohepriesters des Ptah von Memphis gebildet und für spätere Kaiser mehr oder weniger vollständig übernommen.[203] Erwähnenswert ist noch, daß auch die von außen sichtbaren Teile der Rückseite des zweiten Pylons im Osten und Westen nicht mehr in spätptolemäischer Zeit fertig dekoriert werden konnten. Auf beiden Seiten finden wir unter den Reliefs Ptolemaios' VIII. Opferszenen mit Tiberius. Dabei fällt auf der Ostseite im vierten Relief von oben der in Philae nicht häufig bezeugte Gott Mandulis auf: Er trägt die dreiteilige Atefkrone, und Tiberius bietet ihm die Göttin Maat dar. Auch auf den über den Naos hinausragenden Nordwänden des Pronaos opfert Tiberius in mehreren übereinander angebrachten Darstellungen vor je einer Gottheit; im Osten räuchert er im zweiten Bild von oben vor Mandulis, der wieder die dreiteilige Atefkrone trägt.

Die Außenseiten des Naos sind insgesamt im Namen des Augustus dekoriert.[204] Über den Gaugötterprozessionen im Osten und Westen ist das jeweils unterste Register mit dem Krönungszyklus am wichtigsten. Die entsprechenden Reliefs im Arensnuphistempel mit den Kartuschen des Tiberius wurden bereits oben besprochen.[205] Durch die magische Kraft der Darstellungen wird Augustus für den Tempel zum gekrönten und daher legitimen ägyptischen König (Abb. 105)[206]. Ganz links am nördlichen Ende der Darstellungsreihe befindet sich das Relief unserer Abb. 106,[207] in dem Augustus der Isis von Philae und dem Horus («Harendotes, Sohn der Isis») das Zwölfmeilenland darbietet. Der Text in den drei Kolumnen vor dem Kaiserpharao sagt uns, worum es sich in der Szene handelt: «Schenkung des Feldes an seine mächtige Mutter Isis, die Lebensspenderin, Herrin des Abaton, Gebieterin, Herrin von Philae, und zwar zwölf Meilen auf der Westseite und zwölf Meilen auf der Ostseite, was insgesamt 24 Meilen ausmacht von Takompso bis Syene, an Meilen [für Isis mit] allen Dingen, die darin existieren etc.» Die Inschrift bietet einen Auszug aus dem Dekret Ptolemaios' VI., das in der sog. Dodekaschoinos-Stele vor dem zweiten Pylon erhalten ist.[208] Auch in der großen Randzeile hinter Augustus wird betont, daß dieses Grenzland bis hin zum eigentlichen Nubien von Augustus «seiner Mutter Isis» geschenkt werde.[209] Von den zahlreichen Opferreliefs, die dieselbe Tempelwand schmücken, ist unsere Abb. 107 interessant, weil hier das thebanische Götterpaar Amun und Mut dargestellt ist.[210] Ihre Zugehörigkeit zu Theben wird in den Beischriften ausdrücklich betont, obgleich sie im Verein mit der Göttergesellschaft von Philae im Abaton von Bigge residieren. Außerdem ist Mut mit Tefnut gleichgesetzt, wodurch sie als Ferne Göttin erscheint, die aus Nubien (Kenset) kommt und sich nach Bigge begibt. Das Gesicht des Kaiserpharaos ist hier genauso gut erhalten wie in Abb. 108 im oberen Register. Beide Beispiele zeugen davon, mit welch feiner Eleganz die ägyptischen Künstler in augusteischer Zeit Gesichtszüge zu modellieren verstanden. Das Menit, das der Kaiserpharao in Abb. 108 den Gottheiten darbringt, besteht aus Perlenketten, die um den Hals gelegt werden, und einem Gegengewicht, das im Nacken die Ketten zusammenhält und herabhängt, so daß es als Halsschmuck fest sitzt. Dieses Gegengewicht ist in unserem Relief groß wiedergegeben und liegt auf den Händen des Pharaos. Durch Schütteln des Menit entstand ein klapperndes Geräusch, das in Besänftigungsriten wirken sollte und gleichzeitig als Ausdruck von Lebensfreude und Liebeskraft verstanden wurde. Durch diesen Sinngehalt war es auch ein Symbol der Göttin Hathor, deren Kopf im Relief das Menit schmückt. Von der Westseite des Naos haben wir die beiden Darstellungen unserer Abb. 111 (vierte und fünfte Relieftafel von rechts im oberen Register[211]) ausgewählt. Im rechten Bild bietet Augustus, der die Doppelfederkrone trägt, die Maat dem Amun dar; auch hier wird wieder die doppelte Zugehörigkeit des Gottes zu Bigge und zu Theben in der Beischrift hervorgehoben. Im links anschließenden Relief ersticht der Kaiserpharao mit einer langen Harpune ein kleines Symboltier des Seth (Prinzip des Bösen) vor Horus von Edfu und Hathor von Dendera.[212] Augustus erscheint in altpharaonischer Weise als Vernichter des Bösen und Vertreiber des Chaos, und zwar in einer Handlung, die auf der Innenseite der Umfassungsmauer des Edfutempels Horus von Edfu selbst in zahlreichen Relieftafeln vollbringt. In unserem Relief wird Horus von Edfu als Sohn der Isis und Erbe des Osiris bezeichnet, d.h. er ist mit Harsiese gleichgesetzt. Die Rückseite des Isistempels (Abb. 109. 110) schmücken besonders große Reliefs, in denen Kaiser Augustus vor den Gottheiten von Philae Opfer- und Verehrungshandlungen durchführt.

All diese Reliefs an den weithin sichtbaren Außenwänden des Isistempels führen uns den römischen Kaiser wie einst den ptolemäischen König in pharaonischer Vollfunktion vor. Auch die Inschriften lassen keinen Zweifel an der kultischen Wirksamkeit der königlichen Figur aufkommen. Ähnlich wie am Pronaos finden wir auch am Naos monumentale Inschriftenzeilen, die den mehrgliedrigen Horusnamen sowie die beiden Kartuschennamen des Augustus wiedergeben. Bisweilen wird wie in alten Zeiten daran angeschlossen, daß «er das Denkmal für seine mächtige Mutter Isis etc. geschaffen habe» (Abb. 112).[213] Über den Basisdarstellungen der Nordwand wird der übliche Horusname noch wie folgt ergänzt: «Er hat das Königtum des Re ergriffen auf dem Throne des Geb, um das Erbe des Schu anzutreten».[214] Mythos, Kult und Königtum scheinen im Einklang zu stehen.

Abb. 103 Philae, Isistempel, östliche Außenwand des Pronaos. Drei Register tragen Opferreliefs des Augustus vor verschiedenen Gottheiten. Am wichtigsten ist die Szene des römischen Pharaos beim Niederschlagen der Feinde im unteren Register: Mit der linken Hand hat er die in die Knie gesunkenen und bittflehenden Gefangenen am Schopf gepackt, mit der rechten Hand, in der er die Keule hält, hat er zum Schlag ausgeholt. Dem König gegenüber stehen die Gottheiten Sopdu (kleiner), Isis, Hathor und Harpokrates.

Abb. 104 Philae, Isistempel, östliche Außenwand des Pronaos. Augustus mit oberägyptischer Krone führt eine Prozession aus Nilgöttern und Feldgöttinnen zu Osiris, Isis und Horus. Darüber steht in monumentalen Hieroglyphen von rechts nach links die Titulatur des Augustus beginnend mit dem Horusnamen.

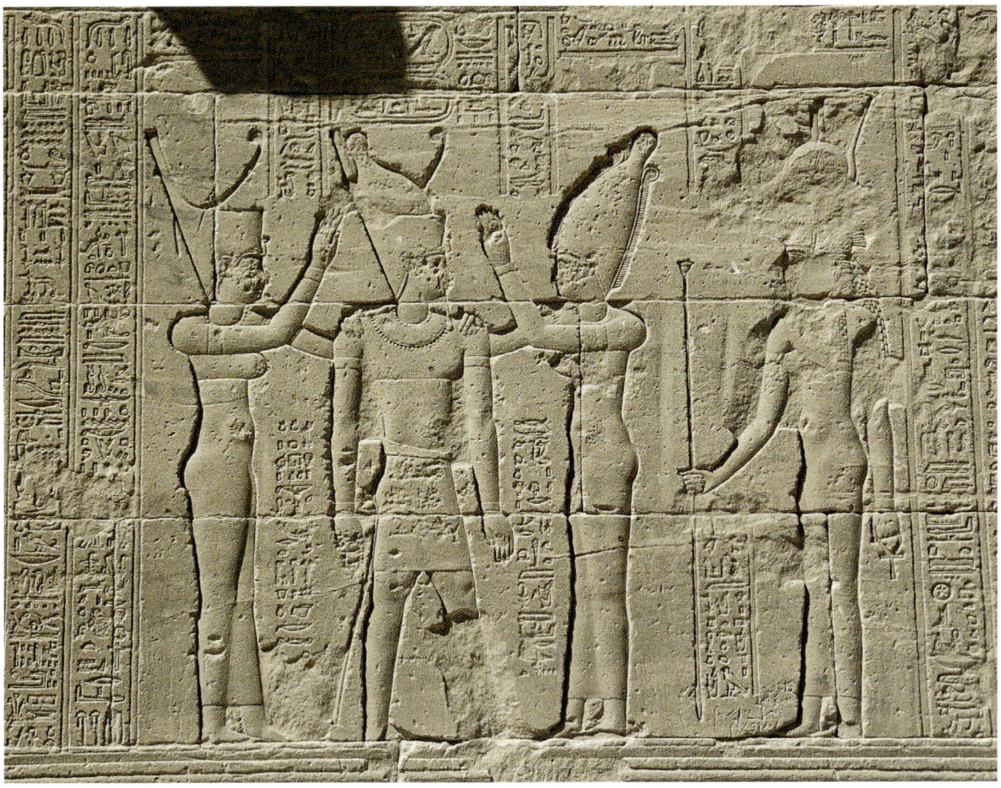

Abb. 105 Philae, Isistempel, östliche Außenwand des Naos, unteres Register, dritte Relieftafel von links: Krönung des Augustus durch Nechbet (rechts) und Buto (links) in Anwesenheit von Isis (ganz rechts). Der Kaiserpharao trägt die ägyptische Doppelkrone. In den Kartuschen darüber sind seine römischen Namen «Autokrator» und «Kaisar(os)» (= Imperator Caesar) zu lesen.

Abb. 106 Philae, Isistempel, östliche Außenwand des Naos, unteres Register, letzte Relieftafel ganz rechts: Augustus bietet der Isis und dem Horus ein Feld dar. Der Kaiser trägt eine Kombination aus unterägyptischer Krone und Atefkrone. Vor ihm steht in drei Kolumnen ein Text, der die Szene als Stiftung des Zwölfmeilenlandes definiert.

Abb. 107 Philae, Isistempel, östliche Außenwand des Naos, mittleres Register, dritte Relieftafel von rechts: Augustus präsentiert das Symbol für eine Million dem «Amun-Re, der im Abaton residiert, König der Götter, großer Gott in Theben etc.» und der «Mut, der Großen, Herrin von Ischeru [= Karnak-Süd], Tefnut, Tochter des Re, residierend im Abaton, ..., welche aus Kenset kommt und sich ins Abaton begibt etc.»

Abb. 108 Philae, Isistempel, östliche Außenwand des Naos, oberes Register, letzte Relieftafel ganz rechts: Augustus (mit der oberägyptischen Krone) bietet ein sog. Menit der Isis und dem Horus dar. Das Menit (ein Halsschmuck und zugleich Klangwerkzeug) ist mit dem Kopf der Isis-Hathor geschmückt. Das Relief zeichnet sich dadurch aus, daß die Gesichter mit Ausnahme einer kleinen Beschädigung beim Auge der Isis vollständig erhalten sind.

Abb. 109 Philae, Isistempel von Norden; der Naos wird überragt vom Pronaos und dieser wieder vom zweiten Pylon, dahinter der erste Pylon; die Außenwände des Tempels wurden unter Augustus und Tiberius dekoriert. Links im Bild vor der Nordmauer des Tempels ein Stück der ptolemäischen Umfassungsmauer, deren Blöcke während der Verlagerung des Tempels gefunden wurden. Rechts im Bild das Hadrianstor, davor mehrere Steinlagen übereinander, auf denen der Harendotestempel stand. Ganz rechts hinten stößt eine rekonstruierte Mauer im rechten Winkel auf das Hadrianstor, welche zu einer Porticus gehörte.

Der Hathortempel

Östlich des Isistempels stand seit den Tagen Ptolemaios' VI. der Kernbau des Hathortempels, der – ähnlich wie der Arensnuphistempel – unter Ptolemaios VIII. hinten um einen zusätzlichen Raum, ein neues, größeres Sanktuar, erweitert wurde. Seit spätptolemäischer Zeit war das Tempelareal von einer Ziegelumfassungsmauer umgeben, die auch einen relativ großen Vorhof miteinschloß. Um die Mitte des 1. Jhs. n. Chr. hat man hinten (im Osten) eine Plattform zum Nil hin errichtet, um den direkten Kontakt mit dem Fluß für den Kult zu ermöglichen.[215] Von augusteischer Religionspolitik hingegen künden die sog. Propyläen, eine Porticus, die in den Vorhof zwischen der ptolemäischen Tempelfront und dem Zugang in den Temenos eingebaut wurde. Da die hinteren Räume im Zuge des späteren Steinraubes bis zum Bodenniveau abgetragen wurden, kann der heutige Besucher von dem faszinierenden kleinen Tempel nur noch den Vorraum mit der Säulenfassade und die wiedererrichteten Reste der römischen Porticus bewundern (Abb. 113).

Auch die südliche und nördliche Außenwand der Vorhalle sowie die Frontwände der Anten (Abb. 114. 116) präsentieren Augustus als für den Kult relevanten Pharao. Sowohl im Süden (Abb. 115) als auch im Norden verläßt er nach alter Tradition den Königspalast, wobei vor ihm die uralten Numina des sog. Horusgeleites auf Standarten stehen. Für das Wesen der ägyptischen Königsideologie ist die waagrechte Hieroglyphenzeile unter der südlichen Darstellung (Abb. 115) höchst interessant: «Er hat (es) für dich [= Hathor] gemacht, der König von Ober- und Unterägypten, Herr der beiden Länder ⊂Autokrator⊐, Sohn des Re, Herr der Kronen ⊂Kaisaros, der ewig lebe, geliebt von Ptah und Isis⊐. Er hat den Tempel erbaut als einen vollendeten Bau. ... Sein Königtum ist das Königtum des Re. Seine [sic. des Tempels] Fassade glänzt hinüber nach Bigge, etc.»[216] Die letztgenannte Feststellung gibt die geographische Position, die Öffnung nach Westen in Richtung Bigge an; freilich unterbrach der monumentale Isistempel den Blick. Was die Erbauung des Hathortempels anlangt, so sagen andere gut sichtbare Inschriften (Abb. 114) dagegen deutlich, daß der Gründer und Bauherr des Tempels Ptolemaios VI. war. Zum Verständnis der hier vorliegenden, auf Augustus bezogenen, anachronistischen Aussage[217] müssen wir die zyklische, ägyptische Zeitvorstellung beachten. In dieser kehrt das ewige Königtum des Re – auf das die Inschrift auch hinweist – durch stets neue Amtsträger mit neuen Namen wieder. Das rein rituelle Königtum, wie es uns seit der Schaffung des römischen Pharaos vor Augen tritt, hat einen (nahezu) überzeitlichen, unveränderlichen Charakter erhalten. Der historische Aspekt kommt nur noch in den Namen der Kaiser zum Ausdruck, so daß der römische Pharao, dem ohnehin jegliche politische und rechtliche Dimension fehlt, schon seit Augustus auch einen großen Teil seiner «Historizität» verloren hat. Dem Leser erscheint somit der ägyptische König als kon-

Abb. 110 Philae, Isistempel, nördliche Außenwand des Naos. Die Darstellungen sind um eine senkrechte Mittelachse symmetrisch aufgebaut: Auf der Basis sind zwei zur Mitte schreitende Götterprozessionen dargestellt, die der Kaiser mit Opfergaben anführt, von Westen her zu Isis und Harendotes, von Osten her zu Isis und Harsiese. Darüber befinden sich vier besonders große Relieftafeln, die Augustus in Verehrung (ganz rechts) und in Opferhandlungen vor den Gottheiten von Philae zeigen; darüber folgen insgesamt sechs kleinere Opferreliefs.

stante, kultische Größe, durch dessen Existenz der Tempel entstanden ist und Kult und Weltordnung garantiert werden, egal welche Namen gerade in den Kartuschen stehen. Folgerichtig werden diese Namen für viele Priester auch immer unwichtiger.

Nach den augusteischen Reliefs und Inschriften zielte der Hathorkult in Philae auf die aus Nubien heimgeholte Ferne Göttin, die nun zur besänftigten Liebesgöttin geworden war. Allerdings kann sie auch hier noch als löwenköpfige Tefnut erscheinen, wenn sie ihren gefährlichen Flammenhauch zur Vernichtung des Bösen einsetzt (Abb. 116). Auf den Säulen und Säulenschranken der Propyläen schildern die Darstellungen mit den dazugehörigen hymnischen Texten in erster Linie ein Freudenfest, in dem die Ankunft der Göttin gefeiert wurde. Eine Reihe von Priestern und Priesterinnen, welche Götter darstellten und daher wohl z. T. wie Affen und Bese (Abb. 117) gekleidet waren, tanzten, musizierten und sangen im Gefolge der einst wilden und nun lieblichen Göttin. Es ist charakteristisch für ägyptische Feste, daß in ihnen Ereignisse eines Mythos nachgespielt wur-

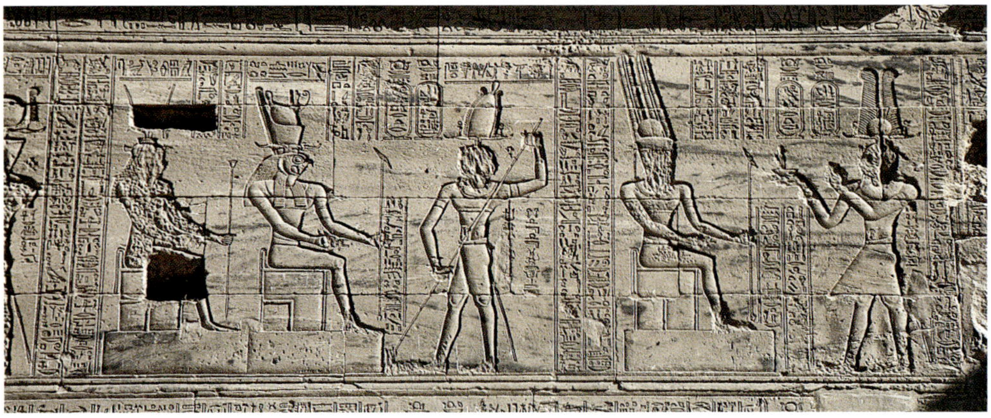

Abb. 111 Philae, Isistempel, westliche Außenwand des Naos, oberes Register, vierte und fünfte Relieftafel von rechts: Rechts bietet Augustus das Symbol der Göttin Maat dem Amun, «Erstem von Bigge», «der in Theben residiert», dar. Links ersticht er ein kleines Tier, vielleicht ein Krokodil, Symbol des Bösen und eine Erscheinungsform des Seth. Dem Kaiser gegenüber sitzen Horus von Edfu und Hathor von Dendera.

Abb. 112 Philae, Isistempel, Blick auf den Pronaos und den zweiten Pylon von Nordwesten. Auf der Schmalseite des Pylons befinden sich vier große Relieftafeln Ptolemaios' XII. Die Westseite des Pronaos schmücken über den Basisdarstellungen drei Register mit Tiberiusreliefs: In der großen Szene des untersten Registers schlägt der Kaiserpharao die Repräsentanten der neun Bogenvölker vor Isis, Hathor und Horus nieder. Links davon bietet er Osiris und Isis ein Feld dar; unmittelbar darunter verkündet eine monumentale Hieroglyphenzeile, daß der Kaiserpharao Tiberius, der mit seinem Horusnamen, Thron- und Eigennamen vorgestellt wird, «dieses schöne Denkmal für seine mächtige Mutter Isis etc.» gemacht habe.

Abb. 113 Philae, Hathortempel von Südwesten: der aufragende Bau ist die Vorhalle mit zwei Säulen aus der Zeit Ptolemaios' VI.; die Außenwände wurden unter Augustus dekoriert. Die links (d. h. westlich) an den ptolemäischen Bau anschließenden Säulen und Säulenschranken stellen die Reste einer Porticus dar, die in frührömischer Zeit errichtet wurde und die Tempelfront mit dem Eingang zum Hathorbezirk (links im Bild) verbindet.

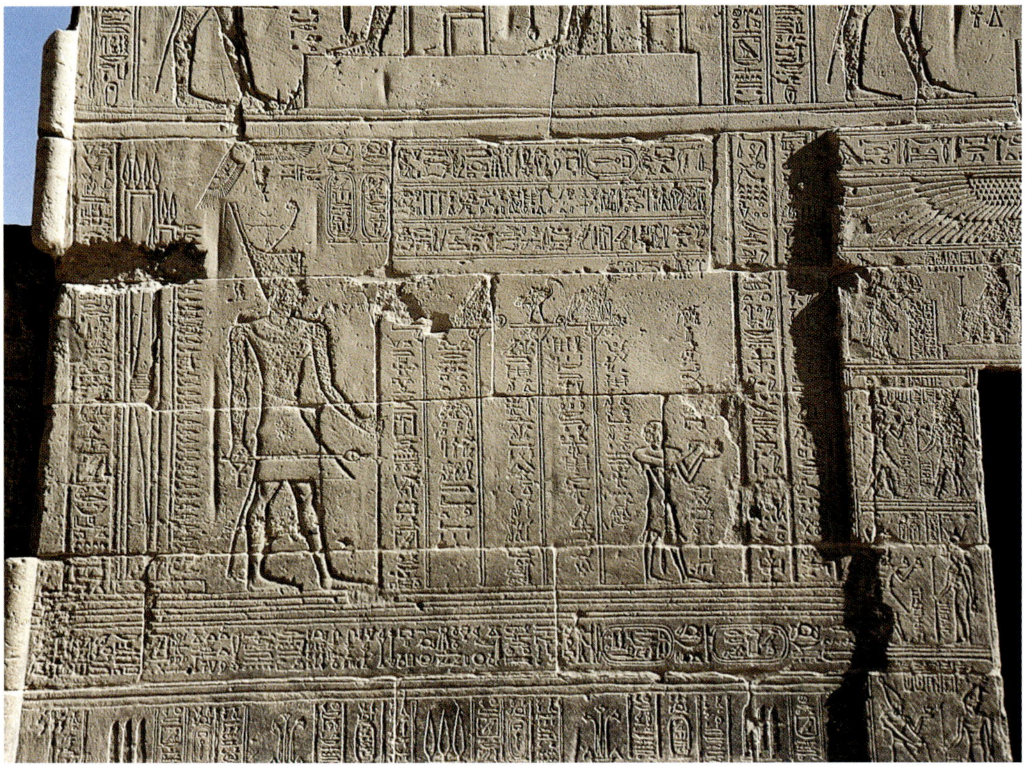

Abb. 115 Philae, Hathortempel, südliche Außenseite, Relief westlich des in Abb. 113 sichtbaren Seiteneinganges zur Vorhalle: Der römische Pharao Augustus verläßt von links her kommend den Königspalast, vor ihm stehen die Standarten des sog. Horusgeleites; rechts davor ist ein Priester mit dem Pantherfell in Opfer- oder Verehrungshaltung etwas kleiner dargestellt. In der waagerechten Hieroglyphenzeile darunter (beginnend links vom Türstock des Südeinganges) wird festgestellt, daß Augustus den Tempel als einen vollendeten Bau für Hathor errichtet habe, obwohl dies der Baugeschichte des Tempels nicht entspricht.

den. Schauplatz war der Hof selbst, in dem sich die Festteilnehmer befanden; diese letzteren sind in den Reliefs durch das Zeichen des Kiebitz (*rḫjt* «Menschen») angedeutet; vgl. Abb. 117–119, wo auf den Säulen jeweils gegenüber dem Hit/Bes und dem Affen ein Kiebitz auf einem *nb*-Korb über einem Papyrus in Verehrungshaltung sitzt. In einem der längeren Hymnen (Abb. 116: auf der nach innen gerichteten, senkrechten Wand der Ante[218]), die an den Innenwangen der Anten eingemeißelt sind, wird Hathor u.a. als «Groß an Liebe», «Gebieterin der Frauen», «Herrin der Berauschung an zahlreichen Festen» gepriesen. Außerdem heißt es: «Männer und Frauen bitten dich, ihnen Liebe zu spenden».[219] Damit ist der eigentliche Sinn des Kultes im kleinen Hathortempel in deutliche Worte gefaßt. Von Weltabgeschiedenheit oder Weltfremdheit der hier wirkenden Priester kann keine Rede sein.

Der Trajanskiosk

Rund 20 m südlich der Plattform, die im Osten an den Hathortempel anschließt, erstreckt sich eine ähnliche, etwas größere Plattform zum Nil hin; an ihren beiden Ecken und in ihrer Mitte gab es Anlegestellen. Wann diese Plattform zu datieren ist, bleibt unklar. Zu einer bestimmten Zeit wurden in ihrem hinteren Teil die obersten Steine abgetragen und das Fundament des Kioskes von Philae zum Teil hineingesetzt und mit der Plattform fest verankert. Der Kiosk von Philae, der als Trajanskiosk bekannt ist, ist ein dominantes Element in der Silhouette der Insel und auch zu deren Wahrzeichen geworden (Umschlagbild, Vorsatz hinten, Abb. 120–123). Er gehört zum Schönsten, das uns die altägyptische Architektur in ihrer Endphase hinterlassen hat. Der unfertig gebliebene Kiosk, der als Stationstempel vor Abfahrt und nach Ankunft von Barkenprozessionen im Osten der Insel diente, fasziniert durch seine ausgewogene Säulenarchitektur. Über einer rechteckigen Grundfläche von 15 × 20 m erheben sich an den Längsseiten fünf und an den Schmalseiten vier Säulen, die inklusive ihrer Pflanzenkapitelle über 10,50 m hoch sind. Der Kiosk insgesamt ist aber noch viel höher, da die Kapitelle 2,10 m hohe Auflageklötze und darüber das Gebälk tragen. Die Gesamthöhe von 15,45 m macht auf den Besucher einen überwältigenden Eindruck. Aus den Auflageklötzen – ebenso unfertig im westlichen und nördlichen Umgang des Geburtshauses (Abb. 86) – sollten entweder Hathorköpfe (Abb. 83) oder Besfiguren (wie am Geburtshaus in Dendera) herausgemeißelt werden. Da es sich um einen Durchgangsbau handelt, hat der Kiosk zwei Tore, eines im Osten an der Rampe zum Nil hin (Umschlagbild) und eines, das gegen das Innere der Insel offen ist. Gedeckt war der Kiosk durch ein Holzdach, das von drei mächtigen, 12,50 m langen Holzbalken getragen wurde, die in Vertiefungen des Steingesimses an den Längsseiten auflagen. Vom Dekor konnte man nur zwei Reliefs im Namen Trajans auf der Südseite im Inneren fertigstellen (Abb. 123). Der Kaiserpharao opfert einmal vor Isis und Horus, das andere Mal vor Osiris und Isis; auch die Säule dazwischen trägt Inschriftenkolumnen. Fraglich ist, wann der Kiosk selbst geplant und errichtet wurde. In ihm einen Ausdruck der neuen und prächtigen, augusteischen Religionspolitik zu sehen, die die Etablierung der römischen Macht in Nubien begleitete und ideologisch absicherte, hat manches für sich.[220]

Der Trajanskiosk und das Philadelphostor sind durch einen gepflasterten Weg miteinander verbunden. An diesem Weg, und zwar nahe dem Südosteck der Temenosmauer des Isistempels, wurde in römischer Zeit eine kleine Kapelle errichtet (Abb. 124). Die Südseite der Kapelle war geschlossen, während

Seite 84/85:
Abb. 114 Philae, Hathortempel, Blick von der römischen Porticus zur Tempelfront. Auf den Deckplatten über den Säulenkapitellen die Kartuschen Ptolemaios' VI. (rechts: Eigenname, links: Thronname). Die Vorderseiten der Anten tragen Inschriften und Darstellungen aus augusteischer Zeit.

Abb. 116 Philae, Hathortempel, linke Ante der Fassade (s. Abb. 114). Oben bringt Augustus Sistren der Isis dar, unten schlägt er auf einen runden Gegenstand vor der löwenköpfigen Tefnut. Vielleicht handelt es sich dabei um einen Ritus, bei dem das Auge der Apophis-Schlange (Symbol des Bösen) zerschlagen wird. Bei Tefnut ist zu lesen: «Tefnut, Tochter des Re, Herrin des Abaton, welche den Apophis niederwirft durch ihren Flammenhauch».

auf den anderen Seiten das heute fehlende Dach von Säulen getragen wurde. Abgesehen von den Resten der Säulen sind auch die Schrankenmauern erhalten. Der Reliefdekor konnte jedoch nicht mehr begonnen werden, wie die noch roh belassenen Flächen der Wände und Säulentrommeln zeigen.

Der Harendotestempel und das Hadrianstor

In der ptolemäischen Epoche umgab den Bezirk des Isistempels allseitig die schon mehrfach erwähnte Ziegelumfassungsmauer, die auf einem mehrlagigen, gewellten Steinfundament ruhte und deren Ziegellagen ebenfalls die in Ägypten übliche Wellenstruktur aufwiesen (vgl. Legende zu Abb. 80). Innerhalb des Zeitraumes vom 1. Jh. v. Chr. bis ins 1. Jh. n. Chr. begann man im Westen des Isistempels einige Bauten zu errichten; zu diesem Zweck mußte der dort verlaufende Abschnitt der Ziegelumfassungsmauer abgetragen werden. Auf den gewellten Steinfundamenten stand nun in römischer Zeit westlich der Westmauer des Pronaos des Isistempels ein Ziegelgebäude und etwas nördlich von diesem der Harendotestempel. Von diesem Tempel sind abgesehen von sekundär verbauten Blöcken und Architraven mit Claudiuskartuschen nur ganz spärliche Reste der untersten Mauerteile erhalten (Abb. 109).[221]

Im 2. Jh. n. Chr. wurde schließlich das Hadrianstor an die Südmauer des eben erwähnten Ziegelgebäudes angebaut. Es steht auf dem gewellten Steinfundament gegenüber der kleinen Türe, die vom Westen her in den vor dem Pronaos des Isistempels gelegenen Hof führt (Abb. 112). An der Ostseite des klei-

Abb. 117 Philae, Hathortempel, Porticus, südliche Innenseite, Blick auf die vorletzte (rechts) und letzte (links) Säule vor der Säulenvorhalle (die links außerhalb des Bildes anschließt). Die rechte Säule trägt eine Darstellung des zwergenhaften Gottes Bes, der in der Beischrift den Namen Hit trägt. Tanzend spielt er die Harfe und begrüßt mit dem Text seines Liedes (= die Inschriftenzeile vor ihm) die heimkehrende Göttin Hathor; zum selben Anlaß spielt auf der linken Säule ein Affe, wahrscheinlich der Gott Thot, die Laute. Auf der Säulenschranke dazwischen bietet Augustus der Göttin Hathor eine Krone dar.

Abb. 118 Philae, Hathortempel, Porticus, südliche Innenseite, Säule rechts an Abb. 117 anschließend: der Gott Hit/Bes spielt das Tamburin und singt ein Lied für die Göttin Hathor, darüber steht Augustus vor Horus.

Abb. 119 Philae, Hathortempel, Porticus, nördliche Innenseite, letzte Säule im Osten: Der Affe, der die Laute spielt, gehört zum Gefolge der Fernen Göttin, die aus Nubien heimgeholt wird. In seinem Lied, das in den fünf Textkolumnen über ihm eingemeißelt ist, preist er die Göttin als Isis und Hathor und verkündet die überschwengliche Freude, welche im Abaton, auf Philae und schließlich im ganzen Land darüber herrscht, daß die Göttin aus Nubien gekommen ist.

nen, fast quadratischen Torbaues (im dunklen Hintergrund des Durchganges von Abb. 127) finden sich auf dem Türsturz Opferszenen des Hadrian vor den Gottheiten von Philae. Diese geben die Zeitstellung des Tores an und waren der Grund für den heute geläufigen Namen. Dagegen heißt der Kaiser auf der inneren Nordwand desselben Torbaues in seiner zweiten Kartusche bereits «Antoninos Sebastos». Wahrscheinlich handelt es sich um Antoninus Pius, der hier von Westen hereinkommend (in der unteren Darstellung) der Isis einen Tisch voller Opfergaben darbietet.[222] Auf der schön geglätteten Westfassade des Hadrianstores finden sich (abgesehen von einem begonnenen Relief links oben) zahlreiche griechische und demotische Besucherinschriften, und zwar sowohl auf den Türpfosten selbst als auch auf den Wänden nördlich und südlich davon (Abb. 125). Dazu gehört etwa der Besuch des Wayekiye A im Jahre 227 n. Chr., der von der Errichtung einer Isiskapelle und deren Überführung zum Abaton berichtet.[223] Direkt auf dem südlichen Türpfosten ist der 26 Zeilen lange Text des Pasan zu lesen, in dem dieser seine beiden Missionen nach Philae in den Jahren 251/252 und 252/253 n. Chr. schildert.[224] Auch die Tätigkeitsberichte des Tami finden sich auf der Westfassade des Hadrianstores.[225] Diese und andere historische Gedenkinschriften legen wohl die Annahme nahe, daß die Anlegestelle beim Hadrianstor nicht nur für die im eigentlichen Sinne kultischen Fahrten zum Abaton auf Bigge genützt wurde, sondern daß zumindest im 3. Jh. n. Chr. auch hohe Persönlichkeiten, die nicht dem Klerus von Philae angehörten, hier ankamen und abfuhren. Ob es sich dabei stets um Fahrten nach Bigge handelte, bleibe dahingestellt.

Die Fassade des Hadrianstores stand auf dem gewellten Steinfundament einige Meter höher als die tatsächliche Anlegestelle. Zur Überwindung der Höhendifferenz wurde eine besondere architektonische Lösung gefunden. Wahrscheinlich war damit eine kleine Porticus verbunden, zu der als südliche Begrenzung die Mauer gehörte, die in ihrer heutigen Rekonstruktion im rechten Winkel an die Fassade des Tores südlich des Durchganges anstößt (Abb. 109, 125. 126). Vorhanden sind die unteren Teile von Säulen und dazwischen Schrankenmauern; die Außenseite im Süden blieb undekoriert, während die Innenseite mit Reliefs zum Osiriskult geschmückt ist.[226] Der Lichteinfall zur Fassade des Tores mußte jedoch gewährleistet bleiben, da sonst die historischen Inschriften jegliche Wirkung verloren hätten.

Abb. 120 Philae, Trajanskiosk von NNO; nach einer Lithographie von David Roberts, der die Zeichnung dazu am 1. November 1838 ausgeführt hatte.

Abb. 121 Philae, Trajanskiosk von NNW. Im Hintergrund rechts erscheint die Insel Bigge in der heutigen Situation, dahinter ist zwischen den Säulen ganz schmal die alte Insel Philae sichtbar, ganz hinten das Ostufer bei Schellâl.

Abb. 122 Philae, Trajanskiosk, Blick durch den Osteingang hinaus. Die Wand links vom Eingang ist bereits für geplante Reliefdarstellungen geglättet, die rechte ist noch roh belassen.

Im Osten schließt an das eigentliche Tor ein Durchgang an (Abb. 127), dessen Mauern teilweise erhalten sind und im Inneren höchst aufschlußreiche Reliefs und Inschriften tragen, die uns auf einzigartige Weise über den Kult im Abaton auf Bigge unterrichten. Im Kultablauf war ja das Hadrianstor für die Fahrten zum Abaton bestimmt, das auf der im Westen gegenüberliegenden Insel Bigge lag. Wie bereits mehrfach angedeutet, galt das Abaton (griech.: «Unbetretbares») als mythisches Osirisgrab und wurde «reine Insel» oder «reine Stätte» genannt; eigentlich war es ein Kenotaph für das linke Bein des Osiris, aus dem nach der lokalen Vorstellung das Überschwemmungswasser des Nils entsprang (vgl. Abb. 101).[227] Für die dort durchzuführenden Rituale und für das Verhalten der Priester, die es doch betreten durften, galten besondere Vorschriften, die freilich in ähnlicher Weise auch von anderen mythischen Osirisgrabstätten (wie Memphis oder Abydos) bekannt sind. Die Kultvorschriften für das Abaton auf Bigge sind seit dem 2. Jh. v. Chr. andeutungsweise bezeugt[228] und als sog. Götterdekret über das Abaton in einer Redaktion antoninischer Zeit auf der nördlichen Innenwand des Durchganges beim Hadrianstor eingemeißelt (Abb. 128).[229] Eine Kurzfassung davon lesen wir als obere Randinschrift auf derselben Wand. Da die «Gotteshäuser» (*ḥwt nṯr*) der großen Tempelareale, wie der Isistempel von Philae selbst, nicht dem Gesetz des Pharaos unterstanden, sondern dem Gesetz des Götterkönigs Re, ist leicht zu verstehen, daß laut Nachschrift des Dekretes dieses ausdrücklich Re erlassen und es der Gott Thot selbst ausgefertigt hat.[230] Einen irdischen König wollte man offensichtlich überhaupt nicht in Verbindung mit der langen Inschrift unserer Abb. 128 nennen. Mit dem Vorschriftenpaket, eine *lex sacra* im antiken Sinne, sollten

Abb. 123 Philae, Trajanskiosk, Reliefs auf den Innenseiten der beiden mittleren Säulenschranken der Südseite: Trajan opfert rechts vor Isis und Horus, links vor Osiris und Isis.

Abb. 124 Philae, unfertige römische Kapelle am Weg, der den Trajanskiosk mit dem Philadelphostor verbindet; Blick von Nordwesten. Links im Hintergrund ist der Trajanskiosk sichtbar, rechts im Hintergrund die Felserhebungen der Insel Bigge. Die heutige topographische Position ist dadurch bedingt, daß die Bauten von Neu-Philae auf der Insel Agilkia stehen, die selbst ursprünglich den Nordteil von Bigge bildete.

die täglichen Milchspenden, sowie andere Opfer und Riten, für die 365 «Opfertafeln» (vielleicht Libationsschalen) aufgestellt waren, gesichert und die Reinheit des Ortes garantiert werden. Dazu gehörte das Verbot für alle Menschen mit Ausnahme der für den Dienst vorgesehenen Priester, den Ort zu betreten, Musik zu machen und in einem bestimmten Umkreis Vögel oder Fische zu fangen. Zu jedem Beginn der zehntägigen ägyptischen Woche kam Isis von Philae zum Abaton herüber. Das Dekret ordnet an, daß gerade bei den dabei stattfindenden Zeremonien die Priester leise zu sprechen und jeden unnötigen Lärm zu vermeiden hatten. Außerdem sind noch die feierlichen Barkenprozessionen zum Abaton an besonderen Festtagen genannt.

Daß der Kult im Abaton sich in besonderer Weise auf den Ba, die Seele des Gottes Osiris, bezog, ist in der Einleitung beider Rezensionen des Dekretes festgehalten und wird durch das große Relief unserer Abb. 129 deutlich, welches links von der Langfassung des Götterdekretes zu sehen ist:[231] Es stellt die Verehrung des Ba des Osiris dar, der in Falkengestalt mit Menschenkopf auf den Baumkronen des heiligen Haines von Bigge ruht. Die Inschrift über dem Ba benennt ihn konkret als «Heiliger Ba des Osiris, des Ersten des Westens». Verehrt wird der Ba

Abb. 125 Philae, Hadrianstor, Fassade von Nordwesten. Das Tor steht auf einem sechslagigen, gewellten Steinfundament. Abgesehen von einem begonnenen Relief links oben sind vor allem die zahlreichen Besucherinschriften auf den Türpfosten und auf den Wänden der Fassade nördlich und südlich der Türpfosten interessant. Die Steine einer Treppenkonstruktion, mit der die Höhendifferenz zur tiefer liegenden Anlegestelle überwunden werden konnte, sind verschwunden. Die rechts im Bild im rechten Winkel auf die Fassade auftreffende Mauer gehörte offenbar zu einer Porticus, in die der angenommene Treppenbau integriert war.

Abb. 126 Philae, Hadrianstor, Blick von SSW. In den östlich an das Tor anschließenden Durchgang führt eine kleine Türe von Süden; die Mauern des Durchganges selbst sind außen undekoriert. Links im Bild ist die rekonstruierte Mauer zu sehen, welche an die Fassade des Hadrianstores anstößt; in ihr sind Reste von Säulen und die Säulenschranken zu sehen.

Abb. 127 Philae, Hadrianstor, Blick von Osten in den Durchgang, in dessen Innerem, hinten, das eigentliche Tor im Schatten zu sehen ist. Auf dem in der Abb. sichtbaren, dunklen Türsturz befinden sich die Hadriansreliefs; auf den Innenwänden des Durchganges sind die Reliefs und Inschriften zu sehen, die den Osiriskult im Abaton auf Bigge erläutern.

Abb. 128 Philae, Hadrianstor, innere Nordwand, zweites Register von oben, ganz rechts: links vor der Darstellung des schreibenden Thot das Götterdekret über das Abaton in seiner ausführlichen Fassung, zehn Kolumnen, beginnend links hinter der Darstellung des Amun mit einem Hymnus auf den Ba des Osiris. Das Dekret selbst hat folgenden Wortlaut: «Das Abaton ist die herrliche, goldene Stätte des Osiris und seiner Schwester Isis. Es ist darüber bestimmt im Anbeginn für Osiris, der in Theben (erglänzte?): Daß die Milch nicht zu Ende gehen soll an dieser heiligen Stätte, auf der der mnt3-Hain und das Heiligtum, darin Osiris begraben wird, liegt. Daß man ihm 365 Opfertafeln errichte im Umkreis an dieser Stätte, indem Palmblätter auf ihnen liegen, und daß die Libationen auf ihnen nie zu Ende gehen, und daß das Wasser in seinem ganzen Umkreis nicht alle werde. Es soll an ihr (der Stätte) das Gottesritual täglich vollzogen werden von dem großen Priester, der den Monatsdienst hat, und das ‹Kühle› der Isis, der Herrin von Philae, soll dabei täglich gespendet werden. Man darf dort die Trommel nicht schlagen (an der heiligen Stätte) und nicht zur Harfe oder Flöte singen. Und es darf kein Mensch sie jemals betreten und auch kein [Hoher? oder] Niederer soll sie betreten. Ferner soll man keine Vögel und auch keine Fische fangen (in einem Umkreis) von x + 40 (Ellen) nach Süd, Nord, West und Ost. Und es soll kein Mensch laut reden, während der geweihten Zeit der Tage, die Isis, die Herrin von Philae, auf ihr verbringt, auf dem ‹großen Sitze› thronend, um während derselben zu libieren – alle zehn Tage nämlich. Man soll Isis, die Herrin von (Philae), nach dem Abaton hinüberfahren an den Festtagen in der Barke, die … heißt.» Daran schließt unmittelbar die Nachschrift an, die vor dem vorgesetzen Bein des Thot zu lesen ist: «Re hat dies Schriftstück unterschrieben; Schu, der Sohn des Re, hat dies Schriftstück unterschrieben; Geb, der Sohn des Schu, hat dies Schriftstück unterschrieben. Geschrieben wurde es von Thot selbst.»

von den Göttern, die von rechts herankommen und von Isis selbst angeführt werden; als letzter in der Reihe kann Thot angesehen werden (Abb. 128), wobei die Inschriftkolumnen des Götterdekretes vor ihm eingeschoben sind. Links vom Hain sehen wir Isis ein zweites Mal, wie sie eine Milchspende ausführt und dabei in dazu passender Weise kuhköpfig erscheint. Links davon ist der Steilabhang der Felseninsel Bigge wiedergegeben, wo sich das Höhlenheiligtum des mit dem Nil identifizierten Osiris befand. Nach der Mythologie von Philae ergoß sich von dort die lebensspendende Nilflut über das Land, was freilich in Konkurrenz zu den Nilquellen von Elephantine stand. Wir stehen hier vor einer Darstellung des Abaton, die jedoch in erster Linie von Kult, Mythologie und Theologie geprägt ist. Etwas realistischer erscheint dagegen eine Abbildung des Abaton auf der Südwand des Durchganges genau gegenüber im entsprechenden (= mittleren) Register (Abb. 130).[232] Hier ist neben dem Felsabhang von Bigge, der demjenigen der Nordwand gleicht, eine Kapelle wiedergegeben. Osiris erscheint darin in dreifacher Gestalt: Innerhalb einer riesigen Sonnenscheibe im Horizont sitzt der alte Osiris mit Atefkrone auf dem Thron und vor ihm hockt der wiedererstandene, kindliche Osiris, der eine Hand an den Mund führt. Darunter trägt das den Gott Horus verkörpernde Krokodil den Leichnam des Osiris durch ein Sumpfdickicht ins Abaton herein. Neben dem dreigestaltigen Osiris ist auch Isis im Heiligtum zu sehen. Festzuhalten ist, daß die Felsen von Bigge und das dazugehörige Abaton auf beiden Wänden am Westende des Ganges zu sehen sind; das entspricht der geographischen Lage von Bigge westlich von Philae. Am östlichen Ende der erhaltenen Szenenfolge im mittleren Register der Südwand findet sich noch eine weitere Darstellung zum Osirismysterium (Abb. 131).[233] Der auferstandene Gott steht in Vorderansicht in einem heiligen Baum, der wohl jener sein soll,

Abb. 129 Philae, Hadrianstor, innere Nordwand, zweites Register von oben, Darstellung links vom Götterdekret: Im Zentrum der Abb. der Ba («Seele») des Osiris (dargestellt als Falke mit Menschenkopf) auf den Bäumen des heiligen mntꜣ-Haines von Bigge; die schematisch dargestellten Bäume wachsen aus einem Teich empor. Links davon spendet die kuhköpfige Isis die von ihr selbst bereitete Milch; rechts von der Mittelszene sehen wir Isis ein zweites Mal, und zwar menschenköpfig mit dem üblichen Attribut des Thrones auf dem Kopf. Sie führt eine Reihe von Gottheiten (Nephthys, Horus-Re, Amun) an, die den Ba des Osiris verehren. Ganz links (neben der Ecke des Raumes) ist der «Hohe Berg» von Bigge mit den charakteristischen, abgerundenten Granitblöcken (vgl. Abb. 121. 124) sehr realistisch dargestellt; oben sitzt ein Falke, etwas tiefer ein großer Geier; am Fuße des Berges befindet sich eine Höhle, deren Rand eine Schutzschlange umgibt. Im Inneren sitzt Osiris-Nil, der das wiederbelebende Wasser der Nilflut aus zwei Krügen gießt. Darunter links ein eben erst begonnenes Relief: Der Pharao an sich, dessen Name in der Kartusche «Pharao» (pr-ꜥꜣ) lautet, trägt Stoffstreifen; wahrscheinlich sollte er am Ende einer nicht mehr ausgeführten Götterprozession marschieren, wie sie auf der Südwand gegenüber erhalten ist. Stattdessen gravierte am 24. August 394 n. Chr. der gelehrte Priester Esmet-Achom unterhalb der Nephthys und des Horus-Re ein Bild des Mandulis samt Beischrift ein – die letzte hieroglyphische Inschrift, die wir kennen (Bd. I, Abb. 36).

den wir vom Bild des Osirisgrabes im Dachheiligtum des Isistempels kennen (Abb. 98). Osiris scheint mit dem Baum identisch zu sein, verkörpert also die grünende Natur.

Wir erkennen, daß nach Ausweis dieser wichtigsten Reliefreihen des Durchganges beim Hadrianstor der Osiriskult und die Osirismysterien in Bigge – jedenfalls im 2. Jh. n. Chr. – ohne die Vorstellung von einem irdischen König durchgeführt wurden. Allerdings durfte des Königtum als solches nicht fehlen. Dieses verkörperte Harendotes, «Horus, der seinen Vater rächt». Auf der Südwand ist über der Darstellung des Abaton die Krönung des Harendotes durch Isis und Nephthys zu sehen (Abb. 132).[234] Die beiden Göttinnen reichen dem Nachfolger des Osiris in der Königsherrschaft auf Erden die Kronen von Ober- und Unterägypten; Thot und Seschat weisen ihm Hunderttausende von Regierungsjahren zu. Die Inschriftkolumne hinter Seschat ganz rechts im Bild der Abb. 132 spricht vom «König von Ober- und Unterägypten ⊂Horus, der seinen Vater rächt, Sohn der Isis⊃».

Dennoch finden wir auch in dem zum Hadrianstor gehörigen Durchgang den römischen Pharao mit konkreten Bezügen zur historischen Realität. Die Kartuschen in der Hohlkehle über der eben besprochenen Krönungsszene enthalten die Namen von Marc Aurel und Lucius Verus. In den fragmentarisch erhaltenen Reliefs links vom Krönungsbild (also im obersten Register) opfern jeweils zwei Kaiserpharaonen hintereinander vor Göttern, d. h. Marc Aurel und Lucius Verus. Wie in Kom Ombo (Bd. I, Abb. 122) zeigt sich, wie sich die altägyptische Königsideologie an die konkrete Herrschaftskonstellation anpaßt. Chronologisch gehen die Reliefs der Südwand jenen der Nordwand voraus, obgleich ein unmittelbarer historischer Zusammenhang bestehen dürfte, wie wir sehen werden. Auf der Nordwand finden wir nur noch Marc Aurel alleine, und die Kartuschen in der Hohkehle sind jene des Commodus.[235] Dazu paßt, daß auf der Nordwand die unterste Reliefreihe (wohl ein Götterzug ähnlich jenem der Südwand) nicht mehr ausgeführt wurde (Abb. 129). Auf der Nordwand finden wir über der Kultdarstellung des Abatons von

Abb. 130 Philae, Hadrianstor, innere Südwand, mittleres Register, ganz im Westen (gegenüber der Ba-Szene von Abb. 129): Darstellung des Heiligtums im Abaton von Bigge: Das unterste Niveau der Hauptkapelle bildet ein Sumpfdickicht, in dem ein Krokodil kriecht, das auf seinem Rücken eine Mumie trägt. Horus hat sich in das Krokodil verwandelt, die von Seth zerstückelten und in den Nil geworfenen Glieder des Osiris gefunden, zusammengesetzt und den ganzen Leichnam ins Abaton gebracht. Darüber sehen wir Osiris auf dem Thron in einer großen Sonnenscheibe im Horizont, davor denselben Gott ein zweites Mal in einer verjüngten Form als hockendes Kind. Isis steht links in der Kapelle hinter dem Eingang, der als zinnenbekröntes Tor gestaltet ist; am linken Rand der Abb. ein pylonartiger Vorbau. Die Figuren sind durch die christliche Ausmeißelung stark entstellt.

Abb. 131 Philae, Hadrianstor, innere Südwand, mittleres Register, Relief am Ostende der erhaltenen Darstellungsreihe: Über einem Teich der heilige Baum, der am Grabe des Osiris im Abaton zu denken ist. Im Baum steht Osiris in ein weites Gewand gehüllt, mit Atefkrone und Königsinsignien in den Händen; links Isis und rechts Nephthys.

Abb. 132 Philae, Hadrianstor, innere Südwand, oberstes Register, Krönung des Harendotes: Isis (rechts) und Nephthys (links) bieten dem Gott die Kronen von Ober- und Unterägypten dar. Dem neuen Horus-König schreiben Seschat (rechts) und Thot (links) Herrschaft und hunderttausend Regierungsjahre in die Palmrispen. Die Szene wird (außerhalb der Abb.) rechts von Osiris und Anubis, links von Schu, Tefnut und der Musikgöttin Meret mit der Harfe flankiert. In dem auf der Abb. schattigen Fries darüber erscheinen zahlreiche kleine Kartuschen mit den Namen des Marc Aurel und des Lucius Verus.

Abb. 133 Bigge, Reste eines Stationstempels für Osiris und Isis am Ostufer der Insel, heute zum Teil im Nil versunken. Hier werden die von Philae herüberkommenden Barken angelegt haben. Die nur schlecht erhaltene Inschrift auf der linken Frontseite des sog. Pylons nennt Augustus als Bauherrn; das Tor in der Vorhalle dahinter trägt hingegen die Kartuschen Ptolemaios' XII.

Westen her kommend Marc Aurel, versehen mit eindeutigen Namenskartuschen; auf seinen Händen trägt er ein Feld mit Bewässerungskanal, auf dem in Form einer Laube Weinreben wachsen. Ihm gegenüber thronen Isis und Hathor. Zwischen dem Kaiser und den Göttinnen steht ein längerer Text in neun Kolumnen, der davon berichtet, daß Marc Aurel in seinem 15.(?) Jahr eine alte Schenkung von Weinland aus der Regierung Ptolemaios' IX. um 75 Aruren (20,67 ha) erweitert habe. Das Weinland, nun insgesamt 275 Aruren, lag weit im Norden in der Nähe von Esna. Zu dem Landgut gehörten auch Viehherden und sonstige Güter.[236] Wenn die Lesung «15. Jahr» stimmt, kommen wir damit ins Jahr 176 n. Chr., d. h. in die Zeit der Reise des Kaisers nach Ägypten.[237] Wie bereits angedeutet,[238] könnte es sich dabei um eine kleine Geste des Kaisers für den Verlust des Zwölfmeilenlandes handeln, das die Isispriester eben in diesen Jahren nach langem Schweigen wieder reklamierten[239]: Gegenüber auf der Südwand des Durchganges beim Hadrianstor ist ein Text dem Gott Thot in den Mund gelegt, in dem die alte Landstiftung an die Isis von Philae zum Ausdruck kommt. Vielleicht hat man dem Kaiser, als er im Winter 175/176 in Ägypten war, die Sache vorgetragen. Freilich konnte und wollte er nicht das Rad der Geschichte zurückdrehen, aber er schenkte dafür dem Tempel die genannten Weingärten. Rechts neben dem Weingartenrelief (d. h. über dem großen Götterdekret) finden wir nochmals Marc Aurel in einer Kulthandlung vor Göttern.

Zum Wesen des ägyptischen Königtums in der hohen Kaiserzeit geben uns die Darstellungen und Inschriften des Hadrianstores ziemlich klare Hinweise: Wenn es sich um Szenen der «geheimen» Mysterien handelt, bleiben die Götter unter sich; die Könige sind Osiris und Horus. In den üblichen Kult- und Opferreliefs, die einen mehr «öffentlichen» Aspekt haben, tritt der römische Pharao auf, der mit der tatsächlichen römischen Kaisergeschichte unmittelbar verbunden ist.

Der Anlegeplatz auf Bigge

Vom Hadrianstor fuhr man nach Westen zur Insel *Snmt* «Bigge» hinüber. Von dem berühmten Abaton sowie von anderen Heiligtümern im Inneren der Insel ist heute nichts mehr erhalten. Einzig und allein ein Stationstempel am Ostufer mit Anlegeplatz ist zu sehen (Vorsatz hinten; Abb. 133).[240] Das heute im Wasser stehende Tor, das wohl in einen Pylon integriert war, trägt die Namen des Augustus; der Rundbogen im Tor gehört zur Kirche, in die der Tempel später umgewandelt wurde. Dahinter sind noch die Reste von der Front des Pronaos mit Säulen und Säulenschranken vorhanden; die Kartuschen nennen hier Ptolemaios XII. Geweiht war der Bau Osiris und Isis, die neben dem irdischen König Ptolemaios als göttliches Königspaar erscheinen; Osiris ist «König von Ober- und Unterägypten, Herrscher der Unterwelt etc.», Isis wird in Parallele dazu «Fürstin von Ober- und Unterägypten, Herrscherin der Welt» genannt.

ÄGYPTISCHE TEMPEL UND RÖMISCHES MILITÄR IM ZWÖLFMEILENLAND SÜDLICH VON PHILAE

Die im folgenden zu besprechenden Heiligtümer, an denen in römischer Zeit gebaut wurde, standen in einem besonderen Grenzland, das den äußersten Süden des römischen Reiches darstellte. Seit dem Frieden von Samos war die Grenze nicht mehr von einem organisierten Staat bedroht, allerdings galt es, die Siedlungen, Steinbrüche und Handelswege gegen Einfälle und Beutezüge der nomadisierenden Bewohner der umgebenden Wüstengebiete zu schützen. Daher war es nötig, an allen sensiblen Stellen gewisse militärische Kräfte zu stationieren. Außerdem sollte die multiethnische Bevölkerung (Nubier, im speziellen auch Meroiten, Ägypter, Blemmyer u.a.) – Verwaltungsbeamte, Priester, Bauern, Händler, Nomaden – für einen zufriedenen Lebensablauf gewonnen werden. Dem standen gewisse «unpopuläre Maßnahmen» der römischen Staatsführung, wie die Einführung der Kopfsteuer oder die sukzessive Verstaatlichung des Tempellandes, entgegen. Dem Isistempel von Philae die Ressourcen des Zwölfmeilenlandes zu entziehen, war sicher eine besonders heikle Aktion, die möglicherweise in die Regierung des Tiberius fiel; in jener Zeit hat man das letzte Relief der sog. Stiftung der Dodekaschoinos (Abb. 60) an einer Tempelmauer angebracht. Auf jeden Fall war es seit dem Zeitpunkt, als Petronius das Land für Rom zu organisieren begonnen hatte, und konkret seit dem Frieden von Samos dringend nötig, eine Religionspolitik zu forcieren, die die *Pax Romana* auf ihre Weise absicherte. Pharaonische Baupolitik war seit Jahrtausenden in Ägypten das Mittel, eine fruchtbare Kooperation von Staatsgewalt und Priesterschaften zu garantieren. Wir haben gesehen, wie sich die römische Religionspolitik der Heiligtümer von Philae annahm, jenes einflußreichsten Zentrums an der Nahtstelle zwischen Ägypten und Nubien. Die südlich davon gelegenen Heiligtümer bis hin zur Reichsgrenze bei Hierasykaminos mußten in diese Entwicklung miteinbezogen werden. Dabei war es wichtig, die lokalen Kulte der einheimischen Bevölkerung zu fördern. Insgesamt erkennen wir, wie die

Abb. 134 Debod, Tempel des Amun von Ta-hut und der Isis von Philae; im Kern meroitisch (Beginn des 2. Jhs. v. Chr.), erweitert in der Regierungszeit Ptolemaios' VI. Die Vorhalle war zerstört und wurde mit den ursprünglichen Kapitellen wieder rekonstruiert. Sie war unter Augustus und Tiberius dekoriert worden. Der Tempel ist seit 1972 in Madrid (an der Straße Paseo del Pintor Rosales) wiedererrichtet.

Abb. 140 Taffe, Nordtempel, die beiden linken Säulen im Inneren des Raumes. Sie tragen komposite Papyrus-Palmetten-Kapitelle; das vordere ist ein vierlappiges Kapitell mit zwei Reihen von Dolden, das hintere hat nur eine solche Doldenreihe, darunter aber zwei Reihen von Palmetten, die ineinander greifen.

Ismant el-Charab, Theadelphia)[265] der altägyptische Kult durch den hellenistischen Sarapiskult ersetzt wurde bzw. den alten Kult ergänzte. Dieselbe Entwicklung läßt sich am Serapeum von Luxor fassen, das in hadrianischer Zeit vor dem Luxortempel errichtet wurde und in dem sich noch heute eine Isisstatue im griechisch-römischen Stil befindet.[266] Im Luxortempel selbst wurde in der Regierungszeit des Hadrian aber noch der altägyptische Kult gepflegt. Die zumeist vertretene Ansicht, daß die beiden Tempel von Taffe der ägyptischen Isis geweiht waren, wird im Einklang mit der allgemeinen religiösen Situation des Zwölfmeilenlandes sicher zutreffen, allerdings müssen wir zusätzlich mit der Verehrung anderer, insbesondere lokaler Gottheiten rechnen.

Der Mandulistempel von Kalabscha – ein pharaonisches Großunternehmen im römischen Nubien

In einer Entfernung von ca. 10 km südlich von Taffe erreichte man einst an der alten römischen Straße am Westufer des Nils Talmis/Kalabscha, einen Hauptort des Zwölfmeilenlandes, wo die Römer spätestens seit flavischer Zeit, aber höchstwahrscheinlich schon früher Truppen stationierten. Die Verehrungsinschriften im Tempel bezeugen Soldaten von acht verschiedenen Auxiliareinheiten sowie Abteilungen der *legio III Cyrenaica* und der *legio XXII Deiotariana*. Aufgrund der Bedeutung der Siedlung war gerade hier nach dem Frieden von Samos besonderer Bedarf an einer Religionspolitik gegeben, die die militärische Sicherung des Landes ergänzen sollte. Einerseits mußte

Abb. 141 Kalabscha, der Mandulistempel an seinem neuen Aufstellungsort in Neu-Kalabscha südlich des Hochdammes von Aswân, Ansicht von Nordosten, Außenbearbeitung unfertig. Von links nach rechts: Kultterrasse, Pylon, an diesen rechts anschließend die Umfassungsmauer des Tempels, überragt vom Tempelhaus. Halb links im Hintergrund der Kiosk von Qertassi.

der neue Herrscher als kultisch wirksamer Pharao in den Inschriften und Reliefs präsent sein, andererseits sollte wie auch sonst in der Dodekaschoinos der Kult der lokalen Bevölkerung gefördert werden. Dabei hatte man auf ein ausgewogenes Verhältnis zu den Gottheiten von Philae zu achten, galt doch das Zwölfmeilenland als Land der Isis von Philae, der zumindest noch in augusteischer Zeit die Steuereinnahmen aus diesem Gebiet zugute kamen.

Im Zuge der ideologischen Besitzergreifung Roms und offensichtlich unter dem Druck, sehr rasch zu handeln, hat man – wie sich nun nachweisen läßt[267] – am Kalabschator Inschriften Ptolemaios' VIII. kopiert und den dargestellten Pharao mit Kartuschen versehen, welche hieroglyphische Namen des Augustus enthalten. Diese Namen illustrieren den Beginn in der Ausformung des römischen Pharaos. Die Blöcke des Tores haben sich im Zuge der Abtragung des großen Kalabschatempels 1962/63 als Füllmaterial in den dicken Wänden des Sanktuars und im Fundament gefunden. Sie konnten zu dem 7,35 m hohen Tor zusammengesetzt werden, das heute im Ägyptischen Museum in Berlin-Charlottenburg steht.[268] Das Tor dürfen wir uns im Verbande des Vorgängerbaues das großen Kalabschatempels vorstellen, vermutlich innerhalb einer Umfassungsmauer aus Nilschlammziegeln.

Den ältesten Bau, den wir von Kalabscha kennen, stellt jedoch der kleine Tempel dar, der auf der Insel Elephantine wiedererrichtet wurde (Abb. 9–12); die Blöcke fanden sich zusammen mit jenen des Berliner Tores als Füllmaterial im großen Tempel.[269] Die Gottheiten sind insbesondere jene der Familie von Isis und Osiris zusammen mit dem Lokalgott Mandulis, aber auch das thebanische Götterpaar Amun und Mut ist vertreten; auf den Reliefs der Außenseite opfert Augustus als Pharao durchwegs unter den Namen *Romaios* und *Kaisaros* (bisweilen mit dem Zusatz «der Gott» wie in Abb. 12).

Abb. 142 Kalabscha, Mandulistempel, die Kultterrasse über dem Nilufer und der dorthin führende Prozessionsweg von Südwesten. Weg und Plattform sind von einer Brüstung gesäumt, links im Hintergrund ist der Hochdamm sichtbar.

Abb. 143 Kalabscha, Mandulistempel von Südosten: Pylon und Umfassungsmauer blieben undekoriert, nur der äußere Türsturz erhielt sehr späte Reliefs, in denen der opfernde König wie auf der Innenseite in der Kartusche bloß «Pharao» genannt wird.

Abb. 144 Kalabschatempel, Blick von der Kultterrasse über den Prozessionsweg zum Pylon.

Warum die Anlage, zu der diese Kapelle und das Kalabschator gehörten, abgerissen wurde, darüber läßt sich nur spekulieren. Der Stadtgott von Talmis, der nicht-ägyptische Gott Mandulis, wurde auch in anderen Zentren des Zwölfmeilenlandes verehrt und war der Gott der lokalen, nubischen Bevölkerung. Auf dem Berliner Tor sind aber Isis und Osiris die dominierenden Gottheiten, Mandulis kommt in untergeordneter Rolle hinzu.[270] Vielleicht sollte ein neuer grandioser Bau mit seiner religionspolitischen Propaganda sowohl Augustus als Pharao als auch den spezifischen Hauptgott der ansässigen Bevölkerung Mandulis neben den Göttern von Philae in ein rechtes Licht setzen und somit auch den Anbruch der neuen Zeit im Sinne der *Pax Romana* verkünden. Mit dem neuen Tempel, der nach seinem Bauvolumen die größte Tempelanlage Nubiens werden sollte, folgte die augusteische Religionspolitik auch der bereits erwähnten, alten Vorstellung von Nubien als heiligem Land.[271] Der große Mandulistempel von Kalabscha stand wie zahlreiche andere nubische Tempel seit der Erbauung des Aswân-Dammes etwa ein halbes Jahrhundert lang den größten Teil des Jahres unter Wasser. Er war einst berühmt für den Erhaltungszustand seiner Farben, die jetzt alle verschwunden sind. Das ist umso bedauerlicher, da zahlreiche Inschriften erst mit roter Farbe vorgezeichnet waren und in römischer Zeit nicht mehr eingemeißelt werden konnten. 1962/63 wurde der Tempel knapp südlich des Hochdammes von Aswân, d.i. etwa 50 km nördlich seines alten Standortes, auf einer Anhöhe am Westufer des Stausees wiedererrichtet (Abb. 141).[272] Vor dem Tempel erhebt sich einige Meter über dem Ufer des Nils eine Kultterrasse, von der ein gerader Prozessionsweg zum Pylon führt (Abb. 142); die Kultplattform sowie der Verbindungsweg werden von einer Brüstung gesäumt. Diese zum Nil ausgerichtete Kultanlage erinnert – auch wenn die Rituale verschieden gewesen sein mochten – an die architektonisch verwandten Kultterrassen von Elephantine und Philae.[273] Der Pylon des Kalabschatempels (Abb. 143. 144) wurde ebenso wie die Umfassungsmauer des Tempels (Abb. 195) nicht mehr dekoriert. Er ist um ca. 6° aus der Längsachse des Tempels geschwenkt (Abb. 145), da er auf die älteren Fundamente des Vorgängerbaues Rücksicht nimmt. Nach Durchschreiten des Pylontores gelangt der Besucher in den großen, säulenumstandenen «Hof der Menge» (Abb. 146. 147. 151). Die Säulen tragen die für ihre Zeit typischen, pflanzlichen Kompositkapitelle. Vom Hof aus konnte man an beiden Seiten des Pronaos vorbei zur Rückseite des Tempels gelangen.

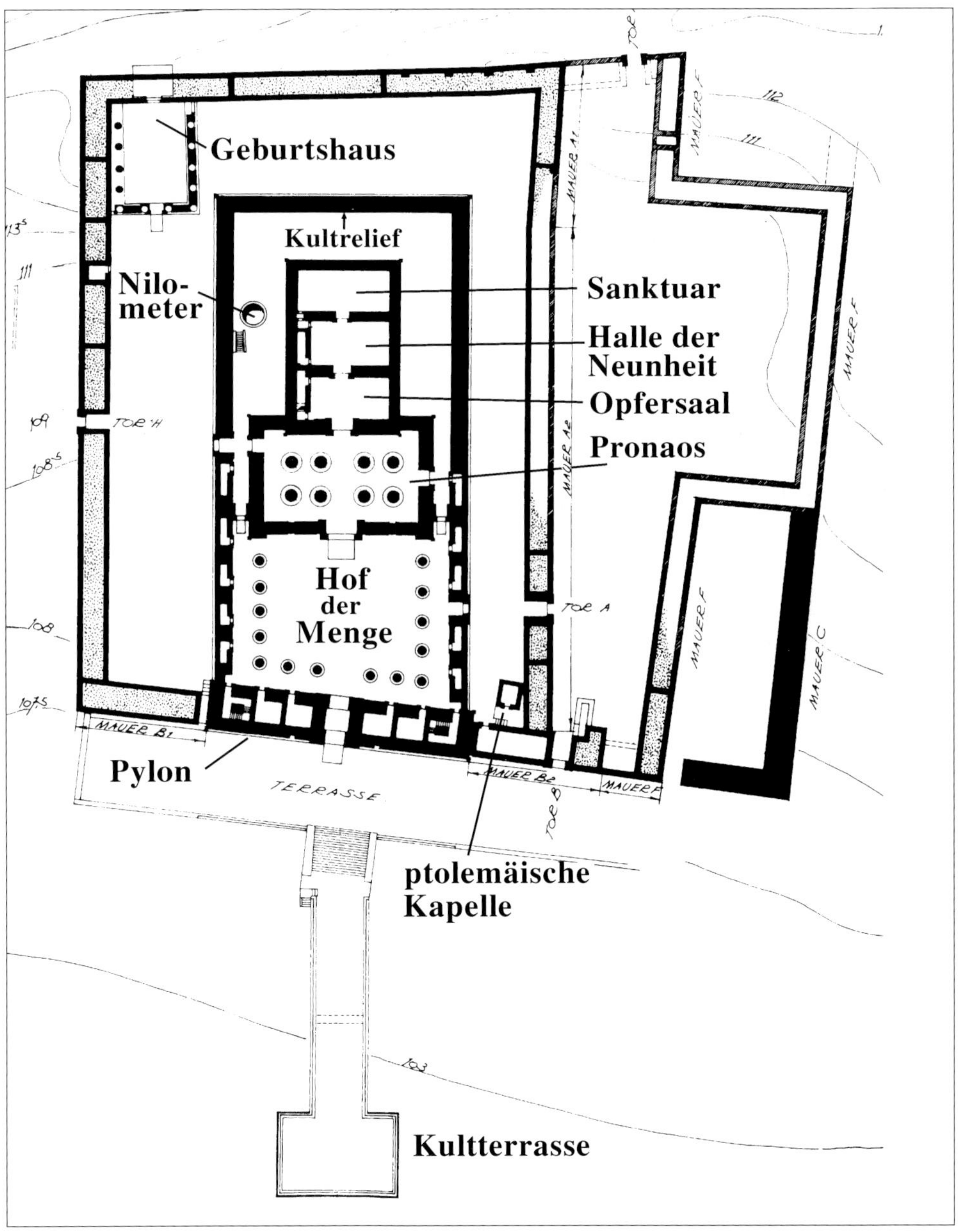

Abb. 145 Kalabscha, Tempelbezirk des Mandulis und der Götter von Philae.

Abb. 150 Kalabschatempel, Rückseite des Pylons, spätes Graffito links vom nördlichen Torpfosten. Der falkenköpfige Horus und Mandulis mit Jugendlocke schreiten nach links. Die Höhe der Darstellung beträgt ca. 1 m.

Abb. 151 Kalabschatempel, Blick vom Südende des Pylondaches auf den Pronaos, der hier als kubischer Baukörper mit leicht geneigten Außenmauern in seinem vollen Volumen erkennbar ist. Auf den undekorierten Säulenschäften ruhen komposite Papyruskapitelle. In der Fassade stehen zwischen den Anten vier Säulen, nördlich und südlich des Mittelportales je zwei Säulenschranken. Davor liegt der säulenumstandene «Hof der Menge».

Abb. 152 Kalabschatempel, Blick vom Pylon zum Pronaos. In der Hohlkehle erscheint die von Uräen flankierte Flügelsonne. Hier ist erkennbar, daß nur die linken beiden Schrankenmauern ursprünglichen Reliefdekor tragen.

lungen, die dieses Tor außen und innen zieren, bestätigt diese Annahme in Kalabscha sehr deutlich. Die ebenfalls sehr spät entwickelte, eben genannte «Trinitätslehre» der Mandulistheologie wird auf der Innenseite des Pylontores, und zwar in den Darstellungen des Türsturzes, offenkundig (Abb. 148): In der rechten Hälfte verehrt ein königlicher Ritualist, dessen Name in der Kartusche bloß «Pharao» (*pr-ꜥꜣ*) lautet, Osiris und Harendotes; in der linken Hälfte präsentiert ein ebensolcher Ritualist ohne Beischrift einen nackten Knaben dem kindlichen Mandulis und der Isis. Der nackte Knabe, der offensichtlich auf der Töpferscheibe steht und daher einen neu geschaffenen Kindgott darstellt, wird am Ende der (am Beginn zerstörten) Beischrift «großer Gott» genannt. Wichtig ist, daß auf dem Türsturz rechts außen zwei alte Mandulisformen einander gegenüberstehen. Es sind somit insgesamt drei Gestalten des Gottes voneinander unterschieden. Desgleichen könnte auch der nackte Kindgott auf der Töpferscheibe eine «pränatale» Phase des Mandulis meinen. Der König hat in diesen späten Reliefs seinen historischen Aspekt völlig verloren; er ist zum überzeitlichen und anonymen Ritualvollzieher geworden.

Das gilt auch für die Darstellungen auf den Torpfosten, von denen jene auf dem nördlichen Pfosten direkt unterhalb des Türsturzes in Abb. 149 zu sehen ist[277]: Der königliche Ritualist, dessen beide Kartuschennamen gleichermaßen *pr-ꜥꜣ* lauten, präsentiert der Göttin Isis das Symbol der Maat – eine die Wahrheit symbolisierende Straußenfeder. Etwa 50 cm links vom linken Torpfosten entdecken wir in Augenhöhe ein Graffito, in dem nach links schreitend der falkenköpfige Horus und dahinter Mandulis mit Jugendlocke und Uräus an der Stirn wiedergegeben sind (Abb. 150).[278] Vielleicht gehört das Graffito in die Epoche, als die Blemmyer Kalabscha besetzt hatten (Ende 4. Jh. – erste Hälfte des 5. Jhs. n. Chr.) bzw. in die Zeit der Kämpfe des Silko gegen die Blemmyer (Mitte 5. Jh. n. Chr.).

Der Pronaos, der auf den Hof folgt, stellt einen Baukörper mit leicht geböschten Außenwänden dar, der von einem Rundstab eingefaßt und einer Hohlkehle bekrönt wird (Abb. 151). Die Vorderfront bildet eine Viersäulenarchitektur mit Portal und Schranken (Abb. 152). Die Reliefs auf den linken Schranken stellen Ritualhandlungen mit dem überzeitlichen, ägyptischen König namens «Pharao» dar (Abb. 153); die rechten Schranken blieben leer und dienten später als Flächen für griechische Inschriften und Graffiti. So ließ Aurelius Besarion auf der Schrankenmauer unmittelbar rechts vom Portal im Jahre 248/249 n. Chr. sein «Schweinehirtendekret» anbringen (Abb. 20). Rechts unterhalb davon sehen wir eine späte, aber in Details sehr interessante Darstellung des Mandulis mit Jugendlocke, Uräus und Hemhemkrone; hinter ihm steht die Göttin Isis mit einem Federkleid (Abb. 154). Auf der Frontseite der Säule zwischen den beiden rechten Schrankenmauern finden wir eine der längsten meroitischen Inschriften. Ein König Kharamadoye, wahrscheinlich König von Nobadia, des unternubischen Nachfolgestaates des damals bereits zerfallenen meroitischen Reiches, berichtet hier in der ersten Hälfte des 5. Jhs. n. Chr. von seinen Konflikten mit einem Blemmyerherrscher.[279] In der Wand der rechten Schrankenmauer sehen wir unfertige, eingeritzte Bilder zweier Gestalten, die beide wahrscheinlich Mandulis meinen (Abb. 155). Schließlich erkennen wir auf der rechten Ante des Pronaos die bereits besprochenen Zeugnisse des

Abb. 153 Kalabschatempel, Säulenschranke in Abb. 152 links vom Mittelportal: Horus und Thot reinigen den König, dessen Name in den beiden Kartuschen «Pharao» lautet (aus den Wassergefäßen ergießen sich die Zeichen für Leben und Glück). Rechts erscheint Harsiese, falkenköpfig und mit Doppelkrone.

Abb. 154 Kalabschatempel, Säulenschranke in Abb. 152 rechts vom Mittelportal, spätantikes Graffito: Mandulis mit Jugendlocke und Hemhemkrone schreitet vor Isis, die ein um den Körper geschlungenes Federkleid trägt. Auf dem Kopf hat die Göttin eine Geierhaube, darüber das Kuhgehörn mit Sonnenscheibe; auf dieser befindet sich der Thron, das charakteristische Attribut der Göttin. Die Gottheiten gehen auf einem Sockel, der mit Lotosblumen geschmückt ist und damit auf das Urgewässer anspielt.

Abb. 155 Kalabschatempel, nördlichste Säulenschranke, Hofseite: unfertiges, spätantikes Graffito, das vermutlich zwei Mandulisgestalten zeigen sollte. Die linke Figur trägt die Atefkrone, die rechte die oberägyptische Krone, wobei es sich allerdings um eine unbeabsichtigte Variante ein und derselben Ikonographie handeln könnte.

Abb. 156 Kalabschatempel, Blick auf die Säulen des Pronaos, die einst das heute gänzlich verschwundene Dach trugen. Blick von der Südwest-Ecke zur Nordost-Ecke mit dem Hochdamm im Hintergrund.

Nobadenkönigs Silko, der von seinen Siegen über die Blemmyer um die Mitte des 5 Jhs. n. Chr. berichtet: Die Triumphinschrift (Abb. 24), seine Siegesdarstellung, wie er einen Blemmyer niedersticht und gleichzeitig von Victoria bekrönt wird (Abb. 25), sowie die Wiedergabe des Königs mit der Doppelkrone nach Art eines alten Pharaos (Abb. 26). In den Achsen der vier Frontsäulen stehen im Inneren der Halle jeweils zwei weitere Säulen, so daß der Pronaos zwölf Säulen umfaßt (Abb. 156. 157). Wie üblich ist der Pronaos breiter und höher als der folgende Naos (Tempelhaus), gleichzeitig umklammert er ihn oben, links und rechts.

Die Westwand des Pronaos bildet zugleich die mit sehr eindrucksvollen Reliefs ausgestattete Portalwand des Naos. Der Türsturz des Tores (Abb. 157), das in das Tempelinnere führt, trägt Reliefs, in denen der Kaiserpharao Trajan mit seinen historischen Namen in den Kartuschen vor Mandulis, den Göttern von Philae (Abb. 158) und anderen Gottheiten opfert.[280] Obgleich die Reliefs durch Zerstörungen entstellt sind, läßt sich erkennen, daß es sich um eine reife Arbeit der hohen Kaiserzeit handelt. Das gilt im wesentlichen auch für die Relieftafeln des Torpfostens (Abb. 159, rechter Teil), wo jedoch Mandulis selbst, «Großer Gott, Herr von Talmis», «der aus dem Horizont kam» etc., die Rolle des (stets von außen zur Mitte schreitenden) Königs vor einem Gott spielt.[281] Den Reliefs der Fassade nördlich und südlich des Tores hat man sich offenbar erst in nachtrajanischer Zeit gewidmet. Wir blicken mitten in die laufenden Arbeiten im 2. Jh. n. Chr. Die Inschriften sind vielfach nicht mehr reliefiert wie im Inneren des Tempels oder wie in Philae in frührömischer Zeit, sondern sie sind öfters einfach eingraviert oder sogar überhaupt nicht mit dem Meißel ausgeführt. An manchen Stellen waren vor den jährlichen Überflutungen im 20. Jh. noch die gemalten Hieroglyphen auf heute glatten Flächen vorhanden (z. B. in Abb. 163. 164. 166).[282] Vermutlich hat man auf der Südseite begonnen, denn dort sind viel mehr Inschriften in den Stein gearbeitet als auf der Nordseite. In Abb. 165 ist die breite Leiste für eine Hieroglyphendoppelkolumne glatt geblieben; nur das erste Zeichen, die Sonnenscheibe mit den Uräen (= «König von Ober- und Unterägypten») ist zart eingraviert.

Die äußerst interessanten Darstellungen der Westwand des Pronaos lassen uns erahnen, wie es in jener Zeit um Sein oder Nichtsein des ägyptischen Königs ging. In Abb. 160 in der Südhälfte hat man beim König, der dem Min-Re und dem Mandulis-Horus Wein opfert, die Namen Amenophis' II. in die Kartuschen geschrieben.[283] Vielleicht sollte damit bewußt das Alter der heiligen Stätte in die 18. Dynastie zurückverlegt werden. Bereits unmittelbar links davon führt der Gott Chnum-Re selbst die königliche Verehrungshandlung vor Re-Harachte durch.[284] In der südlich anschließenden Relieftafel, die in Abb. 161 oben teilweise noch sichtbar ist, bietet ein König «Ptolemaios» der Isis, dem Mandulis und dem Horus ein Feld dar.[285] Dieser Königsname mag einen konkreten historischen Hinweis auf den bekannten ptolemäischen Vorgängerbau geben. Dagegen ist im untersten Register der Südseite, und zwar ganz links, der historische König durch den Himmelsgott Horus mit Falkenkopf und Doppelkrone ersetzt (Abb. 162).[286] Er präsentiert das Symbol der Maat dem Harpokrates, dem Mandulis und einem dritten Gott, der wahrscheinlich eine zweite Form des Mandulis verkörpert. Horus, der himmlische Repräsentant des ägyptischen Königtums, hat selbst die Funktion des irdischen Pharaos übernommen und vollzieht den heiligsten Akt des Tempelkultes, nämlich das Opfer der Maat vor anderen Göttern.

In der Nordhälfte derselben Wand schlägt ganz oben rechts der anonyme Pharao (diesmal mit leeren Kartuschen) einen rituellen Feind vor Horus, Schu und Tefnut nieder (Abb. 163).[287] Darunter sehen wir einen König in Verehrung vor Osiris und Mandulis sowie hinter dem König die Feldgöttin (Abb. 164).[288] Die in Rot gemalten Hieroglyphen sind alle abgewaschen; in den Kartuschen beim König konnte man einst noch die allgemeine Bezeichnung «Pharao» lesen. Das Relief links daneben, in dem die Beischriften zu den Gottheiten in reliefierten Hieroglyphen zu lesen sind, illustriert die Übertragung des Königtums an den jugendlichen Mandulis durch Harendotes und Isis (Abb. 165).[289] Diese beiden bieten dem bereits inthroniserten Mandulis die ägyptischen Kronen. Der künftige König ist laut Inschrift Sohn des Horus, also dessen legitimer Erbe. Die Krönung des Harendotes selbst zum ägyptischen König konnten wir hingegen am Hadrianstor von Philae beobachten (Abb. 132). Somit wurde mit Hilfe der ägyptischen Königsideologie eine Göttergenealogie konstruiert. In der Reliefreihe darunter finden wir rechts den überzeitlichen König mit dem Kartuschennamen «Pharao» vor Amun, Thot und Chons (Abb. 166).[290] Die Beischriften zu den Göttern waren alle in roter Farbe gemalt und sind heute verschwunden. Das auffällig schöne Bild mit dem Ba des Mandulis im untersten Register links, d.h. unmittelbar rechts vom rechten Torpfosten (Abb. 167),[291] wurde bereits erwähnt: Der Ba des sonnenhaften, jugendlichen Gottes steht im Lotosbusch auf einem tischförmigen Untersatz, der wegen der kleinen Nilgötter darunter als *sm3*-Zeichen (Symbol der Vereinigung) aufzufassen ist. Die Szene illustriert den Ba-Kult von

Abb. 157 Kalabschatempel, axialer Blick (ost-westlich) durch den Pronaos zum Tor des Tempelhauses, das unmittelbar in den Opfersaal führt.

Abb. 158 Kalabschatempel, Tor vom Pronaos in den Opfersaal, Türsturz, Außenseite, linke Hälfte: Trajan, von links kommend, mit der unterägyptischen Krone auf dem Kopf, opfert vor dem alten Mandulis, der die Atefkrone trägt. Die Titel des Kaisers lauten «König von Ober- und Unterägypten, Herr der beiden Länder ⊂Autokrator Kaisaros⊐, Sohn des Re, Herr der Kronen ⊂ Nerva Traianus, der ewig lebe⊐». Bei Mandulis steht: «Mandulis, großer Gott, Herr von Talmis, der aus dem Ostland gekommen ist». Rechts anschließend zur Mitte des Türsturzes hin folgt eine größtenteils zerstörte Opferszene Trajans vor Osiris und Isis, die sich hier bereits außerhalb der Abb. befindet.

Abb. 159 Kalabschatempel, in der rechten Bildhälfte das untere Relief auf dem linken Pfosten des Tores zum Opfersaal: Mandulis, «großer Gott, Herr von Talmis etc.», diesmal mit der Hemhemkrone, vor Isis, «welche Leben spendet, Herrin des Abaton, Fürstin, Herrin von Philae, Auge des Re, Herrin des Himmels, Fürstin aller Götter». Mandulis spielt hier die Rolle des irdischen Königs, dem Isis «jedes Land gibt», wie die Göttin in der Beischrift ebenfalls sagt. In der linken Bildhälfte das obere von zwei kleineren Reliefs links vom Tor in der untersten Reliefreihe: «Isis, die Lebensspenderin, Herrin von Philae» bringt einen Opfertisch dar dem «großen Ba (des Mandulis), der aus dem Horizont kam».

Abb. 160 Kalabschatempel, Pronaos, Westwand, Südhälfte, zweites Register von oben, rechtes Relief: Rechts bringt ein König mit den Kartuschen Amenophis' II. dem «Min-Re, Herrn von Bigge» und dem Mandulis-Horus Wein dar. In der waagerechten Hieroglyphenzeile darüber ist die fünfteilige Titulatur Amenophis' II. enthalten. Links davon Chnum-Re in Verehrungshaltung, d.h. in königlicher Funktion, vor «Harachte, dem großen Gott, Herrn des Himmels».

Abb. 161 Kalabschatempel, Pronaos, Westwand, Südhälfte, oben im Bild nur teilweise sichtbar das links an Abb. 160 anschließende Relief: König «Ptolemaios» opfert die Feldhieroglyphe der Isis, «Herrin des Abaton», dem Mandulis, «Sohn des Horus, großer Gott, Herr von Talmis», und dem Himmelsgott Horus. Im Relief darunter bringt König «Pharao» das (zum Teil zerstörte) Udjat-Auge (Symbol des Guten und der Vollkommenheit) dem Osiris, der Isis (die das Horuskind stillt) und dem Mandulis dar. Isis und Osiris sind wie üblich als die Götter von Philae und des Abaton charakterisiert, Mandulis hingegen als Herr von Talmis.

Abb. 162 Kalabschatempel, Pronaos, Westwand, Südhälfte unterstes Register, linkes Relief: Der falkenköpfige Horus mit der Doppelkrone («Horus, der große Gott, Herr des Himmels») präsentiert ein Symbol der Göttin Maat dem nackten Kindgott Harpokrates, dem Mandulis und einem dritten Gott, der möglicherweise eine zweite Form des Mandulis darstellt.

Abb. 163 Kalabschatempel, Pronaos, Westwand, Nordhälfte, oberstes Register, rechtes Relief: Ein anonymer König hat einen bärtigen, gefesselten Feind am Schopf gepackt; in der linken Hand hält er eine Axt, mit der er zum Schlag ausholt. Die Szene der Feindvernichtung findet vor den Göttern Horus, Schu und Tefnut statt. Nur beim König gibt es gemeißelte Hieroglyphen, seine Kartuschen sind aber leer.

Abb. 164 Kalabschatempel, Pronaos, Westwand, Nordhälfte, zweites Register von oben, rechtes Relief: Ein Pharao steht in Verehrungshaltung vor Osiris und dem jugendlichen Mandulis mit Hemhemkrone und Jugendlocke. Hinter dem König kommt von rechts die Feldgöttin mit Symbolen der Fruchtbarkeit und des Gedeihens. In diesem Relief waren die gemalten Hieroglyphen im 19. Jh. zum Teil noch lesbar.

Abb. 165 Kalabschatempel, Pronaos, Westwand, Nordhälfte, zweites Register von oben, linkes Relief: Übertragung des ägyptischen Königtums durch Harendotes und Isis an Mandulis: im Zentrum der inthronisierte Mandulis mit Jugendlocke und Hemhemkrone. Von rechts reicht ihm Harendotes, der selbst die ägyptische Doppelkrone trägt, die oberägyptische Krone, von links her Isis die unterägyptische Krone. Mandulis ist laut hieroglyphischer Beischrift «Sohn des Horus», somit Nachfolger des Harendotes im Königsamt.

Kalabscha, wobei hier die Libation von dem überzeitlichen König (von rechts kommend) ausgeführt wird; in den beiden heute leeren Kartuschen war einst *pr-ʿ3* «Pharao» gemalt. Dagegen vollzieht in Abb. 159 (linker Teil)[292] Isis selbst mit einem Opfertisch den Kult vor dem Ba in Analogie zur Milchspende der kuhköpfigen Isis vor dem Ba des Osiris im Hadrianstor von Philae (Abb. 129). Die großartige Westwand des Pronaos bzw. Fassade des Naos, die vom Portal zum Opfersaal durchbrochen wird, läßt das weite Spektrum des ägyptischen Königstums in römischer Zeit deutlich erkennen. Was den historischen Pharao anlangt, wird auch ein historisches Bewußtsein faßbar: Die Linie geht von Amenophis II. über König «Ptolemaios» zum Autokrator Kaisar(os) Nerva Traianus auf dem Türsturz (Abb. 158). Gleichzeitig verliert aber der kultische Pharao der Reliefs seine Historizität und wird in den Kartuschen – zum Teil graviert, zum Teil gemalt – bloß «Pharao» genannt. Außerdem wird klar, daß nun die Götter selbst in der Welt ihres Tempels das Königtum ausüben: Horus führt das Maatopfer vor anderen Göttern durch (Abb. 162), dem Gott Mandulis, «Sohn des Horus» wird das ägyptische Königtum übertragen (Abb. 165), so daß Mandulis selbst in den Reliefs der Torpfosten an die Stelle des irdischen Königs tritt (Abb. 159, rechts).

Der Naos des Kalabschatempels besteht aus drei großen, aufeinanderfolgenden Räumen, die in Analogie zu den anderen Tempeln der Epoche als Opfersaal, Halle der Neunheit und Sanktuar aufgefaßt werden dürfen (Abb. 168). Es fehlen somit dem Baukomplex die innere Säulenhalle sowie die üblichen Seitenräume der ptolemäischen Tempel. Die Dächer der drei Räume werden nach Westen zu im Sinne des Sonnenlaufes kontinuierlich niedriger (vgl. Abb. 170): Am höchsten ist der bereits

Abb. 166 Kalabschatempel, Pronaos, Westwand, Nordhälfte, drittes Register von oben, rechtes Relief: Rechts steht ein überzeitlicher König mit den Kartuschennamen «Pharao», der in der linken Hand herrschaftliche Zeichen (ein Zepter und einen Stock) hält, ihm gegenüber Amun, Thot und Chons. Nur die Beischriften zum König sind gemeißelt, alle übrigen Inschriften waren mit Rot gemalt und früher zum Teil noch lesbar.

besprochene Pronaos (mit 12,5 m Außenhöhe), dann folgen der Opfersaal (etwas mehr als 8 m), die Halle der Neunheit (ca. 7 m) und schließlich das Sanktuar, dessen Dachebene etwa 6 m über dem Boden liegt; die Ebene der Böden bleibt dagegen nahezu auf einheitlichem Niveau. Die südliche Wand der ersten beiden Räume ist zweischalig. Zwischen den beiden Schalen führt eine Treppe hinauf (Abb. 169), die unten vom Opfersaal aus zugänglich ist und das Dach des Sanktuars erreicht. Von hier geht man einige Schritte zurück zum Dach des Opfersaales, von wo aus man über einige Stufen zur sog. Wabet hinabsteigen kann (Abb. 171. 172).[293] Wie bereits in Band I festgestellt,[294] wurden in der Wabet oder dem «reinen Raum» die Götterstatuen vor dem Neujahrsfest gereinigt, bekleidet und geschminkt, um danach den Sonnenstrahlen des Neujahrstages ausgesetzt zu werden. Im Zuge dieses Ritus des «Vereinigens mit der Sonnenscheibe» erhielten die Götterbilder neue göttli-

Abb. 167 Kalabschatempel, Pronaos, Westwand, Nordhälfte, unterstes Register, unmittelbar rechts neben dem Tor: Der Ba (die «Seele» des Mandulis) in Gestalt eines Falken mit Menschenkopf steht auf einem tischförmigen Untersatz in einem blühenden Lotosbusch. Die Hemhemkrone auf dem Kopf (zusammen mit der Sonnensymbolik der Lotosblüten) zeigt, daß der Ba eine Erscheinungsform des jugendlichen Mandulis als Sonnengott darstellt. Links erscheint Isis, rechts der wasserspendende König «Pharao» (mit Gefäß in der Hand). Unter dem Tisch, auf dem der Ba steht, befinden sich – nur schwer erkennbar – kleine Nilgötter, die den Fuß des Tisches wie das smꜣ-Zeichen (Symbol der Vereinigung) umwickeln. In christlicher Zeit wurden die Gestalten des Reliefs ausgemeißelt, mit Ausnahme des Ba-Vogels, dessen göttlich-heidnische Macht von den Christen nicht erkannt worden war.

che Kräfte für das kommende Jahr. Daher steht die Wabet zumeist in architektonischer Verbindung mit einer Treppe aufs Dach. Unter der Wabet befindet sich die zu ihr gehörige Krypta.

Der Relief- und Inschriftendekor der drei Räume des Naos steht ganz im Zeichen des neuen römischen Pharaos und ist somit ein besonders deutlicher Ausdruck der augusteischen Religionspolitik in Nubien. Überall finden sich die pharaonischen Titel und Kartuschen des Augustus. Wer vom Pronaos kommend den Opfersaal betritt, erlebt unmittelbar die Erneuerung des ägyptischen Königtums im Namen des Augustus durch die Krönungszyklen, die den Besucher von beiden Seiten umfangen. Die Krönungsreliefs sind in dem uns bekannten Schema in der untersten, d.h. wichtigsten Reliefreihe in der Nord- und Südhälfte angebracht. Auf der Nordwand findet sich von Ost nach West der Auszug des Königs aus dem Palast, die Reinigung (Abb. 173)[295] und die Krönung (Abb. 174)[296]. Die Einführung in den Tempel folgt bereits auf der Nordhälfte der Westwand: In diesem Fall geleiten Mandulis und ein falkenköpfiger Gott den Kaiserpharao zu zwei Gestalten des Mandulis und zur Göttin Buto. Im entsprechenden Zyklus auf der Südwand fehlt der Auszug aus dem Palast. Die Einführung des Königs zu den Göttern des Tempels ist um die Ecke der Süd- und Westwand angebracht. Die Gottheiten sind dort Osiris, Isis und Mandulis. Der Ortsgott von Talmis ist somit an die Stelle des Harpokrates in der Götterfamilie von Philae getreten. Im Gesamten ist aber in diesen entscheidenden Szenen die oben festgestellte[297] Zweiteilung eingehalten: Den Göttern von Philae gehört die Südhälfte

Abb. 168 Kalabschatempel, Blick durch die drei Räume des Tempelhauses ins Allerheiligste.

des Tempels, den lokalen Göttern die Nordhälfte. Die Beischriften der Krönungsreliefs waren samt den Königskartuschen in roter Farbe gemalt und als solche vor ihrem Verschwinden durch die Überflutungen zumeist noch gut erkennbar. Hingegen muß sich der heutige Besucher mit den reliefierten Hieroglyphen unterhalb der Krönungsreliefs zufrieden geben, wo sowohl im Norden wie im Süden der sog. kanonische Horusname zu lesen ist, der für Augustus geschaffen wurde. Die Sockeldarstellungen in beiden Raumhälften bieten Gaugötterzüge, die von Augustus angeführt werden. In der Nordhälfte führt Augustus 18 Gaurepräsentanten zu den lokalen Gottheiten; diese sind auf der Nordhälfte der Westwand ein alter Mandulis, ein junger Mandulis und die Göttin Buto (Abb. 175).[298] Die beiden Mandulisgestalten sind hier im Gegensatz zu der Szene der «Einführung» darüber durch ihre Ikonographie deutlich von einander unterschieden. Hinter dem Kaiser folgt als erster Gaugott interessanterweise der Repräsentant von Philae, das ja administrativ keinen eigenen Gau darstellte. Danach kommen bis hin zur Ostwand der 1. bis 17. oberägyptische Gau. In der Südhälfte führt Augustus die Gaue zur osirianischen Götterfamilie, wobei hier als Kindgott der falkenköpfige Harendotes mit der Doppelkrone erscheint (Abb. 176).[299] Die Gaugötter selbst, die auf der Südwand (Abb. 177)[300] und Ostwand zu sehen sind, setzen die Reihe der oberägyptischen Gaue von der Nordhälfte her fort; nach diesen folgen noch einige unterägyptische Gaue.

Der zweite Raum des Naos, die sog. Halle der Neunheit, hat in zwei monumentalen Darstellungsregistern Opferszenen des Kaiserpharaos vor verschiedenen Göttern zu bieten. Abgesehen vom Auftreten der Götter von Philae in der Südhälfte (zumeist gemeinsam mit anderen Göttern) fallen dem Besucher die be-

Abb. 169 Kalabschatempel, Treppe, die zwischen den beiden Schalen der südlichen Mauer im Bereich der ersten zwei Räume des Tempelhauses auf das Dach des Allerheiligsten führt.

Abb. 170 Kalabschatempel, Blick über das Tempeldach von der Stelle, wo die Treppe von Abb. 169 heraufkommt zum Pronaos, auf den eine Doppeltreppe führt. Im Vordergrund halb rechts befindet sich der Ausgang des Treppenhauses, dahinter der Eingang zur Wabet; links im Hintergrund der Hochdamm von Aswân.

sonderen nubischen Götter der Nordhälfte auf, die die Lage von Kalabscha in Nubien wiederspiegeln. So sehen wir gleich beim Eintreten rechts neben der Türe an der Nordhälfte der Ostwand im unteren Register, wie der Kaiser zuerst Wein dem Arensnuphis und der Tefnut darbietet und daneben Milch dem Mandulis und dem Arensnuphis spendet (Abb. 178)[301]. Am Ostende der Südwand über der kleinen Tür springt im unteren Register die Räucherszene des Augustus vor dem Gott Tutu ins Auge (Abb. 179).[302] Der Kaiser trägt eine einfache Kappe mit dem Uräus an der Stirn. Besonders auffällig ist jedoch die Darstellungsweise des anthropomorphen Tutu mit Löwenkopf.[303] Tutu, griech. Τοθοῆς oder Τιθοῆς, ist ein volkstümlicher Gott des römischen Ägypten, von dem es fest datierte Zeugnisse erst seit der Ptolemäerzeit gibt, obwohl der Gott sicher schon früher existierte. Zumeist wird er als Sphinx dargestellt, in römerzeitlichen Tempelreliefs öfters auch anthropomorph mit Menschenkopf. Die Form mit Löwenkopf in unserer Abb. 179 scheint singulär zu sein. Auf der gegenüberliegenden Nordwand tritt der römische Pharao im unteren Register in zwei Relieftafeln jeweils vor dem alten und dem jungen Mandulis auf. Die heute verlorenen Farben der Reliefs sind zum Verständnis wichtig: Die Hautfarbe des alten Gottes war blau und kennzeichnete ihn als Himmelsgott, hingegen war der junge Gott grün zum Ausdruck des Aspektes der Wiedergeburt. Die schönste Mandulisdarstellung ist wohl jene in der Mitte der Nordwand direkt unter dem Fenster (Abb. 180)[304]: Mandulis als Sonnenkind auf dem Lotos steht hier direkt mit dem einfallenden Licht in Verbindung. Die hieroglyphische Inschrift, die in je zwei Kolumnen das Bild umgibt, setzt die Erneuerung des Kindgottes konkret mit der Erneuerung des Sonnengottes in Paralle. Rechts davon bietet Augustus den Kataraktengöttern Chnum und Satet einen Krug dar (Abb. 181),[305] links davon das Symbol der Maat zwei verschiedenen, nubischen Formen des Gottes Amun (Abb. 182)[306]. Der rein menschengestaltige Gott wird in der Beischrift als «Amun von Napata» bezeichnet, der zweite, widderköpfige Gott ist hingegen «Amun von Primis». Unterhalb des Frieses mit den senkrechten Augustuskartuschen verläuft über alle Wände des Raumes eine Hieroglyphenzeile, die sich in zwei Isishymnen, einen in der Nordhälfte und einer in der Südhälfte, gliedern läßt. Von diesen wurde nur jener der Südhälfte bislang studiert.[307] Isis erscheint hier nicht nur selbst als Königin von Ober- und Unterägypten, sondern sie allein bestimmt den irdischen Herrscher für Ägypten, sie allein ist die absolute göttliche Macht, die grundsätzlich mit den anderen Göttinnen identisch ist, d.h. mit den Göttinnen von Theben, Dendera, Memphis, Koptos, Achmim usw. Sie ist die Herrin des himmlischen Kosmos, welche die Gestirne in ihren Bahnen lenkt, und allumfassende Lebensspenderin. Damit finden wir in einem hieroglyphischen Hymnus, der bereits in einer Fassung aus der Zeit Ptolemaios' VI. in Philae vorgegeben ist, die Theologie der hellenistischen und römischen Isis wieder, wie sie sich außerhalb Ägyptens in den sog. Isisaretalogien präsentiert.[308]

Der Eingang ins Allerheiligste wird auf der Innenseite der Türpfosten von löwenköpfigen Messerdämonen geschützt (Abb. 183).[309] Im Sanktuar stand ein Doppelnaos für die beiden Formen des Mandulis. Dem Besucher fällt im unteren Register der Nordwand das östliche Relief auf (Abb. 184)[310]: Hier präsentiert Augustus die Maat den Gottheiten Osiris, Isis und Neph-

Abb. 171 Kalabschatempel, Blick in die Wabet, die über eine Treppe vom Dach des zweiten Raumes des Naos erreichbar ist und zwischen den beiden Schalen der südlichen Naosmauer über der Treppe von Abb. 169 im Bereich des ersten Raumes liegt. Den Eingang bildet ein oben offenes Portal mit Hohlkehle und Rundstab und zwei Säulen.

thys. Hinter dem Kaiser wurde nach ptolemäischer Tradition irrtümlich eine Königsgemahlin dargestellt, jedoch hat man ihr wie im Durchgang des Tiberius in Philae (Abb. 79) keinen Namen gegeben.[311] In den übrigen Opferreliefs dieses allerheiligsten Raumes kommt eine größere Anzahl von Gottheiten vor. Abgesehen von Mandulis in beiden Gestalten hat aber Isis ein deutliches Übergewicht. Ausdrücklich hingewiesen sei auf das schöne Bild am Nordende der Westwand im unteren Register, wo Augustus Lotosblumen der Isis und dem Harpokrates entgegenbringt (Abb. 185). Die Sockeldarstellungen des Sanktuars bieten Nilgötterprozessionen, die vom Kaiserpharao angeführt werden und auf das Zentrum der Westwand, der heiligsten Stelle in der Tempelachse, zugehen. Zwischen den Sockeldarstellungen und der unteren Reliefreihe verläuft über alle Wände des Sanktuars ein Inschriftenband, welches aus zwei Teilen besteht, die in der Mitte der Westwand ihren Anfang nehmen.[312] In beiden Inschriften wird Isis mit einer langen Epithetasequenz gepriesen. Wieder ist sie Königin von Ober- und Unterägypten, Fürstin etc. Ihr Name «Isis, die Große, die Gottesmutter» steht als ihr Thronname in der Kartusche; sie ist Gemahlin des Königs Osiris. Somit wird hier im Kalabschatempel die große Göttin Isis als *Isis Regina* vorgestellt, die als Königin der Götter und Menschen regiert und daher auch weit über den irdischen Ritualkönig, den römischen Pharao Augustus, erhaben ist.

An der hinteren Außenwand des Tempels gibt es sowohl Reliefs im eigentlichen Sinne (Abb. 186. 187) als auch Graffiti (Abb. 188–190), die die Auffassung von Mandulis und seinen Aspekten widerspiegeln. Genau gegenüber auf der Innenseite der Umfassungsmauer befindet sich ein Kultrelief (Abb. 191), das die beiden Formen des Gottes, nämlich den älteren und den jüngeren Mandulis, einander gegenüber zeigt. Das Kultrelief war von einer Holzkapelle eingeschlossen, die ein Giebeldach hatte, wie die Einschnitte über dem Relief zeigen; in den Vertiefungen an der Basis steckten wohl kurze Balken, die die Kapelle trugen. Südlich des Tempelhauses liegt innerhalb der Umfassungsmauer der Nilstandsmesser (Abb. 192).

Abb. 172 Kalabschatempel, Blick von der Wabet durch deren Vorhof zur Zugangstreppe.

Abb. 173 Kalabschatempel, erster Raum des Naos (Opfersaal), Nordwand, unterstes Register, mittlere Szene: Reinigung des Königs durch Horus und Thot. Es ist die zweite Szene im Krönungszyklus nach dem Bild vom Verlassen des Palastes, welches rechts davon zu sehen ist. Die hieroglyphischen Beischriften mit den Kartuschen des Augustus waren in Rot gemalt und sind heute abgewaschen. Unter der Szene lesen wir in reliefierten Hieroglyphen eine Passage des sog. kanonischen Horusnamens des Augustus: «… (reich an Vollkommenheit), denn er hat den Göttern geopfert, er hat alle heiligen Tiere Ägyptens geschützt, er hat die Gesetze des ganzen Erdkreises festgesetzt wie Thot, er hat die Maat (dem Re) dargeboten, (in der) Residenz des Römers.»

Abb. 174 Kalabschatempel, erster Raum des Naos, Nordwand, unterstes Register, linke Szene, an Abb. 173 anschließend: Krönung des Königs durch Buto (rechts) und Nechbet (links). Die Beischriften sind wie in Abb. 173 verloren gegangen. Unter der Szene ist der vorausgehende Passus des Horusnamens zu lesen: «… (seine Befehle erreichen die Grenzen des) Himmels. (Er ist) eine Mauer aus Erz um Ägypten herum; der lebende Apis liebt ihn und verkündet ihm ein großes Zeitalter …»

Abb. 175 Kalabschatempel, erster Raum des Naos, Westwand, Nordhälfte, Sockel: Augustus führt eine Gaugötterprozession an, die sich auch über die ganze Nordwand und die Nordhälfte der Ostwand erstreckt und mit dem 17. oberägyptischen Gau vor dem Tor endet. Auf unserer Abb. ist zu sehen, wie der Kaiser den Gau «Philae» sowie den ersten und zweiten oberägyptischen Gau zu zwei Formen des Mandulis und zur Göttin Buto führt. Entgegen der administrativen Realität tritt hier Philae als eigener Gau auf.

Abb. 176 Kalabschatempel, erster Raum des Naos, Westwand, Sockel: In Entsprechung zu Abb. 175 führt Augustus hier in der Südhälfte des Raumes eine Gaugötterprozession zu Osiris, Isis und Harendotes. Da dieser südliche Teil der Westwand kürzer ist als der nördliche, beginnt die Reihe der Gaugötter, die hinter dem Kaiser schreiten, erst um die Ecke auf der Südwand. Es folgen zuerst die restlichen oberägyptischen Gaue (Abb. 177), danach kommen einige unterägyptische, wobei die letzten beiden bereits auf der Südhälfte der Ostwand zu sehen sind.

Abb. 177 Kalabschatempel, erster Raum des Naos, Südwand, Sockel: sichtbar sind die hinter dem Kaiser (der sich bereits auf der Westwand befindet, vgl. Abb. 176) schreitenden oberägyptischen Gaue (18., 20.–22.).

Abb. 178 Kalabschatempel, zweiter Raum des Naos (Halle der Neunheit), Ostwand, Nordteil, zweite Reihe von oben: Augustus bringt den nubischen Göttern Mandulis und Arensnuphis Milch dar.

Abb. 179 Kalabschatempel, zweiter Raum des Naos, Südwand, Ostende, zweite Reihe von oben: Augustus räuchert vor dem löwenköpfigen «Tutu, dem Großen, groß an Stärke, großer Gott, Herr von Ägypten, der den Frevler vernichtet.»

Abb. 180 Kalabschatempel, zweiter Raum des Naos, Nordwand, oberes Register, Mitte: Mandulis als Sonnenkind auf der Lotosblüte, die aus dem mr-Gewässer (= Urgewässer) herauswächst. Der Gott trägt die Hemhemkrone, hat die Jugendlocke und führt die linke Hand zum Mund; in der rechten hält er die königliche Geißel. Die Lotosblüte wird von zwei Knospen flankiert.

Abb. 181 Kalabschatempel, zweiter Raum des Naos, Nordwand, oberes Register, Ostseite (rechts von Abb. 180): Augustus bringt den Kataraktengöttern Chnum und Satet einen Krug dar.

Abb. 182 Kalabschatempel, zweiter Raum des Naos, Nordwand, oberes Register, Westseite (links von Abb. 180): Augustus präsentiert die Maat dem Amun von Napata und dem widderköpfigen Amun von Primis.

Abb. 183 Kalabschatempel, Sanktuar, Innenseite des nördlichen Türpfostens. Ein löwenköpfiger Messerdämon bewacht den Durchgang und blickt daher zur Türöffnung.

Als höchst interessant hat sich die Metrologie des Bauwerkes erwiesen.[313] Der Pylon hatte eine ursprüngliche Höhe von ca. 16,50 m und eine doppelt so große Breitenausdehnung von etwa 33 m. Doppelte Ausmaße besitzt die von den Außenkanten des Pylons nach hinten führende Umfassungsmauer des Tempels (bei Annahme eines in der Achse stehenden Pylones); genau gemessen: 66,16×33,08 m, das sind 100×50 Fuß bei einer Fußlänge von 33,08 cm. Im Zuge der Verlagerung des Tempels kam nach Abtragung des aufragenden Mauerwerkes die Planzeichnung des ganzen Tempels einschließlich der Hilfsrisse und Maßeinteilungen auf der Sockelschicht in Einritzung zu Tage. Außerdem zeigte sich bei der Vermessung der Säulenhalle des Pronaos, daß der Architekt von Kalabscha Maßverhältnisse benutzte, die Vitruv, *de architectura* 4,3,3 für den dorischen Tempel mit einer sechssäuligen Front fordert. Die grenzüberschreitenden Studien der Bauplaner sind nicht zu unterschätzen!

In der Südwestecke der Mauer, die den heiligen Bezirk umgibt, stand das Geburtshaus für Mandulis als Kind (Abb. 193). Das Allerheiligste ist in die anstehende Felswand hineingehauen. Davor ist eine Säulenstellung mit Schranken im Geviert erhalten.

Der Tempel von Kalabscha mit seiner Umfassungsmauer (Abb. 195) war keine von ihrer Umgebung abgehobene Priesterinsel; die religionspolitische Absicht wirkte tatsächlich in die Breite, und der «Hof der Menge» wurde seinem Namen gerecht. Allerdings scheinen gerade die einheimischen Nubier und Beduinen keine schriftlichen Zeugnisse angebracht zu haben. Umso interessanter sind die zahlreichen, griechischen Verehrungsinschriften (*Proskynemata*), die im Hof (in den Säulenhallen und an der Frontseite des Pronaos, z. B. Abb. 194)[314] zu sehen sind und zumeist von römischen Soldaten stammen.[315] Die datierten Inschriften von Militärs kumulieren auffällig in der Zeit Domitians, weitere gehören in die Regierung des Trajan

Abb. 184 Kalabschatempel, Sanktuar, Nordwand, zweites Register von oben, rechtes Ende: Augustus präsentiert die Maat dem Osiris, der Isis und der Nephthys. Die Götter, links außerhalb des Bildes, sind zum Kaiser gewandt; hinter dem Kaiser ist irrtümlich eine Königsgemahlin nach ptolemäischer Tradition dargestellt, der jedoch die Namensbeischrift fehlt.

Abb. 185 Kalabschatempel, Sanktuar, Westwand, zweites Register von oben, Relief am Nordende: Augustus bringt zwei Lotosblumen der Isis und dem Harpokrates dar.

Abb. 186 *Kalabschatempel, Rückseite des Tempelhauses mit zwei großen, antithetischen Reliefgruppen des Pharaos vor den Göttern von Kalabscha. Darunter befinden sich Graffiti (Abb. 188–190) und oben an der Mauer die roh belassenen Wasserspeier.*

Abb. 187 *Kalabschatempel, das linke der Reliefs von Abb. 186: der Pharao mit vierteiliger, hoher Federkrone hält ein Räuchergefäß vor Isis, Harendotes und Mandulis.*

Abb. 188 Kalabschatempel, Rückseite des Tempelhauses, Graffito in der Mitte über dem Boden: Der König mit der unterägyptischen Krone reicht ein Feld den drei Gestalten des Mandulis; von diesen trägt der erste Mandulis die Hemhemkrone, was (trotz Bart) auf eine jugendliche Form hinweist. Die beiden anderen Formen des Gottes tragen die osirianische Atefkrone; alle vier Figuren des Graffito haben durch ihre Kronen königlichen Charakter.

Abb. 189 Kalabschatempel, Rückseite des Tempelhauses, Graffito rechts von Abb. 188: Der Ba des Mandulis, die «Seele» des Gottes in Vogelgestalt mit Menschenkopf und Hehemkrone, ist zweimal einander gegenüber dargestellt.

Abb. 190 Kalabschatempel, Rückseite des Tempelhauses, Graffito links von Abb. 188: Isis reicht dem Ba des Mandulis das Lebenszeichen. Dahinter ein aufgerichteter Uräus mit Menschenkopf und dem Kopfputz der Hathor.

Abb. 191 Kalabschatempel, westliche Umfassungsmauer, Kapelle im Zentrum der Innenwand: zwei Formen des Mandulis einander gegenüberstehend, getrennt durch einen Altar, beide mit der Jugendlocke. Links erscheint der jüngere Mandulis mit der Hemhemkrone, rechts der ältere mit einer kompositen Doppelkrone; in den Vertiefungen der Mauer waren die Halterungen der Holzkapelle fixiert, die das Relief umgab.

und des Antoninus Pius; insgesamt sind sie (gemeinsam mit den entsprechenden Inschriften des Tempels von Dakke) von größter Bedeutung für die Geschichte des römischen Heeres in Nubien. Die Soldaten wenden sich in ihren *Proskynemata* an den Sonnengott Mandulis, nennen ihn den «sehr großen Gott» (θεὸς μέγιστος) oder ihren Herrn (κύριος), bezeichnen ihn bisweilen als Gott, der ihre Bitten erhört und erkennen in ihm Apollo. Sechs Hymnen waren im Hof von Kalabscha erhalten, fünf in griechischer[316] und einer in lateinischer[317] Sprache, in denen Mandulis gepriesen wurde. Die einst bloß aufgemalten

Abb. 192 Kalabschatempel, Nilometer (lichter Durchmesser: 2,80 m) mit Zugangstreppe. Er liegt südlich des Sanktuars innerhalb der Umfassungsmauer.

Abb. 193 Kalabschatempel, Geburtshaus, das in der Südwestecke der großen Außenmauer stand, in die die anstehende Felswand miteinbezogen war (s. Plan Abb. 145). Das Allerheiligste ist in den Fels geschlagen. Sollte die Säulenstellung zu einem Umgangstempelchen gehören, so ist vom Zentralbau nichts mehr erhalten.

Texte sind heute gänzlich verloren. In den Hymnen zeigt sich, daß selbst spezifische Elemente der örtlichen Mandulistheologie in Soldatenkreisen bekannt waren: Dem Decurio Maximus,[318] dessen Heimat fern von Talmis lag, aber wahrscheinlich doch in Ägypten, offenbarte sich der Gott im Tempelschlaf als Lichtgott, der vom Olymp herabgestiegen ist und die Sprache der «Äthiopen» spricht (Olymp ist hier der allgemeine Ausdruck für das ferne Götterland). Dieser lokale, nubische Lichtgott erteilt nach Aussage des Hymnus Orakel über den künftigen Verlauf des Lebens, die dem delphischen Orakel entsprechen: er ist also Apollo. Entsprechend der theologischen Aufspaltung des Gottes in zwei Formen preist auch der römische Decurio den Gott als «zwei Brüder», scheinende Gestirne der Götter, wenn sie am Himmel aufgehen. Daneben verkörpert

Abb. 194 Kalabschatempel, Fassade des Pronaos, Hohlkehle der nördlichsten Säulenschranke (s. Abb. 152), griechische Verehrungsinschrift, die der Decurio C. Iulius Priscus auf die Sonnenscheibe gemalt hat.

Abb. 195 Kalabschatempel, Blick von Südwesten auf die Umfassungsmauer, die noch im Rohzustand belassen ist.

er für den Decurio den Erfolg der römischen Religionspolitik in Nubien: Mandulis freut sich nämlich über den Ruhm für die Macht der Römer. In einem anderen Hymnus sagt der Erzähler,[319] daß er Mandulis als Sonnengott erkannt habe; im Schlaf habe er sich ihm gezeigt, wie er in der Barke den Himmel überquerte und nach dem nächtlichen Bad im Urgewässer als Kind erschien. Dieses Traumerlebnis entspricht der Auffassung, die in dem schönen Bild unserer Abb. 180 zum Ausdruck kommt: Mandulis als Sonnenkind auf dem Lotos, der aus dem Urgewässer emporwächst. Obwohl Mandulis absolute Präferenz genießt, verehren die Soldaten auch Isis und Sarapis (= Osiris der hieroglyphischen Inschriften) und führen uns somit in ihrer Hinterlassenschaft die Götterfamilie von Talmis vor. Isis ist entsprechend dem hieroglyphischen Hymnus, der im zweiten Raum des Naos zu lesen ist, die «Vielnamige» und die «Königin».

Als Fazit können wir festhalten, daß sowohl die im augusteischen Tempel von Talmis/Kalabscha formulierte Theologie der Integration des Mandulis in die Götterfamilie von Philae als auch die *Interpretatio Graeca* des Mandulis, die in den Verehrungsinschriften der römischen Soldaten zu Ausdruck kommt, den großen Kalabschatempel als religionspolitisches Symbol der Einheit von Nubien und Ägypten präsentieren. Gleichzeitig befriedigte er die religiösen Bedürfnisse des römischen Militärs in diesem entferntesten Winkel des Reiches.

In christlicher Zeit wurde schließlich der Pronaos des Tempels in eine Kirche umgewandelt, die entsprechend der vorhandenen Säulenstellungen fünf Schiffe hatte, aber nur drei Joche tief war. Die zur Kirche gehörigen Einbauten wurden im Zuge der Konsolidierungsarbeiten von 1907 bis 1909 entfernt.[320]

Ajuala

Etwa 7 km südlich von Kalabscha lag vor der Überflutung durch den Nassersee auf dem Ostufer Ajuala im Distrikt von Abu Hor. Das *Itinerarium Antonini*, das auf dem Ostufer im Zwölfmeilenland nur drei Orte angibt, nämlich Contra-Tafis, Contra-Talmis und Contra-Pselcis, sagt uns nichts dazu. Bereits Ptolemaios VI. ist dort durch ein Stelenfragment nachgewiesen, in dem der alte und der jugendliche Mandulis unterschieden werden.[321] In der frühen Kaiserzeit stand in Ajuala ein Tempel für Mandulis und die Götter von Philae, von dem Blöcke eines Tores vorhanden sind, das am ehesten mit dem (allerdings viel höheren) Kalabschator in Berlin verglichen werden kann. Die Blöcke, welche Reliefs tragen, wurden nach Elephantine gebracht und hier 1989 nahe dem kleinen Kalabschatempel (Abb. 9. 196) zum sog. Tor von Ajuala wieder zusammengesetzt[322] (Abb. 196. 197). Dieses etwa 4,60 m hohe Tor stand einst in der Achse einer 50 m breiten Vorterrasse beim Nil,[323] die hier eine echte Kaianlage war, weil in der Achse des Tores eine Treppe ins Wasser führte ähnlich wie bei der Monumentaltreppe auf Elephantine (Abb. 41). Das Tor selbst durchbrach wohl die Ziegelumfassungsmauer, die den Mandulisbezirk umgab. Für die Rekonstruktion auf Elephantine waren nur Blöcke der Außenfassade vorhanden, die uns zwei Szenen der Türsturzverkleidung sowie drei Szenen auf jedem Türpfosten bieten. Das Tor und der vorgelagerte Terrassenkomplex gehören wahrscheinlich in die augusteische Zeit, obgleich der «Name» des Königs in den Kartuschen stets nur *pr-ꜥꜣ* lautet. Theologie und Kult in dem Heiligtum, zu dem das Tor gehörte, scheinen weitgehend den religiösen Vorstellungen von Kalabscha entsprochen zu haben. Nach den jeweils drei

Abb. 196 Tor von Ajuala, einst 7 km südlich des alten Kalabscha auf dem Ostufer des Nils gelegen, 1989 am Südende von Elephantine wiedererrichtet. Das etwa 4,60 m hohe Tor stammt wahrscheinlich aus augusteischer Zeit; links dahinter steht der kleine Kalabschatempel.

Abb. 197 Tor von Ajuala; rechte Szene auf dem Türsturz: der König, dessen Name in beiden Kartuschen «Pharao» lautet, im Lauf mit zwei Vasen vor drei sitzenden Gottheiten. Bei diesen handelt es sich um den falkenköpfigen Harendotes, den alten Mandulis mit Atefkrone sowie die jugendliche Form desselben Gottes mit Hemhemkrone.

übereinander angebrachten Reliefs auf den Türpfosten ist die rechte Torhälfte dem Mandulis gewidmet, die linken den Göttern von Philae. Mandulis ist wie auf der genannten ptolemäischen Stele und wie in Kalabscha in eine alte und eine kindliche Form aufgespalten. Als Kindgott ist Mandulis Symbol der ewigen Erneuerung und entspricht daher dem neugeborenen Sonnengott. Auf dem Türsturz ist der König in beiden Darstellungen im Vasenlauf vor den Göttern dargestellt, was ihn als Garanten für die regelmäßige Wiederkehr der Nilüberschwemmung kennzeichnet. Die dargestellten Gottheiten lassen uns nicht nur die Auffassung von Mandulis sondern auch seine verschiedenartige Integration in die Götterfamilie von Philae erkennen. In der rechten Szene (Abb. 197), in der der *eine* Mandulis, «Herr von Talmis», zweimal, und zwar in seiner alten und seiner jugendlichen Gestalt auftritt, könnte Harendotes, «Sohn der Isis (und) Sohn des Osiris», als Vater des Mandulis aufgefaßt sein. Das erinnert an unsere Abb. 165 in Kalabscha, wo Mandulis zum Nachfolger des Harendotes im ägyptischen Königsamt gekrönt wird. Dagegen ist Mandulis in der linken Szene der Kindgott in der Familie von Osiris und Isis von Philae und ersetzt somit den Horus als Erben des Osiris. Aus den späten Graffiti am Tor geht hervor, daß im 5. Jh. n. Chr. Blemmyer den Gott Mandulis auch in Ajuala verehrten.[324]

Dendur

Etwa 19 km vom alten Kalabscha aus flußaufwärts, das ist ca. 77 km südlich Aswân, stand auf dem Westufer der Tempel von Dendur (Abb. 198), wo uns das *Itinerarium Antonini* den Ort Tutzis angibt;[325] der Name liegt in den hieroglyphischen Inschriften des Tempels als *Tḫṯ* vor. Einen Nachweis für die Stationierung römischer Soldaten vor Ort gibt es nicht. Wie die anderen Tempel des Zwölfmeilenlandes war auch Dendur im 20. Jh. jahrzehntelang den jährlichen Überflutungen ausgesetzt. Dadurch ging auch hier die Farbenpracht verloren. 1963 wurde der Tempel von der ägyptischen Antikenverwaltung abgebaut, später den Vereinigten Staaten für ihren Einsatz bei der Rettung nubischer Denkmäler geschenkt und schließlich 1978 im Metropolitan Museum in New York wiedererrichtet (Abb. 199).[326]

Der Tempel von Dendur ist wie soviele andere Bauunternehmungen im römischen Nubien Ausdruck der augusteischen Religionspolitik, die nicht nur auf die überregionalen religiösen Strukturen sondern hier ganz besonders auf die religiösen Bedürfnisse der lokalen Bevölkerung zielte. Das Heiligtum ist vorrangig den Göttern von Philae geweiht, gleichzeitig aber auch zwei vergöttlichten Brüdern Pediese und Pahor, den Söhnen eines gewissen Quper. Die beiden vergöttlichten Heiligen hatten sicher ihr Grab in Verbindung mit dem Tempel, wie wir das

Abb. 198 Dendur, Tempel für die Götter von Philae und die beiden vergöttlichten Brüder Pediese und Pahor; alte Ansicht (vor 1963) von Südwesten mit dem Nil im Hintergrund, als der Tempel noch an seinem ursprünglichen Ort stand. Rechts steht das Tor, das offenbar in einen Pylon integriert war, links das Tempelhaus mit dem südlichen Nebeneingang in den Pronaos, umgeben von den Reliefs an der südlichen Außenwand des Tempels.

Abb. 199 Tempel von Dendur, wiedererrichtet im Metropolitan Museum of Art, New York: rechts das Tor, links dahinter das Tempelhaus. In der Fassade des Pronaos stehen zwei Säulen mit Kompositkapitellen.

etwa auch vom Felsenheiligtum des Piyris in ʿAin el-Labakha (Charga Nord) kennen.[327] In Analogie zu dem letztgenannten Kultensemble könnte das Grab der beiden Brüder das Felsenheiligtum hinter dem Tempel darstellen. Aber auch die Krypta, die in der besonders dicken Rückwand des Allerheiligsten ausgespart ist, kommt dafür in Frage (Abb. 200). Im übrigen ist das Tempelhaus mit seinem hintersten Raum bereits zum Teil in den Felsabhang hinter dem Tempel hineingehauen.

Die beiden Brüder Pediese und Pahor werden regelmäßig Osiris-Pediese und Osiris-Pahor genannt und sind zumeist mit dem Beiwort *ḥsj* «Gelobter» ausgezeichnet. Dies weist insgesamt darauf hin, daß sie ihren besonderen göttlichen Osiris-

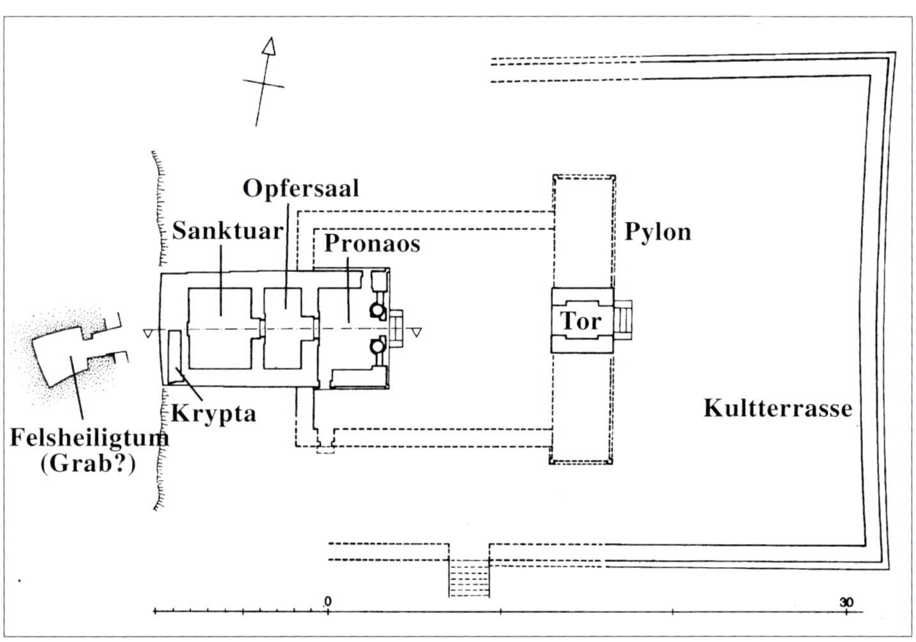

Abb. 200 Dendur, Tempel der Götter von Philae sowie der vergöttlichten Heiligen Pediese und Pahor.

Abb. 201 Dendur, nördliche Innenwand des Pronaos: Augustus (in den Kartuschen nur «Pharao» genannt) opfert Wein vor Pediese (mit Atefkrone) und Pahor; über diesem schwebt die von Uräen flankierte Sonnenscheibe.

zustand durch einen Ertrinkungstod im Nil erlangten.[328] Der bekannteste Parallelfall in etwas späterer Zeit ist die Vergöttlichung des Antinoos zu Osiris-Antinoos durch Hadrian. Pediese, der in Dendur einen gewissen Vorrang genoß, da er in gemeinsamer Darstellung stets vor dem Bruder auftritt, wird in verschiedenen Reliefs des Tores «Agathos Daimon von Dendur» (*P-šȝj n Tḥṯ*) genannt. Die Brüder lebten nicht vor der ägyptischen Spätzeit, wie sich aus der Form ihrer Namen ergibt, vielleicht sogar in frühaugusteischer Zeit. Der Tempel selbst ist ein Werk aus den frühen Jahren der römischen Herrschaft in der Dodekaschoinos, da bereits im 20. Jahr des Augustus (11/10 v. Chr.) ein demotisches Graffito an der Nordwand des Pronaos angebracht wurde, in dem der meroitische Funktionär *Swnj* erwähnt ist.[329]

Dem Tempel war eine gewaltige Kultterrasse vorgelagert, die 18 m breit war und sich einige Meter über dem Nil erhob. Über sie konnte man jedenfalls nicht vom Nil zum Tempel gelangen. Es handelt sich um eine Kultterrasse, wie wir sie von Elephantine (Chnumtempel), Philae (beim Trajanskiosk und beim Hathortempel) und Kalabscha kennen. Wer vom Nil zum Tempel ging, benutzte wahrscheinlich einen Weg, der von Süden her zwischen Tor und Pronaos hinaufführte. Das Tempeltor selbst, das mit dem Pronaos und den beiden inneren Räumen nach New York gebracht wurde, war vermutlich in einen Pylon integriert.

Interessanterweise hat man in Dendur nicht zuerst die inneren Teile des Heiligtums mit Reliefs geschmückt, wie dies sonst zumeist der Fall war, sondern im wesentlichen nur den öffentlichen Teil (das Tor, die südliche und nördliche Außenwand des Tempelhauses) und den Pronaos, der wohl auch für eine größere Anzahl von Menschen zugänglich war. Offensichtlich wollte man damit eine propagandistische Wirkung der römischen Politik auf die Besucher des Tempels erzielen, während die Priester, die allein in die beiden innersten Räume gehen durften, auf die ihnen vorbehaltenen Reliefs *ad Kalendas Graecas* zu warten hatten.

Bereits die Reliefs der Fassade des Tores zeigen, wie im Kult von Dendur die verschiedenen lokalen Gottheiten und das Übergewicht der Götter von Philae zum Ausdruck kamen.[330] Die untersten beiden und somit wichtigsten Reliefs zeigen die königliche Handlung links vor Isis und Harendotes und rechts vor Osiris und Isis. Links wird der König in den Kartuschen bloß «Pharao» genannt, rechts führt der göttliche Pediese selbst die Verehrungshandlung durch, hat also die Königsfunktion übernommen.[331] Darüber opfert der *pr-ʿȝ* links vor Arensnuphis und Tefnut, rechts vor Thot von Pnubs und Tefnut. In den obersten Reliefs der Torpfosten wird schließlich das königliche Opfer vor den beiden Brüdern dargebracht. Der Türsturz selbst ist wieder ganz den Göttern von Philae und Bigge geweiht, wobei hier in der nördlichen Hälfte auch Chnum und Hathor von Bigge und Philae erscheinen. Der stets «Pharao» genannte König ist im Tor nicht irgendein Kaiser, denn in den Randzeilen des Türsturzes ist sowohl auf der Ost- wie auf der Westseite konkret Augustus in den Kartuschen genannt. Hervorgehoben sei außerdem das mittlere Relief in der südlichen Innenwange des Tores:[332] Der *pr-ʿȝ*, der nur Augustus sein kann, bietet der Isis von Philae und des Abatons das Feld dar. Die beiden Inschriftenkolumnen vor dem Kaiserpharao zeigen, daß es sich um eines der augusteischen Reliefs handelt, die die Stiftung des Zwölfmeilenlandes an die Isis von Philae ausdrücken. Auf der Westseite des Tores begegnen außer den bereits genannten Göttern besondere nubische Gottheiten in den beiden obersten Reliefs der Türpfosten: im Norden Mandulis und Satet, im Süden Arensnuphis und Amun von Debod.[333] Erst jüngst wurde erkannt, daß Amun von Debod durch seine Beischrift als Orakelgott gekennzeichnet ist.[334]

Die Fassade des Pronaos wird zwischen den beiden Anten von zwei Säulen mit schön ausgeführten, vierreihigen Kompositkapitellen gegliedert.[335] Auf den Anten finden wir je drei Reliefs übereinander, wobei die untersten und wichtigsten dem Götterpaar von Philae gewidmet sind. Der König, dessen Name jeweils in beiden Kartuschen *pr-ʿȝ* lautet, bietet im Norden dem Osiris und im Süden der Isis die beiden Landeskronen Ägyptens dar (vgl. Abb. 88). In den obersten beiden Reliefs auf den Anten wird die Opferhandlung im Süden vor Harendotes und im Norden vor Pediese vollzogen; d.h. auch hier in den Antenreliefs, wo Pahor überhaupt nicht erscheint, ist Pediese der Wichtigere von beiden. In diesen obersten Reliefs der Fassade hat der handelnde König die Kartuschennamen des Augustus. Einen ähnlichen Eindruck vom Verhältnis der verschiedenen Gottheiten zueinander, vermittelt der Reliefdekor der südlichen (Abb. 198) und nördlichen Außenwand:[336] An den Außenwänden des Pronaos begegnen nur die Götter von Philae, weiter hinten auch Pediese, Mandulis, Thot von Pnubs, Tefnut etc., Pahor finden wir nur einmal im Norden. Der Pharao hat stets die augusteischen Namenskartuschen bei sich. In den Reliefs mit Thot und Tefnut bieten die Beischriften stets Anspielungen an den Mythos von der Fernen Göttin.[337]

Der Pronaos war durch den Haupteingang im Osten und eine Tür in der Südwand zugänglich.[338] Die Tür in der Nordwand ist ein späterer Durchbruch, durch den die Reliefs außen und innen zerstört wurden. Die innere Südwand ist primär den Göttern von Philae geweiht: Im unteren Relief bringt Augustus Milch dem Osiris, der Isis und dem Harpokrates dar; in der oberen Reihe präsentiert der bloß «Pharao» genannte König im Ostteil der Wand ein Räuchergefäß der Isis von Philae, während er im westlich anschließenden Relief vor Pediese und Pahor räuchert und ein Trankopfer darbringt. Pediese trägt wie üblich die osirianische Atefkrone; über Pahor schwebt an entsprechender Stelle eine Sonnenscheibe mit herabhängenden Uräen. Auf der Nordwand haben die lokalen Gottheiten das Übergewicht, obwohl auch Gottheiten von Philae präsent sind: In den größeren Reliefs, die im westlichen Teil der Wand angebracht sind, bietet der *pr-ʿȝ* Wein dar, und zwar unten den vergöttlichten Brüdern Pediese und Pahor (Abb. 201), oben dem Thot von Pnubs und der Tefnut. In den kleineren, östlichen Reliefs reicht unten Augustus mit seinen historischen Kartuschen der Isis das Feld, oberhalb übergibt hingegen der «Pharao» dem Harendotes die ägyptischen Kronen. Auf der Westwand finden wir links und rechts vom Durchgang zum Opfersaal den historischen ⊂ Autokrator ⊐ ⊂ Kaisaros, der ewig lebe ⊐ vor einzelnen Gottheiten. In den unteren, wichtigeren beiden Szenen opfert der Kaiserpharao geschlachtete Tiere, und zwar im Süden der Isis und im Norden dem Pediese; d.h. auch hier ist der bekannten Zuordnung zu den beiden Tempelhälften Rechnung getragen.

Von den beiden Türen, die das Betreten zuerst des Opfersaales und dann des Sanktuares erlaubten, ist jeweils nur die für den Eintretenden sichtbare Ostseite dekoriert. Im Sanktuar ist die Stele, die in die zentrale Kultnische gemeißelt ist und den einzigen Schmuck in diesem Raum darstellt, besonders interessant. Sie ist in zwei Reliefs gegliedert: Im oberen führt Pahor die Verehrungshandlung vor Isis, «Herrin des Abaton, Fürstin, Herrin von Philae, Herrin der südlichen Länder» durch; im unteren Relief steht Pediese vor Osiris-Onnophris. In diesen allerheiligsten Darstellungen, in denen (nur!) Isis und Osiris verehrt werden, hat der Kaiser somit die Funktion des ägyptischen Königs an die beiden untergeordneten Hauptgötter des Tempels abgetreten.[339] Wie wir in dieser Arbeit mehrfach wahrnehmen konnten, ist somit die altägyptische Königsfunktion auch hier wieder Göttern übertragen.

Zuletzt sei noch erwähnt, daß sich in der Dicke des südlichen Tores des Pronaos, und zwar auf dem östlichen Türpfosten, eine eingravierte koptische Inschrift befindet, die von der Umwandlung des Tempels in eine christliche Kirche berichtet (2. Hälfte des 6. Jhs.);[340] das Kreuz habe Bischof Theodoros von Philae dorthin geschickt.

Dakke

Weitere 30 km flußaufwärts, ca. 107 km südlich von Aswân, lag bei der modernen Siedlung Dakke der alte «Ort des Skorpions» (*P-srqt*), griechisch Pselkis, im *Itinerarium Antonini* als Pselcis angeführt.[341] Der Tempel von Dakke, der den Göttern von Philae und dem Thot von Pnubs geweiht war, bildete das Zentrum der alten Siedlung und stand spätestens seit trajanischer Zeit innerhalb eines römischen Forts.[342] Hier war somit ein unmittelbarer Zusammenhang zwischen dem ägyptischen Tempel und dem römischen Militär gegeben. Römische Soldaten sind mit ihren Verehrungsinschriften am Pylon schon seit augusteischer Zeit bezeugt; im zweiten Jahrhundert bildete der Ort jedenfalls den militärischen Hauptstützpunkt in der Dodekaschoinos. Die *cohors II Ituraeorum* hatte zumindest in hadrianischer Zeit in Dakke ihr Winterquartier. Außer den Hilfstruppen sind Angehörige der *legio III Cyrenaica* sowie der *legio XXII Deiotariana* nachgewiesen. Auch die im Itinerar auf dem Ostufer angegebene Siedlung Contra-Pselcis, wo das Wadi Allaqi von Osten her einmündete und von wo Beduineneinfälle zu erwarten waren, wird militärisch geschützt gewesen sein; Contra-Pselcis lag an der Stelle der Festung Kubbân aus dem Mittleren Reich.[343] Der Tempel von Dakke wurde wie die übrigen nubischen Tempel 1962 abgetragen und einige Jahre später vierzig Kilometer weiter im Süden bei Neu Sebuʿa wieder errichtet (Abb. 7. 202. 203).

Wie bereits angedeutet, nahmen die römischen Soldaten seit der Regierung des Augustus am religiösen Leben vor Ort teil und verehrten den Ortsgott Thot von Pnubs, den sie in den griechischen Proskynemata[344] entsprechend der *Interpretatio Graeca* Hermes mit dem Beinamen Παυθνοῦφις nannten. Die Bezeichnung könnte «Der vollendete Kämpfer» (*pȝ-ʿḥȝwtj-nfr*) bedeuten und eine Anspielung an Thot als kämpferischen Löwen darstellen. Als solcher erscheint er im Mythos von der Fernen Göttin und ist dabei gleichzeitig mit Schu identisch, der als Bruder der Löwin Tefnut ebenfalls als Löwe auftritt.[345] Ein römischer Präfekt, wahrscheinlich Kohortenpräfekt, mit Namen Aurelius Clemes (Αυρήλιος Κλήμης ἔπαρχος) errichtete dem Pauthnuphis wohl im 2. Jh. n. Chr. einen Altar im heiligen Bezirk.[346]

Die Masse der Verehrungs- und Besucherinschriften finden wir naturgemäß am Pylon, wo jeder Gläubige leicht herankommen konnte. Da die Errichtung des Pylons aus sich heraus zeitlich nicht einzuordnen ist, kann uns nur die älteste Besucherinschrift einen *Terminus ante quem* dafür geben. Die früheste, mit einem Datum erhaltene Inschrift hinterließ im Jahre 13 v. Chr. ein frommer Ägypter namens Harpokras in griechischer Sprache. Der Text ist in der östlichen Dicke des Pylontores angebracht und berichtet, daß der Mann zusammen mit einem Kollegen und dem Isispriester Tamias stromauf (also

Abb. 202 Tempel von Dakke, wiedererrichtet in Neu-Sebuᶜa, Blick von Nordosten; von rechts nach links: Pylon, Hof und Tempelhaus. In der Fassade des Pronaos stehen zwei Säulen mit kompositen Papyruskapitellen; die Außenwände des Tempels blieben undekoriert.

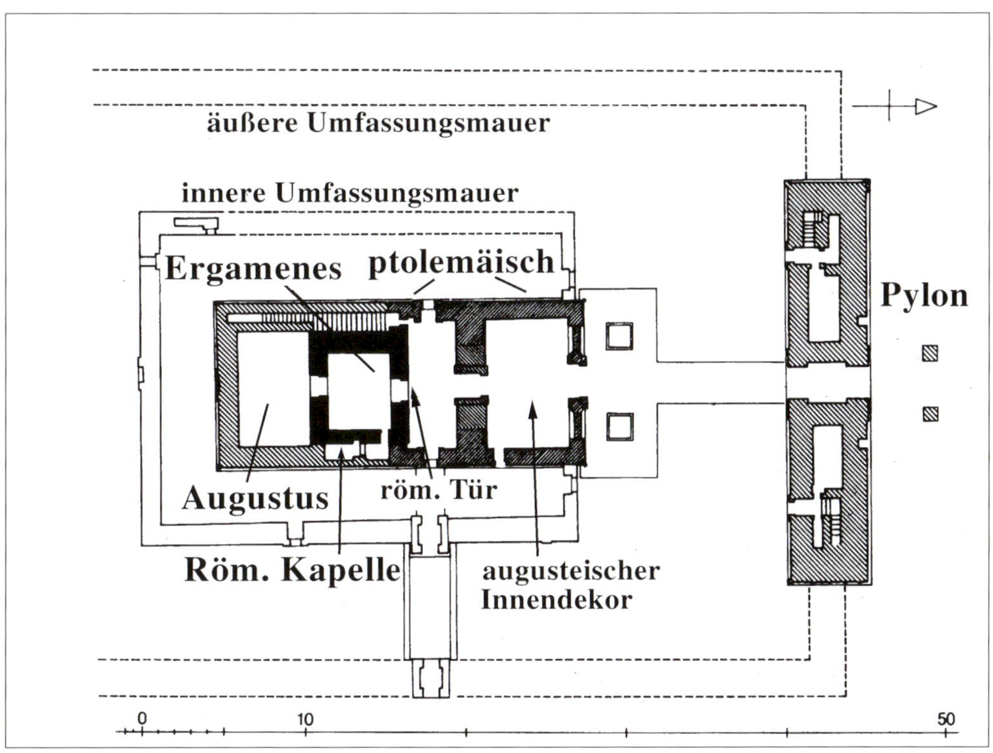

Abb. 203 Dakke, Tempel der Götter von Philae und des Thot von Pnubs.

Abb. 204 Tempel von Dakke, griechische Verehrungsinschrift im Durchgang des Pylons, nördlicher Torpfosten; angebracht von dem für das gesamte Zwölfmeilenland und den 1. oberägyptischen Gau zuständigen Strategen: «Apollonios, Sohn des Arabarchen Ptolemaios, Stratege des Ombites sowie des Gaues von Elephantine und Philae, Zollkontrolleur des Roten Meeres; ich kam und verehrte den sehr großen Hermes, gemeinsam mit … meinem Freunde». Danach folgt ein Text in kleinerer Schrift, in dem ein Mann […]ios Senas mitteilt, daß er zum 5. Mal im Gefolge desselben Apollonios zu Hermes gekommen sei; als Datum gibt er für diese angefügte Inschrift den 3. Mai 65 n. Chr. an.

offensichtlich von Philae her) nach Dakke kam und dort den Verehrungsakt vor dem κύριος Ἑρμῆς durchführte. Für die Frage nach der Erbauung des Pylons ist aber sicher noch viel wichtiger ein bereits erwähntes meroitisches Graffito ganz oben auf der Vorderseite des westlichen Pylonturmes, in dem der König Teriteqas, die Kandake Amanirenas und der Prinz Akinidad genannt sind.[347] Das Graffito muß ja wohl zu einer Zeit eingraviert worden sein, in der ein meroitischer König als Oberherr die Dodekaschoinos durchziehen konnte. Es wurde sehr ansprechend vermutet, daß die drei Mitglieder der meroitischen Königsfamilie 25 v. Chr. mit einem Heer im Zuge der Auseinandersetzung mit Rom nach Dakke gekommen seien. Wie dem auch sei, spätestens 25 v. Chr. stand der Pylon. Wenn wir aber nicht annehmen wollen, daß die Meroiten im hohen Norden

Abb. 205 Tempel von Dakke, Blick vom Pylon auf die Fassade des Pronaos; zwischen den beiden Anten zwei Säulen mit Kompositkapitellen; auf den Anten sind im unteren Teil noch weitgehend die Reliefs Ptolemaios' VIII. erhalten. Auf der rechten Ante im untersten Relief über der Sockeldarstellung: Ptolemaios VIII. stiftet das Zwölfmeilenland an Osiris und Isis. Die beiden ursprünglichen Schrankenwände zwischen den Anten und den Säulen, auf denen im 19. Jh. noch Reliefs zu sehen waren, verschwanden bereits vor der Versetzung des Tempels; sie sind heute durch moderne Steinwände ersetzt.

Abb. 206 Tempel von Dakke, Pronaos, östliche Innenwand, über dem Seiteneingang: Augustus, in beiden Kartuschen nur «Pharao» genannt, bietet eine Schreibpalette dem Thot von Hermupolis, dem Thot von Pnubs und der löwenköpfigen Tefnut dar.

Abb. 207 Tempel von Dakke, nördliche Außenwand der Ergameneskapelle: unter der Hohlkehle und dem Rundstab finden sich Reste von zwei waagrechten Hieroglyphenzeilen mit den Kartuschen Ergamenes' II. (um 200 v. Chr.). Darunter erkennen wir die in frührömischer Zeit erneuerte Türe mit römerzeitlichen Reliefs auf Sturz und Pfosten; links und rechts davon Inschriften und Reliefs des Ergamenes.

Abb. 208 Tempel von Dakke, Tür zur Ergameneskapelle, Nordseite, rechte Hälfte des Türstockes: Das im Zuge der römischen Erneuerung angebrachte Relief zeigt von rechts kommend einen König, der dem Osiris und der Isis das Symbol der Maat präsentiert. Der König ist Kaiser Tiberius mit den Kartuschennamen «Autokrator» und «Tiberius Kaisaros». Hinter dem Kaiserpharao steht eine Königin wie in Abb. 79. Die Hieroglyphenkolumne über ihrer Stirn ist als «Kleopatra» zu lesen. Die Titel der Isis in der Hieroglyphenkolumne hinter ihr beginnen mit «Königin von Ober- und Unterägypten». Die rechte Randinschrift hinter der Königin beginnt mit römerzeitlichen Hieroglyphen («Zu rezitieren durch Isis, die Lebensspenderin, Herrin des Abaton»). Darunter folgt ein stehengebliebener Rest der alten Titelei Ergamenes' II., deren Hieroglyphen den schönen Stil um 200 v. Chr. zeigen: «Sohn des Re, Herr der Kronen ⊂ Ergamenes, der ewig lebe, geliebt von Isis ⊃». Rechts unterhalb ist noch ein Teil vom obersten Relief des westlichen Türpfostens zu sehen.

(aus ihrer Sicht) das gewaltige Bauwerk errichteten, dann kommt am ehesten Ptolemaios VIII. (eventuell auch die erste Regierungsphase Ptolemaios' IX.) dafür in Frage. Desgleichen wurde unter Ptolemaios VIII. der Pronaos 136 v. Chr. eingeweiht und an der Fassade (Abb. 205) ausgeschmückt;[348] demselben Ptolemäer war auch der große Pylon von Edfu im Rohbau zu verdanken. Möglicherweise gehört die innere Umfassungsmauer, die den eigentlichen Tempel umgab, in diese Zeit des späteren 2. Jhs. v. Chr. Von dieser Mauer wie auch von der äußeren, wahrscheinlich römischen Umfassungsmauer, die an den Schmalseiten des Pylons ansetzte, war bereits zu Beginn des 20. Jhs. nichts mehr erhalten.

Unter den Verehrern des Gottes Thot treten in den Pylongraffiti der römischen Zeit mehrere Strategen der südägyptischen Gaue auf, also die höchsten Beamten, die unmittelbar für die Dodekaschoinos zuständig waren. Zu diesen gehört ein Apollonios, Sohn des Apollonios, der zwischen 26 und 57 n. Chr. Stratege der südlichen Gaue bis nach Theben hin war, oder ein anderer Apollonios, Sohn des Arabarchen Ptolemaios, der etwa 60 n. Chr. als Stratege des ersten oberägyptischen Gaues (der ja in der römischen Verwaltung auch das Zwölfmeilenland miteinschloß) und «Zollkontrollor des Roten Meeres» im Durchgang des Pylons mit einer monumentalen Inschrift (Abb. 204) hervortritt; im späteren Zusatz des Jahres 65 n. Chr. heißt er als frisch gebackener römischer Bürger Tiberius Iulius Apollonius und ist wie sein Vater zum Arabarchen aufgerückt.[349] Der Arabarch war für Zölle und Abgaben an den Häfen des Roten Meeres und an den Routen durch die Östliche Wüste zuständig.

Wir dürfen festhalten, daß sich die demotischen[350] und griechischen Verehrungsinschriften am Tempel von Dakke fast ausschließlich – soweit die Gottheit genannt ist – an Thot/Hermes richten. Dieser Hermes ist zwar grundsätzlich der nubische Ortsgott Thot von Pnubs, er wird aber in einem kurzen metrischen Hymnus[351] von einem Achilleus mit der Vorstellung von Hermes Trismegistos[352] zusammengebracht: Der Weihende ruft den Gott als «einheimischen Hermes» und «dreimal seligen Hermes» (τρὶς μάκαρ Ἑρμεία) an, um von ihm u. a. Glück, Ruhm und ein gesegnetes Alter zu erbitten.

Obwohl der ganze vordere Teil des Tempels von Dakke ptolemäisch ist und die Fassade Reliefs Prolemaios' VIII. trägt, wurden die Innenwände des Pronaos erst unter Augustus ausgeschmückt. Die vollen Namen des Kaisers ⊂Autokrator⊃ und ⊂Kaisaros, der ewig lebe, geliebt von Ptah und Isis⊃ waren einst auf der Rückseite der heute verschwundenen, westlichen Säulenschranke zu lesen.[353] Auch im unteren Register der inneren Westwand des Pronaos opfert Augustus mit seinen historischen Namen vor Osiris und Isis.[354] Dazu kommt ein heute verlorenes Relief auf der Westhälfte der Südwand,[355] wo ebenfalls der durch seine Namen identifizierbare Kaiser vor Thot von Pnubs («der sehr große Gott, der aus Nubien kam, der südliche

Löwe»), Arensnuphis-Schu und Tefnut-Wepeset[356] Wein darbringt. In allen übrigen Reliefs dieses Raumes wird der Kaiser in den Kartuschen bloß «Pharao» genannt. Die zuletzt erwähnte Opferdarstellung steht in enger Beziehung zu unserer Abb. 206, die auf der Ostwand über dem Seiteneingang angebracht ist.[357] Dort präsentiert der *pr-ʿ3* eine Schreibpalette zwei verschiedenen Formen des Gottes Thot und der Tefnut. Der erste, ibisköpfige Thot ist «Thot-Re, der zweimal Große, Herr von Hermupolis, der die Flamme in Bigge besänftigt, Herr der Wahrheit». Der dahinter sitzende Thot mit der vierteiligen Federkrone heißt «Thot von Pnubs, der sehr große Gott, der aus Nubien kam, der südliche Löwe, dessen Schenkel stark sind, Herr der Kraft». Die löwenköpfige Tefnut schließlich wird «Tochter des Re, welche im Abaton residiert, große Wepeset, Herrin von Bigge, Auge des Re, Fürstin aller Götter» genannt. An solchen Epithetasequenzen läßt sich somit erkennen, mit welcher Sorgfalt der Mythos von der Fernen Göttin in Dakke in allen seinen Details ausgebreitet und im Kult nachempfunden wurde. Die direkte Beziehung zu den verwandten Darstellungen und Texten von Philae tritt aufs Deutlichste hervor.

Wer in Dakke nach römerzeitlicher Bautätigkeit sucht, wird belohnt, sobald er das Tor in der Südmauer des Pronaos durchschritten hat und auf die Fassade (Abb. 207) des ursprünglichen Sanktuars, der sog. Ergameneskapelle, blickt. Diese Fassade war bereits in den Jahren des oberägyptischen Aufstandes um 200 v. Chr. vom meroitischen König Ergamenes II. ausgeschmückt worden. In der frühen Kaiserzeit hat man die Tür erneuert und unter Tiberius mit neuen Reliefs und Inschriften ausgestattet (Abb. 208).[358] Der Stil dieser Arbeit ist allerdings wesentlich schlechter und gröber als jener aus der Regierung des Ergamenes; die Proportionen der Figuren (deren Hände oder das Gesicht der Köngin) sind völlig verfehlt. Vom schönen, kaiserzeitlichen Reliefstil in Philae sind wir weit entfernt! Das Interesse an der Tür wird vor allem dadurch geweckt, daß wir auf dem Türsturz hinter dem Kaiserpharao Tiberius wie in Abb. 79 und 184 eine Königin nach ptolemäischem Muster vorfinden, die ohne Rücksicht auf die historische Situation die Beischrift «Kleopatra» erhielt. Ein «gelehrter» Priester mochte die Frage nach der Identität der Königin mit dem Hinweis auf den in der Vergangenheit stets richtigen Namen «Kleopatra» einfach beantwortet haben. Auf dem Türsturz ist eine Hälfte den lokalen Gottheiten und die andere den Göttern von Philae geweiht: So erscheinen im Westen (Abb. 208) Osiris und Isis als «Herr» bzw. «Herrin des Abatons»; Isis ist noch zusätzlich als «Königin» entsprechend der römischen *Isis Regina* ausgewiesen. Auf der linken, östlichen Seite hingegen bringt das «Königspaar» Tiberius und Kleopatra das Maatopfer dem Thot von Pnubs und der Wepeset dar; hier spricht Kleopatra den Tiberius sogar als «geliebten Bruder» an. In diesem entlegenen Winkel der römischen Provinz gelang es also nicht mehr, die ältere Tradition an die neuen Zeitumstände anzupassen – eine Aufgabe, die in den großen Tempeln Oberägyptens und auch in Philae stets hervorragend gemeistert wurde. In den Opferszenen auf den Türpfosten ist die Zuteilung der Himmelsrichtungen allerdings umgekehrt: Hier treten Isis des Abatons, Hathor von Bigge, Harendotes und Osiris des Abatons im Osten auf, während die Gottheiten auf der Westseite Schu(?), Arensnuphis(?), Tefnut und Thot von Pnubs sind. Der König hat in beiden Kartuschen stets nur den Namen «Pharao».

An die Kapelle des Ergamenes wurde in augusteischer Zeit ein neues Sanktuar im Süden angefügt. Dieses ist breiter als die alte Kapelle und umfaßt sie mit ihren dicken Mauern im Osten und Westen. Während im Westen innerhalb dieser Außenmauer eine gerade Treppe auf das Dach führt, ist in der Ostmauer eine kleine Kapelle ausgespart, die wir als ein Juwel im Tempel von Dakke bezeichnen können.[359] Diese Seitenkapelle ist fast ausschließlich dem Mythos von der Fernen Göttin geweiht, die aus Nubien zurückgeholt werden soll.[360] Den kleinen Raum betritt man vom Nordosteck der Ergameneskapelle aus. Die Seitenwände sind mit je zwei Opferszenen übereinander geschmückt. Im oberen Register der Ostwand räuchert Augustus als *pr-ʿ3* vor Arensnuphis-Schu, «Sohn des Re, groß an Kraft, dessen Schenkel stark sind», und der löwenköpfigen Tefnut, welche die aus Philae gut bekannten Epitheta bei sich hat (Abb. 209). Im unteren Bild der gegenüber stehenden Westwand bringt der «Pharao» Wein dar dem Thot von Pnubs, «der aus Nubien

Abb. 209 Tempel von Dakke, römische Seitenkapelle, Ostwand, oberes Relief: Der «Pharao» räuchert vor Arensnuphis-Schu und Tefnut-Wepeset.

Abb. 210 Tempel von Dakke, römische Seitenkapelle, Südwand, obere Hälfte: Thot von Pnubs, als Affe, verehrt die Löwin Tefnut. Darüber sitzen zwei Thot-Ibisse auf Postamenten einander gegenüber: ihr Schnabel ist auf die Feder der Maat gestützt. In den Postamenten befindet sich jeweils ein liegender Löwe.

Abb. 211 Tempel von Dakke, römisches Sanktuar, Blick von Nordosten auf den Kultbildschrein aus Aswâner Rosengranit. Im Original sind nur die Basis und die Bekrönung erhalten; links hinten die später durch die Rückwand des Sanktuars gebrochene Türe.

Abb. 212 Tempel von Dakke, römisches Sanktuar, Südwand, Osthälfte, linkes Bild der unteren Reihe: In dem schlecht erhaltenen Relief stiftet Augustus, in dessen Kartuschen einst nur pr-ˁ3 stand, der Isis von Philae das Zwölfmeilenland. Der Stiftungstext vor Schurz und Bein des Kaiserpharaos ist hier sehr kurz: «Ich schenke Dir das Feld, Du Schöne, von 12 Meilen im Osten und im Westen, zusammen 24 Meilen.» Im Gegenzug sagt Isis zum Kaiser: «Ich gebe Dir alle Länder in Frieden.» Darunter ist eine nach rechts zur Wandmitte schreitende Nilgötterprozession dargestellt.

Abb. 213 Tempel von Dakke, römisches Sanktuar, Südwand, Westhälfte, rechtes Bild der unteren Reihe: Augustus als pr-ˁ3 räuchert vor Arensnuphis, der u.a. als «Herr des Abaton» und «Herrlicher in Philae, südlicher Löwe, dessen Schenkel stark ist» bezeichnet wird. Auf dem Sockel darunter schreitet eine Nilgötterprozession nach links; zwischen den Nilgöttern wachsen Lotosblumen.

kommt, südlicher Löwe, dessen Schenkel stark sind usw.», sowie der Tefnut mit denselben Beiworten wie im Relief der Ostwand. Durch die Beiworte erhalten die männlichen Partner der Tefnut in beiden Reliefs Löwennatur und sind bloß verschiedene Erscheinungsformen ein und desselben Löwengottes Schu. Diese Beziehungen konzentrieren sich auf die schmale Südwand der Kapelle: Hier sitzen im untersten Register zwei unbeschriftete Löwen einander gegenüber, also wohl Schu und Tefnut. [361] Im Zentrum der Wand finden wir eine überaus reizende Szene,[362] die den entscheidenden Moment im Ablauf der Legende von der Fernen Göttin darstellt: Thot von Pnubs, diesmal in Gestalt eines Affen, versucht, die wilde Löwin zum Verlassen der nubischen Wüste zu bewegen, um nach Ägypten heimzukehren und dort ihren Vater Re zu beschützen (Abb. 210). Darüber ist wieder eine symmetrische Szene abgebildet: Zwei Ibisse, Erscheinungsformen des Gottes Thot, sitzen einander auf schreinartigen Postamenten gegenüber; in diesen letzteren liegen – ebenfalls symmetrisch einander gegenüber – zwei Löwen. Es spricht einiges dafür, daß diese beiden Löwen die vielfach durch Epitheta ausgedrückte, kämpferische Löwennatur des darüber dargestellten Thot verkörpern. Insgesamt sind die Darstellungen der kleinen, römischen Seitenkapelle ein Paradebeispiel für die Komplexität und Vielfältigkeit des ägyptischen theologischen Denkens, das sich hier im Mythos von der fernen Löwengöttin offenbart. In zahlreichen Punkten wird die Abhängigkeit vom Dekor der Ergameneskapelle deutlich. Jedoch ist hervorzuheben, daß dieses theologische Denken im fernen Dakke in augusteischer Zeit eine Lebendigkeit und Entwicklungskraft erkennen läßt, die nur über die direkten Beziehungen zu Philae erklärbar sind. Die mit großem Schwung initiierte augusteische Religionspolitik, die wir in allen Heiligtümern des Zwölfmeilenlandes und in den großen Tempeln Oberägyptens feststellen, erfährt in Nubien in nachaugusteischer Zeit ein jähes Ende, während sie in Oberägypten (Kom Ombo, Esna, Dendera) und in Philae in bewundernswerter Eigendynamik weiterwirkt. In Dakke könnte der Qualitätsabfall von den augusteischen Reliefs des Sanktuars, der hier besprochenen römischen Kapelle sowie des Pronaos zu den Tiberiusreliefs auf dem Tor zur Ergamenskapelle nicht drastischer sein.

Sehr wichtig für die religiöse Entwicklung in Ägypten ist die Tatsache, daß in trajanischer Zeit ein römischer Centurio T. Flavius Valens eine vergoldete Sarapisstatue für die kleine römische Seitenkapelle weihte. Es handelt sich um das sog. kanonische Sitzbild des Gottes, zu dessen Rechten der Kerberus sitzt.[363] Wie bereits angedeutet[364] und in Band III zu zeigen sein wird, hat Sarapis im 2. Jh. n. Chr. in der östlichen Wüste den alten Min/Pan abgelöst. Eine Sarapisstatue wurde im Sanktuar des altägyptischen Tempels von Berenike (am Roten Meer) aufgestellt. Im ägyptischen Milieu von Qasr Dusch (Oase Charga; vgl. Abb. 2) wird Osiris spätestens seit Trajan Sarapis genannt; der Gott von Dusch erscheint auch in der hellenistischen Ikonographie des Sarapis. In Taffe fand sich eine Isisstatue im hellenistisch-römischen Stil. Das heißt, in ganz Ägypten läßt sich im Laufe des 2. Jhs. n. Chr. die Hellenisierung der altägyptischen Religion fassen. In Dakke wurde zumindest ein Raum, und zwar einer der wichtigsten, dem Sarapis gewidmet. Mit dem Fund dieser Statue ist auch die Erkenntnis verbunden, daß im frühen 2. Jh. n. Chr. bereits nichtpriesterliche Leute in den Kernbereich des Tempels gehen konnten. Dazu kommen einige demotische, allerdings undatierte Besucher- und Verehrungsinschriften im kleinen Vorraum zur römischen Kapelle.[365] Der einzige Gott, der in ihnen genannt wird, ist Thot von Pnubs. Dies würde bedeuten, daß Sarapis hier Thot von Pnubs ersetzte.

Zum Zwecke der Erweiterung des Tempels um einen weiteren Raum mußte in der Südwand der Ergameneskapelle eine Tür durchgebrochen werden. Daß dieses neue Sanktuar in augusteischer Zeit geschaffen wurde, erweist die Verehrungs- und Bauinschrift des meroitischen *mr mšꜥ* namens *Slwꜣ*, der auch für die Finanzverwaltung des Tempellandes von Philae und Dakke zuständig war.[366] In seinem in das 40. Jahr des Augustus (=10/11 n. Chr.) datierten Proskynema, das in der Nordwand des Sanktuars westlich der Türe angebracht ist, hält er fest, daß «er für sie (scil. die Götter, denen *Slwꜣ* diente) den Schrein im Namen der Könige für alle Ewigkeit errichtete». Obwohl das anschließend erwähnte Jahr nur Augustus meinen kann, werden mit den «Königen» wohl der Kaiser und der meroitische König angesprochen sein. Die demotische Inschrift ist in einem Bild des Kaisers vor Isis von Philae und Harsiese äußerst sorgfältig unterhalb der beiden *pr-ꜥꜣ*-Kartuschen und der zu Isis gehörigen Beischrift angebracht. Daraus ergibt sich, daß die Dekoration dort bereits fertig war. Dazu kommen als weitere Datierungshinweise die historischen Namenskartuschen des Augustus[367] bei den Darstellungen des Pharaos im Sockel der Südwand, wo er die beiden Nilgötterprozessionen anführt (Abb. 212. 213 jeweils außerhalb der Abb.). In das römische Sanktuar wurde ein Naos aus Rosengranit gestellt (Abb. 211), der die in römischer Zeit übliche Form aufweist. Es wird sich wohl um diesen Kultbildschrein handeln, den im 2. Jh. n. Chr. ein römischer Veteran namens Saturninus Aquila vergolden ließ. In seiner Inschrift an

Abb. 214 Tempel von Dakke, Blick etwa von Südwesten: rechts im Bild die Rückwand des Tempels (zugleich die Rückwand des römischen Sanktuars) mit einer Kultnische, durch die nachträglich eine Türe gebrochen wurde.

Abb. 215 Tempel von Maḥarraqa, wiedererrichtet in Neu-Sebuᶜa, Blick von Osten: links im Schatten liegt die Frontseite mit dem Haupteingang.

der westlichen Außenwand des Tempels berichtet er, daß er dem θεὸς μέγιστος Ἑρμᾶος Παυθνοῦφις («dem sehr großen Gott Hermes Pauthnuphis»), «der Teil hat am Grenzland Ägyptens und der Äthiopen», «die Vergoldung um den Naos besorgt hat».[368] Dies ist vielleicht das schönste Zeugnis für die Verbundenheit von Angehörigen des römischen Militärs mit der Welt des Tempels, den sie täglich vor Augen hatten. Saturninus Aquila hat die fromme Stiftung «mit dem Gebet um Gesundheit für Kinder und Ehefrau» verknüpft.

Von den Reliefs des Sanktuars sind jene der Westwand vorrangig den lokalen nubischen Göttern geweiht, hingegen jene der Ostwand zumeist den Gottheiten von Philae. Dieser Aufteilung folgen auch die Darstellungen auf der Südwand (Abb. 212. 213), die durch die nachträglich durchgebrochene Tür in zwei Hälften geteilt ist.[369] Auf der Osthälfte der Südwand ist wieder ein sog. Stiftungsrelief zu finden, in dem Augustus der Isis von Philae das Zwölfmeilenland überweist (Abb. 212).[370] Schließlich soll noch auf die Kultnische in der Mitte der südlichen Außenwand des Tempels hingewiesen werden (Abb. 214). Sie ist ein typisches Merkmal der späten Tempel und diente den Kultpraktiken und Gebeten der einfachen Leute, die dadurch, ohne das Sanktuar zu betreten, dem allerheiligsten Götterbild sehr nahe waren.

Maḥarraqa

Die römische Straße führte am Westufer des Nils weiter in südlicher Richtung nach Qurta (Corte im *Itinerarium Antonini*[371]), wo die Reisenden des 19. Jhs. noch einen kleinen, römerzeitlichen Tempel der «Isis, Herrin von Qurta (*qrt*)» vorfanden. Der dort dargestellte König wird wie so oft in der Kartusche nur «Pharao» genannt.[372] Leider verschwanden gerade in den Jahren vor der Erhöhung des Aswân-Dammes von 1912, als große Nubiensurveys zur Rettung der Denkmäler unternommen wurden, in Qurta die letzten Blöcke. Nach weiteren 6 km erreichte der antike Reisende Maḥarraqa/Hierasykaminos (Hiera Sicamino[373]), den Ort der «Heiligen Sykomore», der etwa 125 km südlich von Aswân lag. Obwohl zahlreiche römische Soldaten als Verehrer der Gottheiten des Tempels spätestens seit trajanischer Zeit bezeugt sind, fehlt ein archäologischer Nachweis für die Stationierung von Militär vor Ort. Die Gegend von Hierasykaminos trug zu beiden Seiten des Nils den Namen Takompso, der uns von den Reliefs geläufig ist, in denen ein König oder Kaiser das Zwölfmeilenland der Isis von Philae stiftet.[374] Hierasykaminos war somit der Grenzort der Dodekaschoinos und daher der südlichste Ort der römischen Provinz *Aegyptus* nach dem Frieden von Samos.

Der heute zu besichtigende Tempel von Maḥarraqa[375] wurde 1961/62 in Neu Sebuᶜa unweit des Tempels von Dakke wiedererrichtet (Abb. 7). Obwohl er nicht näher datiert werden kann, spricht alles dafür, daß auch dieser Bau seine Entstehung der schwungvollen, augusteischen Religionspolitik in Nubien verdankte. Kaiser Nero ist zumindest durch eine Kartusche bezeugt.[376] Entsprechend den wenigen hieroglyphischen[377] und demotischen[378] Inschriften, die Isis und Osiris nennen, sind nach den griechischen Inschriften,[379] die überwiegend von Angehörigen des römischen Militärs stammen, Isis und Sarapis die Hauptgottheiten. Die eher einfache Architektur des Tempels von Maḥarraqa ist äußerst interessant und für Ägypten singulär (Abb. 215–217). Auf einer Steinterrasse, die einen Sandhügel in

Abb. 220 Tempel von Maḥarraqa, Südteil der Säulenhalle mit dem Zugang zur Kultstelle im Südgang. Auf der in der Abb. sichtbaren, südlichen Innenwand befinden sich noch die Spuren von Götterdarstellungen und hieroglyphischen Inschriften.

werden. Obwohl die Säulenhalle von Maḥarraqa durchaus mit den römerzeitlichen Kiosken vergleichbar ist, so steht doch fest, daß nur die drei Umgänge zwischen Außenmauern und Säulenstellungen überdacht waren; diese Säulenhallen haben auch nach innen zum Hof hin Rundstab und Hohlkehle (Abb. 219). Ebenso wichtig ist die Feststellung, daß es sich nicht um den im alten Ägypten geläufigen Typus des Re-Hofes handelt,[385] da die Kultstelle vom Hof durch Schranken geschieden ist (Abb. 220). An der Wand dahinter sind noch die Spuren von Götterreliefs zu sehen. Die Abtrennung der Kultstelle bedeutet, daß der Hof auch für profane Leute zugänglich war wie etwa Soldaten, die dort ihre Verehrungsinschriften hinterließen. Der Bezug des Heiligtums zum Sonnenkult trifft sich mit der Auffassung des Sarapis als Sonnengott. In diesem Sinne brachte ein gewisser Geminius Fronto auf einer Säule der südlichen Reihe, also gerade in der Nähe der Kultstätte, seine Verehrungsinschrift für die «Vielnamige Isis» und «Helios Sarapis» an.[386] Der Übergang vom altägyptischen Kult zum hellenisierten Isis- und Sarapiskult ist somit auch in Hierasykaminos zu beobachten. Auch Ägypter verwenden in griechischen Inschriften für ihren Osiris den Gottesnamen Sarapis.

Einige Schritte östlich des eben besprochenen Tempels von Maḥarraqa befanden sich im 19. Jh. noch die Reste eines weiteren kleinen Sakralbaues, der zu Beginn des 20. Jhs. für alle Zeiten der Überflutung überlassen wurde.[387] Seine bauliche Struktur bleibt im wesentlichen unklar. Durch seinen gemischt griechisch-römischen und ägyptischen Stil ist jedoch ein großes Relief höchst interessant, das Maspero 1909 in das Kairener Museum transportieren ließ.[388] Im oberen Teil hockt neben der heiligen Sykomore die mit Gesicht und Oberkörper *en face* dargestellte Isis; ihr Gewand ist offenbar römisch. Ihr gegenüber steht Horus als römisch bekleideter Jüngling und reicht seiner göttlichen Mutter einen Krug, vielleicht mit Wein. Hinter dem Jüngling/Horus steht Thot mit der Buchrolle in bester altägyptischer Ikonographie. Über dem Jüngling stehen drei etwas kleiner wiedergegebene Gottheiten, von denen eine der ithyphallische Min mit den hohen Amunsfedern ist, dargestellt ebenfalls *en face* in ungewöhnlicher Weise. Unter dem Thot findet sich nochmals die Göttin Isis in altägyptischer Manier mit Geierhaube, Kuhgehörn, Sonnenscheibe und dem Thron darauf. Das Relief reflektiert in seiner Stilmischung das ägyptisch-griechische Milieu Ägyptens, läßt aber gleichzeitig an außerägyptische Schöpfungen denken, die für Heiligtümer ägyptischer Gottheiten in Italien zur hohen Kaiserzeit (Iseum Campense in Rom, Iseum von Benevent, sog. Canopus in der Villa Hadriana von Tivoli) bestimmt waren.

DAS ÄGYPTISCHE KÖNIGTUM IN DEN RÖMERZEITLICHEN TEMPELN NUBIENS

Bereits die Ausführungen in Band I dieser Studie ließen uns erkennen, wie Octavian/Augustus während des ersten Jahrzehnts seiner Herrschaft, d. h. während der Aufbauphase des Prinzipats in Rom, nach und nach in die kultisch-religiöse Rolle des ägyptischen Pharaos eintrat und daß schließlich im Zuge einer Kompromißlösung die Weltordnung der ägyptischen Tempel unter der römischen Verwaltung weitergeführt werden konnte. In frühaugusteischer Zeit, als die hieroglyphischen Namen und Titel des Kaisers noch nicht in ihrer endgültigen Form ausgearbeitet waren, finden wir Inschriften, die den Kaiser als «Römer» (Abb. 12) und Ausländer (Bd. I, Abb. 11) qualifizieren. Wie bereits in der Einleitung dieses Bandes festgestellt, stellte der gegen Ende der zwanziger Jahre des ersten vorchristlichen Jahrhunderts entwickelte römische Pharao zwar eine historische Größe dar, jedoch fehlte ihm jedweder politische und rechtliche Charakter. Historisch war der römische Pharao durch seine individuellen Namen sowie durch gewisse Bezüge zur Reichsgeschichte; so residierte dieser «Autokrator», der verschiedene römische Beinamen trug, nach Aussage der hieroglyphischen Tempelinschriften in Rom. Außerdem wurde sofort bei Beginn der römischen Herrschaft der ptolemäische Usus, die Königin hinter dem König darzustellen, aufgegeben, da keine Kaisergemahlin in Rom offiziell Anteil an der Regierung hatte. Daß es in der Regierung des Augustus und des Tiberius noch zu Irrtümern kam (Abb. 79. 184) und einmal sogar der Kartuschenkönig Tiberius gemeinsam mit einer «Kleopatra» auftritt (Abb. 208), sei den Tempeldekorateuren verziehen. Während der Samtherrschaft von Marc Aurel und Lucius Verus opfern in Kom Ombo und im Hadrianstor von Philae zwei gleichrangige Pharaonen gemeinsam vor den Göttern.[389]

Eine Verbindung von Realpolitik und kultischem Pharaonentum läßt sich unter Augustus sicher noch in den Reliefs der Stif-

Abb. 221 Philae, Dach des Isistempels, Osiriszimmer, Südwand, mittleres Register, östlich (= links) an Abb. 101 anschließend: Osiris-Onnophris liegt nackt auf dem Löwenbett; sein Name, ergänzt um die Bezeichnung «König der Götter», ist darüber in eine senkrechte Kartusche geschrieben. Über den Gott, der seine linke Hand zum Kopf führt, beugen sich schützend Isis rechts und Nephthys links.

Abb. 222 Philae, eingravierte Darstellungen des 5. Jhs. n. Chr. auf der östlichen Außenmauer etwas südlich des «Durchganges des Tiberius», Ausschnitt aus Abb. 82: Kopf mit Doppelkrone gegenüber dem kompositen Gott Ptireus. Darunter der Name «Panuchem, Sohn des Tabolbolos»

tung des Zwölfmeilenlandes an die Isis von Philae fassen. Die Priester, die diese Reliefs anbringen ließen (Abb. 106. 212, dazu Abb. 60 mit Tiberius), brachten damit einen konkreten Anspruch auf die Steuereinnahmen aus dem römischen Unternubien zum Ausdruck. Marc Aurel scheint auf diese Ansprüche mit der letzten uns bekannten pharaonischen Landschenkung an den Tempel von Philae reagiert zu haben.[390]

Der Tempelkomplex von Philae ist ein besonders gutes Beispiel dafür, daß man gerade in den äußeren Bereichen eine heile Welt alten Stils präsentierte: Die Legitimität des auf den Tempelwänden agierenden Pharaos wird durch die Reliefzyklen, die die Krönung des Königs zum Inhalt haben, auf magische Weise hergestellt (Abb. 61. 105). Im Kalabschatempel finden wir dieselben Szenen im Opfersaal, dem ersten Raum des Tempelhauses (Abb. 173. 174). Dieser solchermaßen legitimierte, römische Pharao schlägt auf den Außenwänden des Pronaos von Philae – wie Domitian und Trajan in Esna – die Feinde Ägyptens nieder und wehrt dadurch auf magische Weise das Chaos von der Welt des Tempels ab (Abb. 103. 112). Auch in den Reliefs auf den Außenseiten des Naos tritt Augustus als Vernichter des Bösen und Vertreiber des Chaos auf, nachdem er, wie im Horusnamen verkündet, «das Königtum des Re auf dem Thron des Geb ergriffen hat, um das Erbe des Schu anzutreten». Stand eine solche Ideologie nicht in bestem Einklang mit der augusteischen Propaganda? Hatte doch bereits 7 v. Chr. Catilius die riesige Darstellung des ägyptischen Pharaos beim Niederschlagen der Feinde auf dem ersten Pylon (Abb. 63) als den römischen Weltherrscher Caesar-Augustus und freiheitsbringenden Zeus gedeutet! Da der Tempelbau zu den vornehmsten Aufgaben eines von den Göttern geliebten ägyptischen Königs gehörte, betonen manche Weihinschriften ausdrücklich den ursächlichen Zusammenhang zwischen dem Königtum des Re, das Augustus verliehen wurde, und der (inschriftlich behaupteten) Errichtung des Heiligtums als Gegengabe o.ä. (z. B. beim Hathortempel von Philae).[391] Entsprechend dem altpharaonischen Königsdogma, wonach der ägyptische König für die Wohlfahrt des Landes verantwortlich war, erscheint Domitian im Chnumtempel von Syene als Garant der Nilflut.[392]

An vielen Stellen unserer Arbeit konnten wir feststellen, daß für den ägyptischen Theologen infolge der bereits seit Jahrhunderten andauernden Fremdherrschaften der historische Träger des Königsamtes auf Erden an Bedeutung einbüßte und seine magisch-kultische Wirksamkeit im Tempel dahinschwand. Seit spätptolemäischer Zeit mußte das Auseinanderklaffen zwischen dem kultischen Anspruch des auf den Pylonwänden triumphierenden Pharaos mit den Kartuschen Ptolemaios' XII. (Abb. 62) und der Vertreibung und Flucht eben dieses Königs nach Rom besonders drastisch empfunden worden sein. Seit langem war klar, daß das Königtum an sich das zentrale Element in der ägyptischen Religion darstellte und daß die Götter selbst das ägyptische Königtum verkörperten, das einem irdischen Amtsträger nur verliehen war. Einigkeit war freilich unter den ägyptischen Theologen nicht zu erzielen. Konservative und progressive Strömungen existierten nebeneinander und durchdrangen einander. Die Bewältigung der Problematik rund um das ägyptische Königtum stellte die große Herausforderung am Ende der ägyptischen Religion dar. Möglicherweise erschien die Schaffung des römischen Pharaos, der die individuellen Kaisernamen trug, vielen als ein fauler Kompromiß.

So wird es – wie zahlreiche in dieser Arbeit besprochene Reliefs zeigen (Abb. 129. 143. 148. 149. 153. 161. 166. 167. 197. 201. 206. 209) – in römischer Zeit sehr geläufig, in die Kartuschen einfach *pr-ꜥ3* «Pharao» zu schreiben. Die Königsgestalt hat dadurch ihre Historizität verloren, ist anonym und überzeitlich geworden. Gleichzeitig wurde das Königtum der Götter immer stärker hervorgehoben. Sehr interessant ist das historische Bewußtsein, das auf der Westwand des Pronaos des Kalabschatempels zum Ausdruck kommt: Es reicht von Amenophis II. (Abb. 160) über «Ptolemaios» (Abb. 161, oben) und Trajan (Abb. 158) zum anonymen «Pharao» (Abb. 161, unten). Außerdem agieren auf derselben Reliefwand Götter selbst als König, und zwar sowohl als Ritualist wie als Herrscher: Isis opfert dem Ba des Mandulis (Abb. 159, linke Bildhälfte), Chnum-Re verehrt Re-Harachte (Abb. 160, links), der Himmelsgott Horus bringt die Maat anderen Göttern dar (Abb. 162). Ebendort wird dem Mandulis das ägyptische Königtum durch Harendotes und Isis übertragen (Abb. 165). In einer sehr verwandten Szene des Hadrianstores auf Philae (Abb. 132) krönen Isis und Nephthys den Harendotes zum König von Ober- und Unterägypten. In der zentralen Kultstelle des Tempels von Dendur führen die vergöttlichten Brüder Pediese und Pahor, die sonst selbst Kultempfänger sind, die königliche Verehrungshandlung vor den Hauptgöttern Osiris und Isis durch.[393]

Die Aufgabe, das feindliche Chaos von einer göttlichen Stätte abzuwehren, welche historische Könige zu allen Zeiten auf Pylonen und bei Tempeleingängen durchführten (s. Abb. 62. 103. 112), übten beim Eingang zum inneren Osiriszimmer auf dem Dach des Philae-Tempels Horus von Edfu und der Gott «Pharao von Bigge» aus (Abb. 96).

In unserem Zusammenhang ist es vor allem wichtig festzuhalten, daß die Götter nicht nur ein himmlisches Königtum ausüben, sondern daß sie einen – nach Ansicht wohl vieler Zeitgenossen – *de facto* nicht-existenten irdischen König ersetzten. Der Titel «König (bzw. Königin) von Ober- und Unterägypten» kann bald allen Hauptgöttern der Tempel zukommen. Vor allem sind es Isis, Osiris, Horus, Mandulis, Arensnuphis in verschiedenen Heiligtümern. Band III wird das Phänomen in den Tempeln von Deir el-Hagar und Ismant el-Charab (beide in der Oase Dachla) aufzeigen. Wie einst den alten Pharaonen übergibt nun Isis in Abb. 159 (rechte Bildhälfte) dem Mandulis «jedes Land» (zur Ausübung der Herrschaft). In Philae wurde einem lebenden Falken die Herrschaft über die beiden ägyptischen Reichshälften sowie über die ganze Erde übertragen (Abb. 68). Der Falke, der aus Punt kam, war somit effektiv zum König gekrönt, während die Krönungszyklen mit den Namen der römischen Kaiser bloß eine «kultische Wirklichkeit» heraufbeschworen. Desgleichen wurde der Kindgott im Geburtshaus sowohl als ägyptischer König als auch als Weltherrscher inthronisiert. Mit all diesen Ritualen hielten die Priester die Weltordnung im Kosmos des Tempels aufrecht, als die traditionelle politische Ordnung außerhalb des Tempels nicht mehr existierte.

In manchen abgeschiedenen Tempelbereichen, wie dem inneren Osiriszimmer auf dem Dach des Isistempels von Philae oder im Geburtshaus von Ismant el-Charab (Bd. III), fehlt der irdische König völlig. An diesen Orten waren die Priester mit ihren Göttern unter sich (Abb. 98–102. 221). Das heißt wohl, diese Priester agierten nicht mehr als Stellvertreter des Königs, des ehemals einzig wahren Priesters. Die königlichen Figuren der Graffiti des 5. Jhs. n. Chr. (Abb. 82. 222) bringen möglicherweise die königliche Ritualistenfunktion der heidnischen Priester jener Zeit zum Ausdruck. Dagegen diente um dieselbe Zeit dem Nobadenkönig Silko das pharaonische Erscheinungsbild als pomphafte Überhöhung seiner Herrschertums (Abb. 25. 26). Die altägyptische Königsikonographie hatte damit ausgedient.

MEROITISCHE KÖNIGE WÄHREND DER RÖMISCHEN KAISERZEIT

(Datierungsvorschläge nach *FHN*)

30 v. Chr.	Eroberung Alexandrias durch Octavian	König Aqrakamani	
27v.–14 n. Chr.	Augustus	König Teriteqas	frühe zwanziger Jahre des 1. Jhs. v. Chr.; gest. 25 v. Chr.(?)
		Königin Amanirenas (Kandake) Königin Amanishakheto	ab 25 v. Chr. spätere augusteische Zeit
14–37	Tiberius		
37–41	Caligula		
41–54	Claudius	Königin Nawidemak König Amanikhabale	frühes 1. Jh. n. Chr. Mitte bis zweite Hälfte des 1. Jhs. n. Chr.
54–68	Nero	König Natakamani u. Königin Amanitore (Koreg.) König Sorakaror	zur Zeit der Expedition der neronischen Centurionen, d. h. ca. 62/63 n. Chr. zweite Hälfte des 1. Jhs. n. Chr.(Regierungsbeginn möglicherweise noch zur Zeit Neros)
68/69	Galba, Otho,Vitellius		
69–79	Vespasian		
79–81	Titus		
81–96	Domitian	König Amanitaraqide	unklar
96–98	Nerva	König Aryesebokhe	Ende 1. bis frühes 2. Jh. n. Chr.
98–117	Trajan	König Amanitenmomide	erste Hälfte des 2. Jhs. n. Chr.
117–138	Hadrian	Königin Amanikhatashan	2. Jh. n. Chr.
138–161	Antoninus Pius	König Tarekeniwal	zweite Hälfte des 2. Jhs. n. Chr.
161–180	Marc Aurel	König Amanikhareqerem König Ariteñyesebokhe	Ende 2. Jh. n. Chr. unklar
180–192	Commodus	König Amanikhedolo	unklar
193	Pertinax		
194–211	Septimius Severus	König Takideamani König(in?) Mashaqadakhel(?)	erste Hälfte des 3. Jhs. n. Chr. unklar
211–217	Caracalla		
217–218	Macrinus, Diadumenianus		
218–222	Elagabal		
222–235	Alexander Severus		
235–238	MaximinusThrax		
238–244	Gordian III.		
244–249	Philippus Arabs		
249–251	Decius	König Teqorideamani	248/49 bis mindesten 253 n. Chr. Philippus Arabs, Decius, Valerian
253–259	Valerian		
259–268	Gallien		
268–270	Claudius II.	König Tamelordeamani	zweite Hälfte des 3. Jhs. n. Chr.
270	Quintillus	König Yesebokheamani	spätes 3. Jh. n. Chr.
270–275	Aurelian	unklarer Königsname unklarer Königsname	unklar unklar
284–305	Diocletian	König(in?) Pat(.)rapeamani König(in?) Amanipilade	unklar unklar
293	Einführung der Tetrarchie (Augusti: Diocletian und Maximian, Caesares: Galerius und Constantius I.)		
305	Rücktritt Diocletians und Maximians		
306	Dritte Tetrarchie: Galerius und Konstantin (Augusti) sowie Maximinus Daia und Severus (Caesares)		
308	Vierte Tetrarchie: Galerius und Konstantin (Augusti) sowie Maximinus Daia und Licinius (Caesares)		
324–337	Alleinherrschaft Konstantins		
324	Gründung Konstantinopels		
337–361	Constantius II.		
379–395	Theodosius	Ende der meroitischen Dynastie	vielleicht um 370 n. Chr.
395	Teilung des Römischen Reiches		
450–457	Markian		
527–565	Justinian		
610–641	Heracleius		

GLOSSAR

Anchzeichen
Das sog. Lebenszeichen begegnet in fast allen religiösen Darstellungen. Die Götter halten das Zeichen zumeist in der Hand oder reichen es dem König.

Atefkrone
Die zumeist vom König oder von Osiris getragene Krone zeigt einen der oberägyptischen weißen Krone ähnlichen hohen Mittelteil, der von Straußenfedern flankiert wird. Der Mittelteil kann auch aus zusammengebundenen Pflanzenstengeln bestehen.

Axum, axumitisch
Hauptstadt des Reiches von Axum im heutigen Äthiopien; war Königsresidenz vom 1.–7. Jh. n. Chr.

Barke, Kultbarke
Götterstatuen befanden sich im altägyptischen Kult in Schreinen, die ihrerseits wieder auf Kultbarken gestellt wurden, welche man in Prozessionen getragen oder auf dem Nil befördert hat.

Blemmyer
Der Nomadenstamm lebte ursprünglich in der Ostwüste Nubiens. Seit dem 3. Jh. n. Chr. plünderten Blemmyer oft den Süden Ägyptens, jedoch nahmen sie bis zur Schließung des Tempels um 535/537 n. Chr. am Isiskult auf Philae teil.

Demotisch
Die jüngste altägyptische Schrift neben dem Hieroglyphischen und dem Hieratischen. Sie wurde in erster Linie für Schriftstücke juristischen, administrativen und kommerziellen Inhalts benützt.

Eparchos
entspricht lat. Praefectus.

Gaue
Verwaltungseinheiten Ägyptens; die in ihrer Anzahl wechselnden ober- und unterägyptischen Gaue sind seit dem Alten Reich belegt.

Geburtshaus
Vom 4. Jh. v. Chr. bis ins 2. Jh. n. Chr. bezeugter Nebentempel zu einem Haupttempel, in dem die Rituale um Zeugung, Geburt und Aufzucht des Kindgottes der örtlichen Götterfamilie sowie dessen Inthronisation zum Weltherrscher gefeiert wurden; in der modernen Literatur seit Champollion häufig Mamisi genannt.

Hemhemkrone
mehrfache Atefkrone

Nobaden, Nobaten
Nubisch sprechender Stamm, der in spätrömischer Zeit in Unternubien lebte und nach dem Ende des meroitischen Reiches (d.i. einige Jahrzehnte nach dem Ende der meroitischen Dynastie) um 420 n. Chr. im Königreich Nobadia organisiert war.

Pylon
Zugangsbau zu einem Tempel, bestehend aus zwei sog. Türmen, die das hohe Mitteltor flankieren. Die geneigten Seitenflächen weisen Nischen für Flaggenmaste auf; die sichtbaren Flächen eines Pylons wurden mit Reliefdarstellungen dekoriert.

Sistrum
Rasselinstrument, das besonders im Hathorkult Verwendung fand. Zwischen Oberteil und Griff befindet sich das Doppelgesicht der Hathor. Der Oberteil kann als Bogen oder in Form einer Kapelle (Naos) ausgeführt sein.

Thebais
Griechische Bezeichnung des Gebietes zwischen Assiut und dem 1. Katarakt; in pharaonischer und ptolemäischer Zeit war Theben die bedeutendste Stadt.

Trog[l]odyten
Bezeichnung nicht-ägyptischer Stämme, die auf der Sinai-Halbinsel und – ähnlich den Blemmyern – in der östlichen Wüste (s. Berenike Trogodytiké) lebten.

Wabet
In einem Tempel sog. reiner Raum, in dem die Kultstatuen für das Neujahrsfest gereinigt, geschminkt und neu bekleidet wurden.

[318] Totti a.O. (Anm. 316) Nr. 42.
[319] Totti a.O. (Anm. 316) Nr. 40.
[320] *P. Grossmann, Christliche Einbauten im Tempel des Mandulis von Kalabsa*, in: *MDIK* 47 (1991) 143–150, Taf. 8–9.
[321] A. M. Blackman, *The temple of Dendûr* (1911) 66, 80, Taf. CIII.
[322] Zusammenfassend: H. Jaritz/E. Laskowska-Kusztal, *Das Eingangstor zu einem Mandulisheiligtum in Ajuala/Unternubien*, in: *MDIK* 46 (1990) 157–184, Taf. 32–36.
[323] A. M. Blackman, *The temple of Dendûr* (1911) 61; H. Jaritz, *Eine Kaianlage bei Nag' el-Hagar*, in: *MDIK* 29 (1973) 190.
[324] H. Jaritz/E. Laskowska-Kusztal a.O. (Anm. 322), 177, 183; F. Ll. Griffith, *Mandulis, Talmis and the Blemmyes*, in: *JEA* 15 (1929) 72–74.
[325] *Itineraria Romana*, vol. prius, ed. O. Kuntz (1929) 22 (=Wesseling, Nr. 162,1).
[326] Literatur zum Tempel: A. M. Blackman, *The temple of Dendûr* (1911); dasselbe Werk im Nachdruck: 1. reduction photographique (avec suppl.) (1981), darin: E. Winter, *The temple of Dendur and its religious significance*, S. 373–383; *Le temple de Dandour*, H. El-Achirie u.a., I–III (1972– 1979 [1980]); C. Aldred, *The temple of Dendur* (1978); J. Monnet-Saleh, *Observations sur le temple de Dendour*, in: *BIFAO* 68 (1969) 1–13, Taf. I–IV.
[327] Wird in Band III behandelt.
[328] Vgl. F. J. Dölger, *Esietus. Der Ertrunkene oder der zum Osiris Gewordene. Ein sprachgeschichtlicher Beitrag zu Tertullian De baptismo 5*, in: *AntChr* 1 (1929) 174–183; Winter a.O. (Anm. 326) 376–378.
[329] *FHN* II, Nr. 180. Das Graffito befindet sich vor dem Gesicht des Pahor unserer Abb. 201.
[330] Zu den im Folgenden genannten Reliefs des Tores: Blackman a.O. (Anm. 326) 4–20, Taf. II, X–XXX; *Le temple de Dandour* II a.O. (Anm. 326), Taf. IV–XXV.
[331] Blackman a.O. (Anm. 326) Taf. XIV.
[332] Blackman a.O. (Anm. 326) Taf. XXX,2; *Le temple de Dandour* II a.O. (Anm. 326) Taf. XVI.
[333] Ebenda, Taf. XXII.
[334] R. S. Bianchi, *The oracle at the temple of Dendur*, in: W. Clarysse u.a. (Hrsg.), *Egyptian religion, the last thousand years*, GS Quaegebeur, II (1998) 773–780.
[335] Blackman a.O. (Anm. 326) 20–26, Taf. III, XXXII–XLIV; *Le temple de Dandour* II a.O. (Anm. 326) Taf. XXV–XXXVIII.
[336] Blackman a.O. (Anm. 326) 49–60, Taf. VII, VIII, LXXV–XCII; *Le temple de Dandour* II a.O. (Anm. 326) Taf. XXXIX–LV.
[337] Inconnu-Bocquillon (2001) 116–118.
[338] Zu den Reliefs im Inneren des Tempelhauses: Blackman a.O. (Anm. 326), 27–49, Taf. III-VI, XLV–LXXIV; *Le temple de Dandour* II a.O. (Anm. 326) Taf. LVI-LXXXI.
[339] Sie sind auch Hauptgötter des Tempels, während die vielen anderen «Gastgötter» sind!
[340] *FHN* III, Nr. 330. Zu Theodoros von Philae s. oben, S. 27, 70f.
[341] *Itineraria Romana*, vol. prius, ed. O. Kuntz (1929) 22 (=Wesseling, Nr. 162,2).
[342] H. G. E. White, *Graeco-Roman ostraca from Dakka, Nubia*, in: *ClR* 33 (1919) 49–53; U. Monneret de Villard, *La Nubia Romana* (1941) 26f.
[343] Zu diesen Feststellungen zur militärischen Bedeutung von Dakke s. A. A. Maxfield, *The deployment of the Roman auxilia in Upper Egypt and the Eastern desert during the principate*, in: G. Alföldy u.a. (Hrsg.), *Kaiser, Heer und Gesellschaft in der römischen Kaiserzeit*, GS E. Birley (2000) 416–418.
[344] W. Ruppel, *Die griechischen und lateinischen Inschriften von Dakke* (1930) (= *Der Tempel von Dakke*, 3).
[345] S. oben, S. 44, 46, 48f. und unten S. 143, 145.
[346] Ruppel a.O. (Anm. 344), Nr. 69.
[347] S. oben S. 17 (*FHN* II, Nr. 173).
[348] Ruppel a.O. (Anm. 344) 1, Gr. W.
[349] G. Nachtergael, *Retour aux inscriptions grecques du temple de Pselkis*, in: *ChronEg* 74, 147 (1999) 141–143.
[350] Griffith (1937) 17–32.
[351] Ruppel a.O. (Anm. 344) Nr. 48.
[352] S. Bd. I, 50.
[353] Roeder (1930) I, 127, § 282.
[354] Roeder (1930) I, 142, § 319.
[355] Roeder (1930) I, 149f., § 338–340; Inconnu-Bocquillon (2001) Doc. 208
[356] Zu Wepeset s. oben, S. 48, 78.
[357] Roeder (1930) I, 136–138, § 303–306, II, Taf. 53–54; Inconnu-Bocquillon (2001) Doc. 211.
[358] Zum römischen Tor von Dakke: Roeder (1930) I, 191–201, § 437–457, II, Taf. 77f.
[359] Die Reliefs und Inschriften der Kapelle s. bei Roeder (1930) I, 306–316, II, Taf. 112–118.
[360] Die folgenden Überlegungen zur Deutung der Dekoration der Kapelle orientieren sich an Inconnu-Bocquillon (2001) 138–142.
[361] Roeder (1930) II, Taf. 114.
[362] Roeder (1930) II, Taf. 115.
[363] W. Ruppel, *Die griechischen und lateinischen Inschriften von Dakke* (1930) 68–70. Die Statue ist heute verloren; sie wurde einst – sicher falsch – als Jupiter gedeutet. Der Kerberus, dem die Köpfe fehlten, erscheint in dem Bericht als Löwe.
[364] S. oben, S. 103f.
[365] Griffith (1937) Dak. 22–28.
[366] Griffith (1937) Dak. 29; *FHN* II, Nr. 181. Zu diesen meroitischen Funktionären in der römischen Dodekaschoinos s. bereits oben, S. 20.
[367] Roeder (1930) I, 338, 344.
[368] Ruppel a.O. (Anm. 363), 52–55, Gr. 67.
[369] Auf der Nordwand (= die südliche Außenwand der Ergameneskapelle) ist diese Aufteilung – wohl irrtümlich – genau verkehrt.
[370] Roeder (1930) I, 345f., II, Taf. 135.
[371] *Itineraria Romana*, vol. prius, ed. O. Kuntz (1929) 22 (=Wesseling, Nr. 162,3).
[372] LD Text 5 (1913) 76 [Beschreibung nach dem Besuch vom November 1843]; Griffith (1937) 17; L.-A. Christophe, *Sanctuaires nubiens disparus*, in: *ChronEg*. 38, 75 (1963) 24f.
[373] *Itineraria Romana*, vol. prius, ed. O. Kuntz (1929) 22 (=Wesseling, Nr. 162,4).
[374] Vgl. die Legende zu Abb. 60 und s. oben, S. 78 (zu Abb. 106).
[375] G. Maspero, *Les temples immergés del la Nubie. Rapports relatifs à la consolidation des temples* (1911) I, 8–10, 99–105 8 (Bericht von A. Barsanti über die Arbeiten von 1909/10).
[376] PM VII, 51.
[377] LD Text 5 (1913) 79. Als lokale, nubische Gastgötter wurden in Maḥarraqa auch Thot von Pnubs und Mandulis verehrt.
[378] Griffith (1937) Mah. 2–5.
[379] *SB*, Nr. 301, 1665, 4115–4120, 8538–8543.
[380] Vgl. A. A. Saleh, *The so-called «Primeval Hill» and other related elevations in Ancient Egyptian mythology*, in: *MDIK* 25 (1969) 110–120, bes. 118.
[381] J. L. Burckhardt bei Maspero a.O. (Anm. 375) 9 (aus Burckhardt, *Travels in Nubia*, 1822).
[382] S. Bd. I, Abb. 59.
[383] S. oben S. 103.
[384] E. A. E. Reymond, *The mythical origin of the Egyptian temple* (1969); J.-Cl. Goyon, *Les dieux-gardiens et la genèse des temples* I (1985) 412–415.
[385] Wie Hof XLII im Qurna-Tempel Sethos' I.: PM II (2. Aufl. 1972) Taf. XL.
[386] *SB*, Nr. 8543.
[387] Sammlung der Berichte zum kleinen Tempel von Maḥarraqa: Christophe a.O. (Anm. 372) 25–27.
[388] Als Abb. steht mir zur Verfügung: H. Brugsch, *Thesaurus inscriptionum Aegyptiacarum*, 1. Abt. (1883) 701.
[389] Bd. I, Abb. 122; im vorliegenden Bd. oben. S. 96.
[390] S. oben, S. 20, 98.
[391] S. oben, S. 81, 82, 86.
[392] S. oben, S. 40. Titus begegnet in ähnlicher Funktion in Deir el-Hagar (Oase Dachla); hierauf wird in Bd. III näher eingegangen.
[393] S. oben, S. 138.

Bildnachweis

Die Abbildungen sind Photos des Autors. Der Verlag Philipp von Zabern hat die Reproduktionen der Bilder von David Roberts für den Vorsatz vorne und Vorsatz hinten bereitgestellt. Abb. 2 = Bd. I, Abb. 5; Abb. 17 wurde vom Klischee von G. Grimm, Alexandria (1998) Abb. 142 genommen. Die Proportionen der Abb. 76 (Photo des Autors) konnten nach einer von Prof. Dr. E. Winter bereitgestellten, nach Abklatschen ausgeführten Zeichnung ausgerichtet werden; E. Winter sei dafür sehr herzlich gedankt. Folgende Abbildungen wurden von Museen oder Privatpersonen zur Verfügung gestellt und sind mit deren freundlicher Genehmigung abgebildet:
Abb. 5, 16: E. Fraß, Wien.
Abb. 15: Deutsches Archäologisches Institut, Abteilung Kairo, P 560.
Abb. 120: C. Basile, Direktor des Papyrusmuseums in Syrakus.
Abb. 134: Dr. Chr. Hölzl, Kunsthistorisches Museum, Wien.
Abb. 137–139: Rijksmuseum van Oudheden, Leiden.
Abb. 198. 199. 201: Metropolitan Museum of Art, New York.

Die Strichzeichnungen wurden folgenden Quellen entnommen, wo angegeben vom Autor adaptiert:
Abb. 21b: L. Török, Geschichte Meroes, in: ANRW II, 10,1 (1988) Abb. 40.
Abb. 29: W. Kaiser, in: MDIK 55 (1999) Abb. 58 (nach S. 234).
Abb. 44: H. Jaritz, Untersuchungen zum ‹Tempel des Domitian› in Assuan, in: MDIK 31 (1975) 240, Abb. 2.
Abb. 49a.b: Adaptiert von Haeny (1985) 229, Fig. 5.
Abb. 135. 200. 203. 217: Arnold (1999) Fig. 142. 206. 128. 207.
Abb. 145: Adaptiert von K. G. Siegler, Kalabsha (1970) Taf. 1.

Adresse des Autors

Prof. Dr. Günther Hölbl
Hirschengasse 21
A-1060 Wien